MANFRED WACHENHAUSEN

Staatsausgabe und Öffentliches Interesse in den Steuerrechtfertigungslehren des naturrechtlichen Rationalismus

Schriften zur Verfassungsgeschichte

Band 16

Staatsausgabe und Öffentliches Interesse in den Steuerrechtfertigungslehren des naturrechtlichen Rationalismus

Ein dogmengeschichtlicher Beitrag zur Rationalität des Modernen Staates in seinem Verhältnis zum Individuum

Mit einer Bibliographie

Von

Dr. Manfred Wachenhausen

DUNCKER & HUMBLOT / BERLIN

Gedruckt 1972 bei Alb. Sayffaerth, Berlin 61
Printed in Germany

ISBN 3 428 02674 8

Reinhard Kohn
in Dankbarkeit gewidmet

"No public tax, custom or contribution shall be imposed upon, or paid by the people of this state, except by a law for that purpose: And before any law be made for raising it, the purpose for which any tax is to be raised ought to appear clearly to the legislature to be of more service to the community than the money would be if not collected; which being well observed, taxes can never be burthens."

Constitution of Pennsylvania
vom 28. 9. 1776; sect. 41

"Garde les bonnes loix de ton Royaume: ne pren tailles, ny aides de tes subjects, si urgente necessité et evidente utilité ne te le fait faire, et pour juste cause, et non pas volontairement; si tu fait autrement, tu ne seras pas reputé Roy, mais tyran."

Clauses du testament Louis IX
à Philippe son fils, um 1270,
zitiert nach J. Bodin,
Qu.-Nr. 40, liv. VI ch. 2 (S. 879)

"C'est une erreur, que d'attribuer à un Roi le droit de prendre, comme il Lui plait, le bien de ses sujets, et de mettre des impôts, sans une necessité pressante. Ceux qui en usent de la sorte, gouvernent en Tirans et non en Souverains legitimes. Le Tiran ne cherche que son propre avantage, au lieu qu'un bon Roi croit, qu'il n'est établi que pour le bien de son peuple."

Johann C. Gerson, Parisiensis
Cancellarius, zitiert nach
J. F. Pfeffinger,
Qu.-Nr. 155, nr. 62 (S. 1500)

"Omnibus contributione sarciatur, quod pro omnibus datum est."

L. 1, Dig. XIV, 2

Inhaltsverzeichnis

Abkürzungen*

a a O	= am angegebenen Ort
Abt.	= Abteilung
Anm.	= Anmerkung
AöR	= Archiv des öffentlichen Rechts
Art.	= Artikel
art.	= articulus/articolo
Aufl.	= Auflage
b.	= book
BB	= Der Betriebs-Berater
Bd.	= Band
BHO	= Bundeshaushaltsordnung vom 19. 8. 1969
cap.	= caput/capitolo
ch.	= chapitre/chapter
class.	= classis
concl.	= conclusio
cons.	= consilium
dec.	= decisio
def.	= definitio
disc.	= discourse
Diss.	= Dissertation/dissertatio
DÖV	= Die Öffentliche Verwaltung
DThA	= Die deutsche Thomas-Ausgabe, Thomas v. Aquin, Summa theologica, vollständige deutsch-lateinische Ausgabe, hrsg. von Dominikanern und Benediktinern Deutschlands und Österreichs, Heidelberg/München/Graz/Wien/Salzburg 1933 ff. (Bd. u. Jahr)
dub.	= dubitatio
DVBl.	= Deutsches Verwaltungsblatt
ebd.	= ebenda
Ed.	= Ausgabe (wenn nicht nach dem Erstdruck zitiert wird)
Ed. L.	= Ed. Leonina, Thomas Aquin, Opera omnia, issu impensaque Leonis XIII edita, Romae 1882 - 1918 (Bd. u. Jahr)
&	= und
&c	= und so weiter
fol.	= Blatt
FR	= Finanz-Rundschau
HdFW	= Handbuch der Finanzwissenschaft, 2. Aufl. Tübingen Bd. I 1952; Bd. II 1956

* Das Verzeichnis bringt neben den weniger geläufigen Abkürzungen auch die hier besonders oft benutzten Abbreviaturen sowie vollständig die fremdsprachlichen Kürzungen der Quellentexte. Wegen aller weiteren Abkürzungen sei verwiesen auf Hildebert *Kirchner*, Abkürzungsverzeichnis der Rechtssprache, 2. Aufl. Berlin 1968.

HdSW	= Handwörterbuch der Sozialwissenschaften, Band X, Stuttgart/Tübingen/Göttingen 1959
Hrsg.	= Herausgeber
hrsg.	= herausgegeben von
HZ	= Historische Zeitschrift, hrsg. Friedr. Meinecke/F. Vigener
Ill.	= Illinois
i. Verb. m.	= in Verbindung mit
Jahrb.	= Jahrbuch
Jahrg.	= Jahrgang
Kap.	= Kapitel
L.	= (s. bei Ed. L.)
lib.	= liber
lit.	= Buchstabe
liv.	= livre
mrg.	= Marginalie
mschr.	= maschinenschriftlich vervielfältige Dissertation
m. w. N.	= mit weiteren Nachweisen
NF	= neue Folge
NJW	= Neue Juristische Wochenschrift
nr.	= Randnummer (im Quellentext)
obs.	= observatio
o. J.	= ohne Jahresangabe
o. O.	= ohne Ortsangabe
praem.	= praemeditatio
praes.	= praeside
proem.	= proemium
ps.	= pars
pt.	= parte
qu.	= questio
Qu.-Nr.	= Quellen-Nummer: Das Primärschrifttum (Quellentexte) ist zu einer bibliografischen Liste (S. 191 - 208) mit den Qu.-Nr. 1 - 248 zusammengefaßt. Diese Quellen werden mit dem Verfassernamen und ihrer in der Liste eingenommenen Platzziffer zitiert (vgl. die Hinweise unten S. 209)
r.	= recto (Vorderseite eines Blattes)
Rdn.	= Randnummer
Resp.	= responsum
resp.	= respondente (Verfasser einer Dissertation)
RHO	= Reichshaushaltsordnung vom 31. 12. 1922
S.	= Seite
s.	= siehe
s. a.	= siehe auch
Schmollers Jb.	= Jahrbuch für Gesetzgebung, Verwaltung und Volkswirtschaft, hrsg. Schmoller
secret.	= secretum
sect.	= sectio
sign.	= signum
Sp.	= Spalte
StbJb.	= Steuerberaterjahrbuch
th.	= thesis

tit.	=	titulus
UB	=	Universitätsbibliothek
UP	=	University Press
v.	=	verso (Rückseite eines Blattes)
VerwArch.	=	Verwaltungsarchiv
vgl.	=	vergleiche
VVDStRL	=	Veröffentlichungen der Vereinigung der Deutschen Staatsrechtslehrer
w. N.	=	weitere Nachweise
ZStW	=	Zeitschrift für die gesamte Staatswissenschaft

Vorwort

Die *„Rechtfertigung der Besteuerung"* muß als der staatstheoretisch-spekulative Mittelpunkt aller überkommenen Steuerlehre gelten. Die Steuertheorie der Gegenwart indes weiß sich dieser Frage nicht mehr verpflichtet. Sie übergeht oder verwirft das Thema als eine Spekulation, der empirische Erkenntnis nicht beikommen könnte[1].

Der Erkenntniswert staatstheoretisch-philosophischer Steuerlehre ist dennoch nicht zu leugnen. Mag die Staatsfinanzierung durch Steuern einst überhaupt frag-würdig gewesen sein, so bleibt auch das Phänomen Steuerstaat der Frage würdig. Denn die Antwort verspricht zu klären, *warum* der Staat seinem finanziellen Sein die Gestaltung des Steuerstaats verleiht und weshalb diese Lösung eine *„rationale"* Form staatlichen Seins ist, die vor dem Urteil der Vernunft bestehen kann. Damit dürfte der Sinn dieser ganzen Fragestellung auch noch unter der Herrschaft realistischer Steuerlehre einleuchten.

Wenn die hier vorgetragenen Überlegungen der Steuerlegitimation erneut nachgehen, um sie aus der Ideengeschichte zu erweisen, so nicht, um dem erklärtermaßen ausgestandenen Thema neue Aspekte um jeden Preis abzugewinnen. Versucht werden soll vielmehr eine neue *Methode* des Zugangs. Sowohl die Blickrichtung, die mit der Themenstellung eingenommen ist, wie das Verfahren der Untersuchung werden das aus sich heraus deutlich machen.

Die vorliegende Arbeit ist Ende 1969 abgeschlossen und im Oktober 1970 von der Juristischen Fakultät der Universität Heidelberg als Dissertation angenommen worden. Unverändert kam sie hier zum Abdruck.

In diesem Vorwort möchte ich mich noch einmal bedanken bei Herrn Prof. Dr. *Klaus Vogel*, Direktor des Instituts für deutsches und internationales Steuerrecht der Universität Heidelberg. Zunächst hat er meine Beschäftigung mit der steuerlichen Ideengeschichte angeregt und mich auf die dogmengeschichtliche Verknüpfung von Steuerrechtfertigungs- und Allgemeiner Staatslehre hingewiesen; sodann hat seine unterstützende Kritik diese Abhandlung gefördert, sein ermutigender Zuspruch

---

[1] Günter *Schmölders*, Allgemeine Steuerlehre, 4. Aufl. Berlin 1965, S. 67 f.; *ders.*: Das Gerechtigkeitspostulat in der Besteuerung, in: Finanzarchiv NF. Bd. 23 (1963) S. 53 ff. (53 - 54); J. P. A. *Adriani*, J. *van Horn*, Het belastingrecht, Teil I, Amsterdam 1954, S. 201; Camille *Scailteur*, Le devoir fiscal, Bruges 1950, S. 61; Wilhelm *Gerloff*, Die Rechtfertigung der Besteuerung, in: Festgabe für G. v. Schanz, Bd. II, Tübingen 1928, S. 141 ff. (141).

und die Zeit, die ich als Assistent an seinem Lehrstuhl freigestellt war, haben ihre Fertigstellung wesentlich ermöglicht.

Ich bedanke mich weiter bei Herrn Prof. Dr. *Adolf Laufs*. Aus der Sicht des Historikers hat er die Arbeit mit überwacht und entgegenkommenderweise auch ihre Zweitbegutachtung übernommen.

Schließlich habe ich auch Herrn Prof. Dr. Dr. *Ernst-Wolfgang Böckenförde*, Universität Bielefeld, der sich für die Aufnahme der Abhandlung in die „Schriften zur Verfassungsgeschichte" verwendet hat, an dieser Stellen meinen Dank zu sagen; ebenso Herrn Ministerialrat a. D. Dr. *Broermann*, der sich der Drucklegung mit allergrößtem Entgegenkommen angenommen hat.

Ganz besonders herzlich bedanke ich mich bei Fräulein *Erna Schweickert* vom Institut für Steuerrecht, Heidelberg, für ihre unermüdliche Mithilfe bei der Herstellung des Manuskripts, das heißt für ihre großzügige Bereitwilligkeit, mit der sie auch noch bei der Anfertigung von Zweit- und Drittfassungen mitgewirkt und schließlich die Druckvorlage gewissenhaft übertragen hat.

Ich habe diese Schrift Herrn Senatspräsidenten *Reinhard Kohn*, Hamburg, bei seinem 40jährigen Dienstjubiläum zugeeignet. Dies als ein Zeichen des Dankes einmal für seine pflegeväterlichen Mühen, die er als Vormund bis zum Beginn meines Studiums an mich wendete, sodann, weil mir seine Richterpersönlichkeit Vorbild ist, das mich seinerzeit das rechtswissenschaftliche Studium wählen ließ.

Heidelberg, den 5. 2. 1971

Manfred Wachenhausen

Einleitung

1.1 Der moderne Steuerstaat als rationale Gestaltung der finanziellen Probleme staatlichen Seins?

1.11 „Il n'y a rien plus juste, que ce qui est nécessaire", weiß schon *Jean Bodin* zur Entschuldigung des besteuernden Staates anzuführen. „C'est bien la raison que chacun s'y employ, et alors les charges et impositions sur les subjects sont très justes[2]."

Kein anderes Normmaß braucht man für die Legitimation des modernen Steuerstaates, wenn sich dieser Steuerstaat als die richtige Gestaltungsform des Modernen Staates bewähren soll. Ist der Steuerstaat notwendig und richtig, darf er als rational und deshalb legitim gelten. Denn Rationalität ist der Prüfstein legitimer Beschaffenheit des Modernen Staates[3].

Um seiner Rationalität willen muß der Steuerstaat jede seiner finanziellen Aktivitäten dem Öffentlichen Interesse unterwerfen. Nur so kann der Staat dem Verdacht begegnen, er werde Steuergelder für andere als gemeinsame Interessen, für staatswidrige Zwecke verwenden. Die Besorgnis, der Steuerstaat werde die in seine Obhut gelegten Interessen nicht immer zutreffend erkennen oder aber nicht zweckmäßig befriedigen, ist damit freilich noch nicht ausgeräumt. Dies noch ganz abgesehen davon, daß manche der Effizienz kollektiver Interessenbefriedigung auf Kosten des Steuerzahlers überhaupt mißtrauen; mit den Ängsten der Steuerbürger argwöhnen sie, der Staat sei bloße Durchgangsstelle der Steuergelder, die regelmäßig nicht mehr gebe als sie nehme[4].

Die Steuerpflichtigen wollen überhaupt nur schwer überzeugt sein, daß jeder Steuerbeitrag, der der privaten Disposition des einzelnen entzogen und stattdessen in gemeinschaftlicher Aktion verausgabt wird, unbedingt das Allgemeininteresse befördert[5]. Die Steuerwiderstände belegen es[6]. Sie zeigen, daß die Steuerwilligkeit nicht schon — wie klas-

---

[2] Qu.-Nr. 40, liv. VI cap. 2 (S. 877 f.).

[3] Julien *Freund*, L'essence du politique, Paris 1965, S. 663 ff.

[4] Hans U. *Loepelmann*, Die Gegenprüfung, 2. Aufl. Heidelberg 1963, S. 21.

[5] Colm *Brogan*, The Democrat at the Supper-Table, London o. J. (1963) S. 104; Henry *Laufenburger*, Traité d'économique et de legislation financière, Bd. I 5. Aufl. Paris 1956, S. 252 f.; G. *Schmölders*, „Steuermoral", in: HdSW Bd. X S. 119 ff. (121 f.).

[6] Günter *Schmölders*, Finanzpolitik, 2. Aufl. Berlin - Heidelberg - New York 1965, S. 124 ff., 315 ff.; *ders.*: Finanz- und Steuerpsychologie. Das Irrationale in der öffentlichen Finanzwirtschaft, 2. Aufl. Reinbek 1970, S. 89 ff.; *ders.*, Burkhard *Strümpel*, Vergleichende Finanzpsychologie, Mainz 1968, S. 7; Burkhard

sische Rechtfertigungslehren noch zu hoffen wagten[7] — von der unbedingten Bereitschaft des Staates zu seiner Wirksamkeit im Öffentlichen Interesse entscheidend beflügelt wird[8]: auch solche Selbstzucht des Staates vermag den Interessenkonflikt bestenfalls aus der Zone offener Steuerfeindschaft in die gemäßigtere des Steuerunwillens zu verlegen. Denn ein Widerwille gegen die Steuer bleibt mehr oder weniger bestehen. Die Erscheinung Steuer — von einem Fall „erlaubten Raubes"[9] zum „notwendigen Übel"[10] emporgeläutert[11] — ist nach wie vor ein durchweg „negativ besetztes" Phänomen[12] moderner Staatlichkeit. Das belastet die Beziehungen des Steuerbürgers zum besteuernden Staat. Sie gestalten sich seit je als Spannungsfeld zwischen dem privaten Interesse jedes Pflichtigen an seiner finanziellen Selbstentfaltung und dem Allgemeininteresse aller Pflichtigen an der Wirksamkeit des Steuerstaates, das der Staat als Öffentliches oder Staatsinteresse vertreten und mit Steuerzwang zur Geltung bringen soll.

Die Steuerwiderstände begründet die ökonomische Verhaltensforschung weithin mit mangelndem Vertrauen in die interessenmäßige Kongruenz von Steueropfer und Staatswirksamkeit[13]. Steuerwiderstand finde seine Ursache nicht nur in der eigennützigen Zurückhaltung eines jeden, in seiner Hoffnung, es würden dann die anderen die notwendigen Steuern für die Staatswirksamkeit aufbringen; das Steuerbewußtsein

---

Strümpel, Die veranlagten Einkommensteuerzahler und der Steuerwiderstand, in: FR 1966, S. 339 ff.; Richard *Kerschagl*, Einführung in die Finanzwissenschaft, Wien - Stuttgart 1964, S. 16; Carl-F. *Graumann*, Werner D. *Fröhlich*, Ansätze zu einer psychologischen Analyse des sogenannten Steuerwiderstandes, in: Finanzarchiv 17 (1956/57) S. 418 ff.; Armin *Spitaler*, Geist des Steuerverfahrens, in: StbJB. 1954/55, S. 456 ff. (458); Robert *Nöll von der Nahmer*, Lehrbuch der Finanzwissenschaft, Bd. I, Köln - Opladen 1964, S. 254 ff.; Ottmar *Bühler*, Georg *Strickrodt*, Steuerrecht Bd. I 3. Aufl. Wiesbaden 1960, S. 623.

[7] William *Petty*, A treatise of Taxes and Contributions, London 1662, in: The economic writings of Sir W. Petty, Cambridge 1899, S. 32; C. G. *Svarez*, Qu.-Nr. 191, S. 127; G. *v. Struensee*, Qu.-Nr. 201, Bd. 3, S. 295. — In neuerer Zeit: Knut *Wicksell*, Finanztheoretische Untersuchungen, Jena 1896, S. 110 ff.; Eric *Lindahl*, Die Gerechtigkeit der Besteuerung, Berlin 1920, S. 144 f.

[8] Auf solche Konnexität von Steuermoral der Bürger und Wohlverhalten des Staates („Treuepflicht gegenüber dem Bürger") setzen zuletzt C. F. *Graumann*, W. D. *Fröhlich*, Steuerwiderstand a a O S. 429; im übrigen: Jacob *Wackernagel*, Die Aufgabe der Steuerrechtswissenschaft, in: Von der Steuer in der Demokratie, Festschrift für E. Blumenstein, Zürich 1946, S. 13 ff. (33); Rudolf *Goldscheid*, Steuerverwendung und Interessenpolitik, in: Schriften des Vereins für Sozialpolitik, Bd. 174 (1928), S. 8 ff. (14).

[9] *Thomas v. Aquin*, Qu.-Nr. 2 a, Secunda Secundae 68, 8 (DThA Bd. 18 S. 214 ff.).

[10] J. *Steuart*, Qu.-Nr. 177, S. 226.

[11] Unten 2.341 - 2.3422.

[12] C. F. *Graumann*, W. D. *Fröhlich*, Steuerwiderstand a a O S. 423 f.

[13] C. *Scailteur*, Le devoir fiscal a a O S. 72 f.; Josiah *Stamp*, The fundamental principles of taxation in the light of modern developments, London 1921, S. 103 ff.

der Gegenwart werte vielmehr die Steuerpflicht überhaupt, also sowohl die eigene Pflicht wie die Steuerpflichten der anderen als nicht vollwertige Bürgerverbindlichkeit, ihre Verletzung nicht als eine schwerwiegende Verfehlung[14]. Daß Steuern zum gemeinen Nutzen erhoben und (prinzipiell) auch verwendet werden, wird theoretisch zwar eingeräumt, praktisch aber doch kaum beachtet.

1.12 Die Ursache hierfür liegt einerseits wohl darin, daß die neuzeitlichen Staatszwecke weitgehend pauschal bestimmt und für allumfassende Zielsetzungen mobilisiert sind[15]. Zum anderen und weit mehr aber wirkt sich aus, daß eine objektive, mit der Gewähr für absolute Richtigkeit ausgestattete Willensbildung, in der die Sachentscheidung über Staatsausgaben zu gewinnen ist, nicht gedacht werden kann.

Die Entscheidung über die budgetäre Disposition und über die Erhebung von Steuern ist notwendig politischer Akt und damit Grundentscheidung der zur Staatsführung berufenen Organe[16]. Als deren Entschließung beruht die Willensbildung jedoch auf Wertungen von Menschen für Menschen, da nur der Mensch selbst zu Wertungen befähigt ist[17]. Auch im Modernen Staat, der sich rational vollziehen will, ist deshalb die objektive Richtigkeit der politischen Sachentscheidung letztlich eine Frage menschlicher Qualifikation. Dabei ist nicht ersichtlich, daß die Rationalität des Modernen Staates richtungsweisende Impulse aus der menschlichen Willensbildungsfähigkeit selbst empfangen habe, so wenig wie man umgekehrt wird annehmen wollen, daß im rationalen Staat eine zu gesteigerter Rationalität befähigte Willensbildung des Menschen hervorgetreten sei[18].

Auch für den Modernen Staat heißt das Ziel rationalen Staatsvollzugs daher nicht, der Staat müsse mit Anspruch auf objektive Richtigkeit wirken. Das Streben geht minder weit und lautet: Wie erringt der Staat mit dem größtmöglichen Näherungswert an eine objektiv richtige Staatsentfaltung den für ihn richtigen Staatsvollzug? Die Frage läuft hinaus auf das verfahrensmäßig richtige Erkennen der jeweils maßgebenden Interessen der Allgemeinheit. In der Sache selbst, nämlich für die inhaltliche

---

[14] B. *Strümpel*, Steuerwiderstand a a O S. 340; G. *Schmölders*, Steuerpsychologie a a O S. 107 f.

[15] B. *Strümpel*, Steuerwiderstand a a O S. 339; Klaus *Vogel*, Der räumliche Anwendungsbereich der Verwaltungsrechtsnorm, Frankfurt - Berlin 1965, S. 388 Note 127 m. w. N. und C. *Scailteur*, Le devoir fiscal a a O S. 73.

[16] Karl Heinrich *Friauf*, Der Staatshaushaltsplan im Spannungsfeld zwischen Parlament und Regierung, Bd. I, Bad Homburg - Berlin - Zürich 1968, S. 216 ff.; Friedrich Karl *Vialon*, Das Haushaltsrecht der Bundesrepublik Deutschland, in: AöR 77 (1951/52), S. 19 ff. (24); Gaston *Jèze*, Fritz *Neumark*, Allgemeine Theorie des Budgets, Tübingen 1927, S. VII; so schon C. G. *Svarez*, Qu.-Nr. 191, S. 102.

[17] Erich *Streissler*, Zur Anwendbarkeit von Gemeinwohlvorstellungen in richterlichen Entscheidungen, in: Zur Einheit der Rechts- und Staatswissenschaften, Karlsruhe 1967, S. 1 ff. (S. 22; 29 Note 50; 40 Note 94).

[18] J. *Freund*, Du politique a a O S. 663 f., 693.

Ausmittelung richtiger Staatsinteressen — die Kernfrage jeder politischen Sachentscheidung —, werden weitere Möglichkeiten als der optimale Näherungswert nicht praktisch: die sachliche Seite rationaler Staatsentfaltung, bei der leidenschaftsloser Sachverstand ebenso im Spiel ist wie persönliche Ansichten aller Schattierungen, stößt nach wie vor auf die Grenzen menschlicher Erkenntnisfähigkeit[19].

Über diese Schranken hinauszuwachsen, versucht jenes rationale Verfahren, das der Moderne Staat seiner Willensbildung verleiht. Die rationale Ausgestaltung der verfahrensmäßigen Seite politischer Sachentscheidung steht dabei im Vordergrund mit dem Wissen, daß die Gesetze der Sachlichkeit objektiv richtige Sachentscheidungen nicht von sich aus bedingen, annäherungsweise zu erreichen aber in einem richtigen Verfahren erwarten lassen. So gilt es um der Rationalität staatlichen Seins willen vor allem, daß sich der Staat rationaler Verfahrensregeln für seinen Staatsvollzug bedient. Sie leisten der Rationalität im Sächlichen selbst ihren Dienst. Mit dieser Erwartung reduzierte sich dann auch die von der herkömmlichen Staats- und Steuerzwecklehre noch als Sachproblem verstandene Staatsinteressen- und Steuerzweckdiagnose[20] auf die Verfahrensfrage, welche Institution den materiellen Gehalt staatlicher Wirkdimensionen rationaliter erheben soll.

1.13 Mit dem modernen Parlamentarismus ist hier die *parlamentarische Verfügungsgewalt* über die staatliche Finanzmacht als eine auch für die Sachfrage selbst rätliche Lösung des Verfahrensproblems ersonnen und durchgeführt. Die parlamentarische Finanzdisposition ist nunmehr als die Regel in allen Verfassungsvarianten des Modernen Staates anzutreffen.

1.131 Ihr Konzept vermittelt zwischen der Dispositionskompetenz von Parlament und Regierung[21], wobei — jedenfalls nach rechtsstaatlich demokratischen Vorstellungen — die Entscheidungsgewalt über die Staatsfinanzen vor allem auf eine Berufung des Parlaments hinweist. Die Entscheidungsbefugnis der Regierung, die einerseits durch Mitwirkungsrechte in die parlamentarische Disposition hineinwirken kann, greift andererseits in den Fällen alleiniger Regierungszuständigkeit doch nur mehr oder weniger von der parlamentarischen Entschließung vorgeformt, auf der Grundlage erteilter Ermächtigung zu Ausgaben ein.

---

[19] J. *Freund*, Du politique a a O S. 664; Glendon *Schubert*, The Public interest, Glencoe (Ill.) 1960, S. 8 f.

[20] Unten 1.2122.

[21] K. H. *Friauf*, Staatshaushaltsplan a a O, Vorwort S. 5, kündigt eine Darstellung in Band 2 an; zur Zeit vgl. etwa Theodor *Maunz*, Die Finanzverfassung im Rahmen der Staatsverfassung, in: VVDStRL 14 S. 37 ff. (38 ff.) und allgemein Ernst *Friesenhahn*, Parlament und Regierung im modernen Staat, in: VVDStRL 16 S. 9 ff. (33, 37 f.).

1.1311 Die Steuererhebungsmacht als das älteste, von Haus aus aber durchaus nicht legislatorische Vorrecht des Parlaments[22] liegt vollen Umfangs[23] bei der Volksvertretung. Der Regierung verhilft nur die Gesetzesinitiative zu gesteigerten oder neuen Steuereinnahmen, wenn das Parlament das Erhebungsgesetz beschließt.

1.1312 Dagegen weist die Vergabe der öffentlichen Mittel, ein in der Sache rein exekutivischer Akt[24], mehr auf die funktionelle Berufung der Regierung als des Parlaments. Für welche Staatsveranstaltung öffentliche Gelder eingesetzt werden sollen, ist staatsleitende Entscheidung der Regierung, die das Parlament nur pauschal und vorab mit der Haushaltsfeststellung billigt und im Rahmen der Anschläge gutheißt. Dem Grunde nach begreift aber auch diese herkömmliche „Ausgabenbewilligung" eine parlamentarische Entschließung über die Steuermitteldisposition, nämlich über den Zweckrahmen der Haushaltsansätze, also über die politische Zielsetzung selbst ein. Die Regierung ist nur innerhalb des ihr vorgegebenen Ausgabenzwecks zu eigener Entschließung befähigt[25]. Im Rahmen dieser Ermächtigung steht es der Regierung allerdings frei, ob und unter welchen Modalitäten sie Ausgaben — für den vorgegebenen Zweck — leisten will. Insoweit ist die parlamentarische Disposition der Finanzen mit der Bewilligung erschöpft[26]; sie kann namentlich nicht bestimmte Staatsveranstaltungen erzwingen[27].

---

[22] „Pouvoir financier" des ständestaatlichen Verfassungsrechts, der sachverschieden neben dem „pouvoir législatif" besteht; vgl. Ernst-Wolfgang *Böckenförde*, Gesetz und gesetzgebende Gewalt, Berlin 1958, S. 48, 72 f. und öfter; Johannes *Heckel*, Die Entwicklung des parlamentarischen Budgetrechts und seiner Ergänzungen, in: Handbuch des Deutschen Staatsrechts, Bd. II, Tübingen 1932, S. 358 ff. (362 ff.).

[23] Nicht einmal die Modalitäten der Besteuerung — etwa Steuergegenstand und Steuersatz — könnten der Exekutive zur näheren Bestimmung überlassen werden; Otto *Mayer*, Deutsches Verwaltungsrecht, 1. Aufl. Bd. I, Leipzig 1895, S. [illegible]; 3. Aufl. Bd. I (1924) S. 317; Gerhard *Wacke*, Verfassungsrecht und Steuerrecht, in: StbJB. 1966/67 S. 75 ff. (81) m. w. N.; Werner *Weber*, Das Bundesverfassungsgericht und die Steuerordnung, in: AöR Bd. 90 (1966) S. 452 ff. (461 f.): vgl. auch BVerfG Urt. v. 5. 3. 1958 BVerfGE 7 282 ff. (302); Urt. v. 14. 12. 1965 BVerfGE 19 253 ff. (267).

[24] Carl Victor *Fricker*, Die Natur der Steuerverwilligung, in: ZStW 17 (1861) S. 636 ff. (638).

[25] § 45 Abs. 1 Satz 1 BHO bindet weiter als nur im ganzen an das bewilligte Ausgabenvolumen; er knüpft an die *spezielle Zweckbindung*, die die *Einstellung* in einen bestimmten *Titel* des Haushaltsplans ausdrückt.

[26] Friedrich Karl *Vialon*, Haushaltsrecht (Kommentar), 2. Aufl. Berlin - Frankfurt 1959, S. 554 f.; Näheres bei Ernst-Wolfgang *Böckenförde*, Die Organisationsgewalt der Regierung, Berlin 1964, S. 303 f.; historische Bemerkungen bei K. H. *Friauf*, Staatshaushaltsplan a a O S. 125 ff.

[27] Theodor *Maunz*, in: Maunz, Dürig, Herzog, Grundgesetz, Kommentar, 3. Aufl. München 1968 ff. (Loseblattwerk), Rdn. 10 zu Art. 110: „Es ist politische Entscheidung der Reg., ob sie von der Ermächtigung Gebrauch machen will." — F. K. *Vialon*, Haushaltsrecht (Kommentar) a a O S. 223; E. *Friesenhahn*, Parlament und Regierung a a O S. 37 f.

Diese herkömmlich bei der Regierung liegende Disposition der Mittelvergabe zieht das Parlament neuerdings immer mehr von der Regierung weg zu sich hinüber, indem es, zulasten der bloßen Ausgabebewilligung im Haushaltsplan, die unmittelbar wirkende Ausgabeentscheidung, das Ausgabegesetz oder das mit einem Leistungstatbestand ausgestattete sonstige Gesetz wählt[28]. Dieser Weg ist gangbar für alle anderen als Sach- und Anlageausgaben, also im Sozialstaat für das Hauptkontingent staatlichen Aufwands[29]. Das Ausgabegesetz enthält nicht mehr die nur als ein ergänzungsbedürftiger Zweckrahmen wirkende parlamentarische Entschließung; es bringt den für jeden Einzelfall unmittelbar wirksamen Ausgabetatbestand. Das Ausgabegesetz verwirklicht also bereits die Ausgabeentscheidung des Parlaments. Die politische Entscheidung fällt dabei abschließend mit der Entschließung über das Gesetz. Seinen Ausgabetatbestand muß die Regierung ohne jede weitere über bloße Subsumtion hinausreichende Entschließungsbefugnis, lediglich als instrumenteller Vollstrecker des parlamentarischen Willens, vollziehen. Insoweit „veranschlagt" deshalb auch der Haushaltsplan nur den im Ausgabegesetz geschaffenen Bedarf. Im Anwendungsbereich der Ausgabegesetze wirkt die Regierung bei der politischen Willensbildung nur einmal zustimmend, nämlich beim Beschluß über den Ausgabetatbestand mit.

1.132 Dies ist das äußere Erscheinungsbild, die als Kompetenzordnung sichtbare verfahrensmäßige Seite des staatsleitenden Willensbildungsprozesses, mit dem über die staatlichen Finanzmittel verfügt wird. In der Sache selbst führt die politische Willensentscheidung zur verbindlichen Konkretisierung sowohl des angestrebten Zwecks der einzelnen Staatswirksamkeit als auch ihres eingesetzten Mittels Staatsausgabe.

Dabei impliziert die verbindliche Entscheidung, daß ihre Motive auf zutreffend erkannten, wahrhaft gegebenen Interessen beruhen. Für jede Staatsveranstaltung streitet deshalb die Vermutung, daß sie für richtige Zielsetzungen wirke und ihren Zweck mit richtigen Mitteln anstrebe. Aus ihrem Dienst am richtigen Zweck und aus ihrer Eigenschaft als richtiges Mittel gewinnt die Staatsausgabe ihre sachliche Legitimation. Dasselbe gilt für die Steuer; sie ist das richtige Mittel zur Beschaffung des Geldes für die Ausgabewerke, die als richtige Zwecke der Besteuerung rechtfertigend wirken[30].

1.14 Treffen die an richtigem Zweck und richtigem Mittel orientierten Erwartungen für richtige Staatsausgaben wirklich zu, so sind Staatsausgaben und ihre Kehrseite, die Steuern, rational. Denn solche Rationalität des Steuerstaates als Qualifikation richtigen staatlichen Seins ist

[28] Volkmar *Götz*, Die Staatsausgaben in der Verfassungsordnung, in: JZ 1969 S. 89 ff. (91); Th. *Maunz*, Finanzverfassung a a O S. 39.

[29] Finanzbericht 1970, hrsg. vom Bundesministerium der Finanzen, Bonn 1970, S. 87.

[30] C. *Scailteur*, Le devoir fiscal a a O S. 61.

zu erkennen in der Eigenschaft, nur den sachlich richtigen Zweck und nur das sachlich richtige Mittel, wie sie vor dem Urteil der Vernunft bestandskräftig sind, gelten zu lassen[31]. Sachlich richtige Zwecke des Staates werden aus den Interessenlagen diagnostiziert, aus denen zugleich das richtige Mittel zu verordnen ist. Als Bindung gibt es für den parlamentarischen Willensbildungsprozeß wie für jede Entschließung eines Staatsorgans also nur das Öffentliche Interesse mit dem Auftrag seiner zutreffenden Einschätzung.

1.141 Wenn — ungeachtet der im Steuerwiderstand spürbaren Bedenken weiter Kreise — überhaupt auf die Rationalität staatlicher Finanzdisposition vertraut wird, dann noch am ehesten für die parlamentarische Sachentscheidung: gerade diese Willensbildung mag mit ihrer Bewertung des Öffentlichen Interesses und ihrem Schluß auf die gebotenen Maßnahmen optimal sicherstellen, daß „lediglich die dem Gesamtinteresse diensamen Ausgaben geleistet werden, weil hier" — so formuliert Karl *v. Rotteck* die seit alters erahnte Patentlösung steuerrechtfertigender Spekulation — „die Steuerpflichtigen selbst" — und zwar angesichts der Kostenlast — „entscheiden". Auf den Vollzug der Sachlichkeit und auf die parlamentarische Qualifikation des generalisierenden Sachverstandes soll also die Eigenschaft konkreten Beteiligt- und Mitbetroffenseins sachfördernd einwirken: Nur der „Gesamtwille", wie ihn die „Nationalrepräsentation" verkörpert, wisse abzuwägen, ob der Nutzen einer Ausgabe für die Allgemeinheit die zugleich bewirkte Beschwer ausgleiche[32].

1.142 Diese Wertschätzung parlamentarischer Sachlichkeit schließt von der Rationalität des Verfahrens auf die Rationalität seiner Produkte, die das Verfahren als Ergebnisse hervorbringt. So jedenfalls kann die Erwartung begründet werden, die man an die Sachlichkeit parlamentari-

---

[31] Vgl. Herbert *Krüger*, Allgemeine Staatslehre, 2. Aufl. Stuttgart 1966, S. 58 f.

[32] Qu.-Nr. 225 b, S. 310 und *ders.*: Qu.-Nr. 225 a, S. 469 f.: „das Maß der gerechten Forderung (kann) niemals durch den einseitigen Willen der Regierung bestimmt werden, sondern bloß durch den *wahren Gesamtwillen der Nation*. Die Regierung könnte leicht von ihrem einseitigen Standpunkt aus Zwecke verfolgen, welche ... für das wahre Gesamtinteresse unfruchtbar wären. Denn die Regierung zahlt nicht aus ihrem Eigenen, sie empfängt nur von Anderen die Mittel der Zahlung. Die Sicherheit dafür, daß keine andere Ausgabe stattfinde, als welche dem Gesamtinteresse, d. h. dem Staatszweck, gemäß ist, kann nur daraus hervorgehen, daß Diejenigen, welche zur Zahlung sollen *verpflichtet* werden, zugleich diejenigen sind, welche die Ausgabe beschließen, und welchen daher nach solcher Stellung das zuverlässigste Urtheil über Nothwendigkeit oder Nützlichkeit einer in Frage stehenden Ausgabe mag zugetraut werden ... Wenn Diejenigen, welche eine Ausgabe beschließen, dieselbe auch auf ihre eigenen Schultern zu nehmen haben, so ist die Nothwendigkeit oder Nützlichkeit einer solchen Ausgabe mehr, als durch irgend ein anderes Mittel geschehen könnte, außer Zweifel gestellt". Ferner Robert *v. Mohl*, Das Staatsrecht des Königreich Württemberg, 2. Aufl. Bd. 2 Tübingen 1840, S. 623; C. *v. Hock*, Qu.-Nr. 237, S. 23 ff.

scher Entschließung stellen möchte, geht man von dem einleuchtenden Prinzip aus, daß der Steuerbürger durch seine Repräsentanten den belastenden Steuereingriff an sich selbst vollzieht, um die mit ihm ermöglichten Staatswirksamkeiten anschließend auch sich selbst zuzuwenden. Mit umgekehrten Vorzeichen gesehen: eine Steuer erhebt man nur dann, wenn ihre Vergabe die Beschwer des Eingriffs zumindest ausgleicht, möglichst gar als Vorteil erscheinen läßt, weil der Staat mit den Gemeinschaftsaufgaben mehr geben kann als er dafür nimmt. Dann aber wohnt diesem Verfahren bereits von seiner Anlage her eine Gewähr inne für den sachlich richtigen Finanzentschluß, eine Gewißheit, die keine herkömmliche Steuerlehre teilt, wenn Landesfürsten und ständische Steuerbewilligungskörperschaften die Finanzfunktion disponieren. Daß dem Parlament das Öffentliche Interesse als die einzige Grenze seines Entschließungsspielraums ausdrücklich aufgegeben wird, wie das eine konventionelle Steuerlehre seit je den Regierenden einzuschärfen nicht versäumt, scheint dann entbehrlich, wenn nur das Parlament seine Schranken als Interessensachwalter selbst empfindet[33].

1.1421 Einmalig in der Geschichte parlamentarischen Finanzverfassungsrechts ist jedenfalls die Weisung, wie sie ein aufklärerisch gestimmter Verfassungsgeber im Jahre 1776 zu erteilen noch für zweckmäßig hielt: ganz unter dem Einfluß der europäischen Steuerrechtfertigungslehre des naturrechtlichen Rationalismus wird die Volksvertretung Pennsylvanias nicht nur belehrt, daß Öffentliches Interesse die sachlich maßgebende Voraussetzung für jede Einnahmen- und Ausgabenentschließung sei; die Weisung geht weiter und ist von Verfassungs wegen mit Richtlinien für die zutreffende Sachentscheidung selbst ausgestattet[34]. Hier will der Verfassungsgeber die Sorge der Steuerzahler um sachwidrige Steuerverwendung auch einem Parlament nahebringen, wobei man rationalen Finanzvollzug mit denselben Maximen anstrebt, die eine Jahrhunderte währende Steuerrechtfertigungslehre der vorkonstitutionellen Zeit an die Adresse der Regierung zu richten gewohnt ist[35].

1.1422 Demgegenüber enthalten sich moderne Verfassungen nicht nur der auf den sachlichen Bereich zielenden Regel rationaler Entschließungsmethoden; sie üben gar Verzicht auf sanktionsbewehrte Gewährleistungen, mit denen eine dem Öffentlichen Interesse möglicherweise wider-

---

[33] s. aber Fritz Karl *Mann*, Zur Soziologie finanzpolitischer Entscheidung, in: Schmollers Jb. 57 (1933) S. 705 ff.; *ders.*: Methodenstreit in der Finanzwissenschaft, jetzt in: Finanztheorie und Finanzsoziologie, Göttingen 1959, S. 7 ff. (33 f.); Carl *Schmitt*, Der Hüter der Verfassung, Tübingen 1931, S. 88.

[34] Sect. 41 (wiedergegeben oben S. 7) — Schon die nachfolgenden Verfassungen von 1790 und 1838 ließen die Regelung ersatzlos fallen; vgl. T. K. *Worthington*, Historical sketch of the finances of Pennsylvania, Baltimore 1887, S. 103.

[35] So etwa noch F. *Schmitthenner*, Qu.-Nr. 230, S. 356.

streitende Ausgabeentscheidung von Parlament[36] oder Regierung[37] in ihrem Bestand tangiert werden könnte[38]. Anders noch die historischen Steuerrechtfertigungslehren, die der vermeintlich sachwidrigen Staatsausgabe das Steuerverweigerungsrecht entgegensetzen, die dem fehlgehenden Ausgabewerk den Steuererstattungsanspruch folgen lassen[39]. Dem Steuerzahler unserer Tage ist eine vergleichbare Berechtigung nicht einmal theoretisch an die Hand gegeben[40]; er darf deshalb nicht mit dem Angriff auf den Steuererhebungstatbestand rügen, die Steuern könnten niedriger sein, wenn gewisse, für die Allgemeinheit offenbar unzweckmäßige oder gar nachteilige Staatsveranstaltungen unterblieben[41]. Wie immer die Wertung öffentlicher Interessen bei solcher Kritik begründet sein mag, sie greift gegenüber dem Steuerbegehren des Staates nicht durch, sofern überhaupt Zwecke des öffentlichen Haushalts und damit eine erhebbare Steuer in Frage stehen[42]: außersteuerliche Einwendungen sind unbeachtlich.

---

[36] Für eine Justiziabilität neuerdings Walter *Schick*, Haushaltsplan und Haushaltsgesetz vor Gericht, in: JZ 1967 S. 271 ff. (274 ff.) und passim; Th. *Maunz* in Maunz, Dürig, Herzog, Grundgesetz a a O Rdn. 15 zu Art. 109 (V 2 a cc); grundsätzlich gegen eine Justiziabilität sogenannter „hochpolitischer Akte“: Klaus *Vogel*, Der gerichtliche Rechtsschutz des einzelnen gegenüber der vollziehenden Gewalt, Landesbericht, in: Beiträge zum ausländischen öffentlichen Recht Bd. 52.1 (1969), S. 127 ff. (135 f.).

[37] Die Regierung unterliegt — freilich in aller Regel nicht mit Wirkung bis zu ihren Entschließungsmotiven — der „Finanzkontrolle“; Eberhard *Menzel*, Der staatsrechtliche Standort der Finanzkontrolle in der Bundesrepublik und im Ausland, in: DÖV 68 S. 593 ff. (603).

[38] Wolfgang *Martens*, Öffentlich als Rechtsbegriff, Bad Homburg - Berlin - Zürich 1969, S. 187. Über die verfassungsrechtlichen Ursachen jetzt knapp und treffend Hermann-Wilfried *Bayer*, Steuerungehorsam und Widerstandsrecht — Zur Frage der Verweigerung öffentlich-rechtlicher Leistungen, in: DÖV 1970 S. 114 ff. (116).

[39] s. unten 2.3144; Belege in Noten 98 f. und 2.3145, Noten 116 ff.

[40] Georg *Mattern*, Steuermoral, in: StW 1954 Sp. 505 ff. (510). Vgl. jedoch Angèle *Auburtin*, Die Ausgabenkontrolle durch Steuerzahlerklagen, ein Beitrag zum Problem der Verwaltungskontrolle und der Rechtsstellung des Individuums zum Staat, in: Verwaltungsarchiv 38 (1933) S. 309 ff. (315 ff., 329 ff., 347, 372); Maurice *Hauriou*, Précis de droit administratif et de droit public, Bd. I, 11. Aufl. Paris 1927, S. 405 f.

[41] So aber für das geltende deutsche Recht: W. *Schick*, Haushaltsplan a a O S. 276 (dort auch Note 83); jetzt auch — freilich nur unter den sehr einschränkenden Voraussetzungen des Art. 20 Abs. 4 GG — anerkannt von H.-W. *Bayer*, Steuerungehorsam und Widerstandsrecht a a O S. 119 ff.

[42] § 1 RAO. Schon deshalb ist die Kontroverse um die „generelle Entgeltlichkeit“ oder „Voraussetzungslosigkeit“ der Steuer (vgl. G. *Schmölders*, Allgemeine Steuerlehre a a O S. 63, 65; Walter *Weddigen*, Allgemeine Finanzwissenschaft, 4. Aufl. Berlin 1964, S. 71; Walter *Jellinek*, Verwaltungsrecht, 3. Aufl. Berlin 1931 [Neudruck 1966], S. 393; Fritz *Fleiner*, Institutionen des deutschen Verwaltungsrechts, 8. Aufl. Tübingen 1928 [Neudruck Aalen 1963], S. 421) ein Scheinproblem; vgl. Heinz *Haller*, Die Steuern, Tübingen 1964, S. 19; Gian Antonio *Micheli*, Diritto tributario, Parte Generale, Roma 1968, S. 96 f.; Luigi Vittorio *Berliri*, La giusta imposta, Roma 1945, S. 399 ff.; *Becker*, *Riewald*, *Koch*, Reichsabgabenordnung, Bd. I, 9. Aufl. Köln - Berlin - Bonn - München 1963,

1.15 Unser Blick auf den modernen Steuerstaat kehrt einen Befund zutage, der den seit alters erörterten Interessenkonflikt zwischen Steuerverband und Steuerpflichtigen keineswegs als bewältigt erkennen läßt: auf der einen Seite steht der voll etablierte, auf dem Vormarsch zum totalen Steuerstaat[43] befindliche Moderne Staat, der bei seinen enormen Geldbedürfnissen fast ausschließlich durch Steuern aus der privaten Wirtschaftskraft der einzelnen lebt. Auf der anderen Seite zeigen die Steuerwiderstände, daß der Steuerstaat als die offenbar richtige Lösung der finanziellen Probleme staatlichen Seins im Bewußtsein der Steuerbürger nicht anerkannt und verwurzelt ist.

Angesichts des souverän gehandhabten Finanzierungsinstrumentariums Steuer, dessen Wirksamkeit man nicht allein mit dem machtbewehrten Durchsetzungsvermögen des Staates wird erklären wollen[44], ist die Frage berechtigt, was gerade den Modernen Staat zum Steuerstaat *qualifiziert*. Anders gewendet läuft die Frage darauf hinaus, ob der Moderne Staat seiner finanziellen Seite mit dem Steuerstaat eine aus der Relation von Zweck und Mittel vernünftigerweise gebotene, nämlich die rationale Form verliehen hat[45].

1.151 Als den äußeren Anlaß des modernen Steuerstaates benennt man seine Finanzbedürfnisse. Bedürfnisse dieses Ausmaßes[46] kann der Staat in der Tat nicht anders als im Wege des Zugriffs auf die Finanzkraft seiner Steuerbürger befriedigen; denn wollte der Staat die von ihm benötigten Betriebsmittel selbst verdienen, wie ihm das manche historischen Finanzlehren ansinnen[47], so könnte der Staat seiner eigentlichen Aufgabe schlechterdings nicht mehr nachkommen.

Von diesem Standpunkt betrachtet muß das Finanzierungsmittel Steuer im Dienst staatlicher Aufgabenwahrnehmung durchaus als ein rational erdachtes und gehandhabtes Instrument gelten: es enthebt von der Sorge für die Staatsfinanzierung und erhält alle staatlichen Kräfte den wesentlichen Staatsaktivitäten; für sie dürfen allein die Gegebenheiten der Interessenlage maßgeblich sein, keineswegs aber Modalitäten der Finan-

Anm. 3 b (1) zu § 1; Klaus *Tipke*, Heinrich Wilhelm *Kruse*, Reichsabgabenordnung, 2.-4. Aufl. Köln 1965/69, Anm. 8 zu § 1; BVerfG Beschl. v. 4. 2. 1959 BVerfGE Bd. 7 S. 244 ff. (254).

[43] Vgl. das eindringlich visionäre Bild bei Wilhelm *Röpke*, Der moderne Fiskalstaat, in: StbJb 1965/66 S. 35 ff. (36 f.); ferner Herbert *Krüger*, Aussprache, in: VVDStRL 14 S. 89.

[44] So aber B. *Strümpel*, Steuerwiderstand a a O S. 339.

[45] Luigi *Einaudi*, Miti e paradossi della giustizia tributaria, 3. Aufl. Torino 1967, S. 249 und oben 1.14.

[46] Über die Ursachen dieser Entwicklung: G. *Schmölders*, Finanzpolitik a a O S. 184 ff.

[47] Fritz Karl *Mann*, Steuerpolitische Ideale, Jena 1938, S. 39 und unten 1.2212 m. Note 107.

zierung ausschlaggebend werden[48], soll der Blick nicht für das aus der Sache selbst Gebotene verloren gehen[49]. So besehen wird die Besteuerung fraglos als die dem Modernen Staat gemäße Finanzierungsmethode[50] erkennbar, weshalb „Steuer so viel mit Staat zu tun hat, daß der Ausdruck ‚Steuerstaat' beinahe als Pleonasmus erscheinen könnte"[51]. Nur die Besteuerung entspricht der Tendenz des Modernen Staates, nach dem „Gesetz wachsender Staatsaufgaben" zu leben, mit dem sich der Moderne Staat auch dem „Gesetz wachsender Staatsausgaben" verschreibt[52]. Diese Entwicklung ruft nach Steuern als der nachhaltigsten Quelle staatlicher Finanzierung, für die eine vergleichbar taugliche Alternative nicht ersichtlich ist.

Soweit die Ursachen des modernen Steuerstaates. Sie können freilich nur die Notwendigkeit von Steuern veranschaulichen, wie auch bereits alle historischen Steuerlehren solche unabweislichen Staatsbedürfnisse als Grund des besteuernden Staates namhaft machen. Der innere Zusammenhang moderner Staatlichkeit mit dem höchst wirksam eingesetzten Finanzierungsinstrument Steuer aber wird aus solchen Vorgegebenheiten noch nicht transparent, will man sich nicht mit der letztlich aussagelosen Feststellung begnügen, daß die einst außerordentlichen, zu gelegentlicher Besteuerung nötigenden Bedarfslagen sich mit dem Modernen Staat zu einer dauernden Finanznot ausgewachsen haben. Permanenter Bedarf an Betriebsmitteln läßt die Qualifikation modernen staatlichen Seins zum Steuerstaat weiterhin unbewiesen.

1.152 Dieser Fragestellung nimmt sich die moderne allgemeine Staatslehre nicht an, so offenkundig das Problem auch an die existentiellen Fragen der Staatlichkeit rührt[53]. Die finanziellen Aspekte des Modernen

---

[48] C. A. *v. Malchus*, Qu.-Nr. 220, S. 11; F. *Schmitthenner*, Qu.-Nr. 230, S. 351.

[49] Herbert *Krüger*, Staatslehre a a O S. 897.

[50] Karl *Zeidler*, Schranken nichthoheitlicher Verwaltung, in: VVDStRL 19 S. 208 ff. (214).

[51] Joseph *Schumpeter*, Die Krise des Steuerstaats, Graz 1918, S. 23; zuletzt: Gottfried *Salomon-Delatour*, Moderne Staatslehren, Neuwied a. Rh. - Berlin 1965, S. 92.

[52] Adolph *Wagner*, Finanzwissenschaft, 1. Theil, 3. Aufl. Leipzig - Heidelberg 1883, S. 76; vgl. jetzt: Anton *Tautscher*, Der ökonomische Leviathan oder die wirtschaftliche Übermacht des Staates, Berlin 1969, S. 34 ff.; Kurt *Schmidt*, Wachsende Staatsausgaben? in: Ordo XV/XVI (1965), S. 167 ff.; John F. *Due*, Government Finance, 3. Aufl. Homewood (Ill.) 1963, S. 43 ff.; Herbert *Timm*, Das Gesetz der wachsenden Staatsausgaben, in: Finanzarchiv NF. Bd. 21 (1961) S. 201 ff. (218 ff.); S. *Fabricant*, The trend of government activity in the United Staates since 1900, New York 1952, S. 151.

[53] Georg *Jellinek*, Allgemeine Staatslehre, 3. Aufl. (7. Neudruck) Darmstadt 1960, S. 110 f. hält „eine allseitige Anschauung vom Staate" ohne Betrachtung „auch unter ökonomischem Gesichtspunkt" für undenkbar und J. *Schumpeter*, Steuerstaat a a O S. 17, will „vom steuerlichen Phänomen her den Blick in das *Wesen des Staates* dringen" lassen, wie umgekehrt Lorenz *v. Stein*, Lehrbuch der Finanzwissenschaft Bd. II, 5. Aufl. Leipzig 1885 (Folgezitate ohne Zusatz be-

Staates und ihre Lösung, die sie im Steuerstaat finden, sind bisher nirgends zum Gegenstand zentraler Erörterungen gemacht, worauf Gerhard *Wacke*[54] und Herbert *Krüger*[55] hinweisen.

1.153 Auch die „Steuerrechtfertigungslehre" moderner Ausprägung schweigt hier. Die Steuertheorie der Gegenwart enthält sich dieses Themas, das man ganz bewußt aus den steuerrechtfertigenden Überlegungen ausklammert[56]. Moderne Steuerrechtfertigungsversuche wollen erst auf der Grundlage einer unbewiesenen, wenn auch schwerlich bestreitbaren Prämisse einsetzen, nach der Steuern bereits als das richtige Instrument staatlicher Finanzierung gelten müssen[57].

1.1531 Wie die Staatswirklichkeit zeigt — sie kennt nirgends den steuerlosen Staat[58] utopischer Lehren[59] —, kann der Steuerstaat allerdings nicht fragwürdig sein, so wenig selbstverständlich diese Form staatlicher Finanzierung einstmals auch erschien[60]. Das veranlaßt die Steuerrechtfertigungslehre neueren Ursprungs dann auch, von der eigentlichen „Rechtfertigung" des staatlichen Steuerzugriffs aus dem Steuerverwendungszweck abzulassen, um sich auf eine mehr oder weniger einsichtige *Begründung* der Steuer als ein „Opfer", als eine „Bürgerpflicht" zu verlegen und zu beschränken.

„Steuerbegründung"[61] ist der Erklärungsversuch in der Finanztheorie, welcher die Steuerzwecke selbst hinzunehmen bereit ist, weil die Ausgabezwecke als oberste politische Ziele vorgegeben, das heißt der Wertung durch die Wissenschaft entzogen seien[62]. Mit dieser Beschränkung

ziehen sich auf diese 5. Aufl.), S. 352 f. meint: „Der Mangel unserer heutigen *Steuertheorien* ... wird solange verbleiben, als der Mangel an Philosophie ... es nicht verstattet, sich an das Wesen und Leben des *Staats* und seiner *Staatswissenschaft* zu wagen."

[54] Verfassungsrecht und Steuerrecht a a O S. 79 f.; *ders.*, Die Finanzverfassung, in: DÖV 1955 S. 577 ff. (583).

[55] Aussprache a a O S. 88.

[56] F. K. *Mann*, Methodenstreit a a O S. 15; Klaus *Tipke*, Die Situation des Steuerrechts als rechtswissenschaftliche Disziplin, in: NJW 1967 S. 1885 ff. (1888 m. Noten 46 f.).

[57] C. *Scailteur*, Le devoir fiscal a a O S. 61.

[58] Vgl. Fritz Karl *Mann*, Die Soziologie der Besteuerung, jetzt in: Finanztheorie und Finanzsoziologie, Göttingen 1959, S. 112 ff.; *ders.*: Steuerpolitische Ideale a a O S. 275 ff.; François-Marie *Arouet* (*Voltaire*), Oeuvres, Paris 1768, Bd. 21 S. 322.

[59] Zuletzt: Gottfried *Feder*, Der deutsche Staat auf nationaler und sozialer Grundlage, 15. Aufl. München 1933, S. 120 f., 128 ff., 133.

[60] Vgl. unten 1.2212 (Quellenbelege in Noten 106 f.).

[61] So nennt W. *Weddigen*, Finanzwissenschaft a a O S. 104 ff. die Lehre jetzt einschränkend, wobei eine Rechtfertigung nach klassischem Muster nicht mehr versucht wird (S. 106).

[62] G. *Schmölders*, Allgemeine Steuerlehre a a O S. 67 f.: „Der Einnahmezweck als solcher, d. h. die Bedarfsfrage, entzieht sich dagegen der Beurteilung." W. *Weddigen*, Finanzwissenschaft a a O S. 106; Fritz *Terhalle*, Finanzwissen-

versteht sich die Steuerbegründungslehre dann auch als Antithese zu den herkömmlichen Rechtfertigungsversuchen der rationalistischen Schulen; sie bricht mit den konventionellen Lehren aus der Erkenntnis, daß die Rechtfertigung der Besteuerung mit empirischen Mitteln schlechterdings nicht zu bewerkstelligen sei, wenn dies aus der Verwendung des Steuerertrags geschehen solle[63]. Die Rechtfertigung der Steuer folge schlicht aus ihrer Funktion, die man jeder Besteuerung als seinsbedingter Einrichtung des Modernen Staates zu erfüllen bestimmt habe[64]: So wie der Staat kraft seiner ethischen und historischen Notwendigkeit für die Erfüllung von Gemeinzwecken keiner wissenschaftlich abgeleiteten Legitimation seiner Existenz bedürfe, mache auch die Rechtfertigung von Steuer und Staatsausgabe keine weitere Daseinslegitimation als eben den Hinweis auf ihre Aufgabe im Staat erforderlich[65].

1.1532 Dies ist die Voraussetzung aller jetzt üblichen „realistischen" Steuerlehren[66]. In der deutschen Finanzwissenschaft haben namentlich

schaft, Jena 1930, S. 127. — Die in der italienischen Steuerlehre heimische, durch *Jarach* auch in Südamerika verbreitete Lehre von der „causa dell'imposta", das ist die aus den scholastischen „causa formalis" und „materialis" (dazu unten 2.3123) entwickelte *Modalität der optimalen Besteuerung*, macht hier keine Ausnahme. — Vor allem: Benvenuto *Griziotti*, Studi di diritto tributario, Padua 1931, S. 19 ff.; *ders.*, Saggi sul rinnovamento dello studio della scienza delle finanze e del diritto finanzario, Milano 1953, S. 295 ff. Dort heißt es zwar: „La dottrina causale ... consente di riconnoscere una corrispondenza fra l'interesse publico, che sta a fondamento della pretesa tributaria, e l'interesse privato ai publici servizi, che giustifica l'obligo al trasferimento del patrimonio del privato al Fisco." (Diritto finanzario a a O S. 302.) Dennoch wird die causa der giusta imposizione aber keineswegs praktisch als ein konstitutives Tatbestandselement für das Entstehen des staatlichen Steueranspruchs; er kann für *jede* causa staatlichen Bedarfs aktiviert werden (a a O S. 309 f.). Vielmehr beziehen sich die aus der causa dell'imposta folgenden Bindungen auf eine dem Steuerzweck adäquate Form der Besteuerung(smodalitäten); auch die causa dell'imposta will also nicht den Steuerzweck selbst würdigen und in ihm die Legitimation des Steuerstaates verorten. Zu allem jetzt: G. A. *Micheli*, Diritto tributario a a O S. 96 ff.; Antonio *Berliri*, Principi di diritto tributario, Bd. II 1, Milano 1957, S. 96 ff.; Achille D. *Giannini*, I concetti fondamenti del diritto tributario, Torino 1956, S. 72; 157 und *ders.*, Note e pareri sull'irretroattiva delle norme tributarie, in: Il diritto dell'economia, Bd. 3 (1957) S. 36 ff. (51): „... il motivo (pre giuridico) dell'imposizione, non la causa (giuridica) dell'imposta." Ferner L. V. *Berliri*, La giusta imposta a a O S. 359 f.; Ezio *Vanoni*, Opere giuridiche, Bd. I, Milano 1961, S. 106 f.

[63] Vgl. die Belege im Vorwort oben S. 15 Note 1 und etwa H. *Haller*, Steuern a a O S. 7, 18 f.; Hans *Ritschl*, Theorie der Staatswirtschaft und Besteuerung, Bonn - Leipzig 1925, S. 155 ff. — Neue Ansätze erwägen jetzt V. *Götz*, Die Staatsausgaben a a O S. 90 und W. *Schick*, Haushaltsplan a a O S. 276.

[64] W. *Gerloff*, Rechtfertigung der Besteuerung (Schanz-Festgabe) a a O S. 141; *ders.*, Rechtfertigung der Besteuerung, in: HdFW II, S. 262 ff.

[65] W. *Weddigen*, Finanzwissenschaft a a O S. 105 f.; C. *Scailteur*, Le devoir fiscal a a O S. 61; F. *Terhalle*, Finanzwissenschaft a a O S. 217 f.

[66] *Becker, Riewald, Koch*, RAO, Anm. 1 (2) zu § 1.

Karl Heinrich *Rau*[67], Gustav *Schmoller*[68] und Adolph *Wagner*[69] mit der sogenannten „Opfer- oder Pflichttheorie" die lediglich auf Steuerbegründung abhebende Lehre durchgesetzt[70]; auch das Ausland stellt mit ganz parallelen Erwägungen auf schlichte Steuerbegründung ab[71], ohne sich gerade die „Opferlehre" zu eigen zu machen, welche der deutschen[72] Theorie von der realen Verbandspersönlichkeit[73] verpflichtet ist[74].

1.1533 Gleich der überkommenen Lehre von der „iusta causa imponendi" — das ist der Rechtfertigungsgrund des jeweiligen Steuereingriffs — unterstellt zwar auch die moderne Steuerlehre, daß es überhaupt richtig sein kann, wenn der Staat seine Bürger besteuert. Moderne Pflicht- oder Opferlehren nennen aber die Bedingungen nicht, unter denen sie die Richtigkeit des Steuerstaates als Prämisse glauben setzen zu dürfen. Darin unterscheiden sie sich von den herkömmlichen Lehren zum Steuergrund.

Freilich geht auch die moderne Steuerrechtfertigung — nicht anders als ihre historischen Vorläufer — davon aus, daß nur der für eine steuerzahlende Allgemeinheit richtige Steuerzweck, das heißt die richtige Staatsausgabe, die Verwendung gemeinsam aufgebrachter Steuergelder richtig macht. Dann kann auch hier nur das richtige Ausgabewerk die

---

67 Grundsätze der Finanzwissenschaft, Abt. 1 Heidelberg 1843, § 250 (S. 324); § 252 (S. 326 ff.); *ders.*, Adolph *Wagner*, Finanzwissenschaft, Teil II, 7. Aufl. Leipzig - Heidelberg 1880, §§ 421, 425 (S. 341 ff., 348 ff.).

68 Die Lehre vom Einkommen in ihrem Zusammenhang mit den Grundprincipien der Steuerlehre, in: ZStW Bd. 19 (1963) S. 1 ff. (50 ff.).

69 Finanzwissenschaft, Teil II, 2. Aufl. Leipzig 1890, S. 216.

70 Vgl. a. F. J. *Stahl*, Qu.-Nr. 233, S. 577 f.; H. *Eisenhart*, Qu.-Nr. 244, S. 4 ff.; L. *v. Stein*, Finanzwissenschaft, Bd. II a a O S. 348 ff. (352).

71 J. F. *Due*, Government Finance a a O S. 102 f.; P. *Adriani*, J. *v. Horn*, Belastingrecht a a O S. 190, 191 ff. (201); Ellsworth Harvey *Plank*, J. W. *Jackson*, Public finance, Homewood (Ill.) 1953, S. 184 ff. (191); C. *Scailteur*, Le devoir fiscal a a O S. 55 ff. (60 f.); L. V. *Berliri*, La giusta imposta a a O S. 343 f.; J. *Stamp*, Principles of taxation a a O S. 2 ff.; Edwin R. A. *Seligman*, The income tax, a study of the history, theory and practice of income taxation at home and abroad, 2. Aufl. New York 1921, S. 4; E. *Lindahl*, Die Gerechtigkeit der Besteuerung a a O S. 6 ff.; Thomas Nixon *Carver*, The ethical basis of distribution and its application of taxation, in: Annals of American Academy of Political and Social Science, Bd. 6 (1895) S. 79 ff. (85 ff.); Paul *Leroy-Beaulieu*, Traité de la science des finances, Bd. I, 4. Aufl. Paris 1888, S. 111 ff. (117); M. Esquirau *de Parieu*, Traité des impôts consideré sous le rapport historique, économique et politique, Bd. I Paris 1862, S. 27 ff., 30 f. — Vgl. im übrigen die Nachweise bei Charles *Gide*, Charles *Rist*, Histoire des doctrines économique, Paris 1947; Lello *Gangemi*, Lineamenti di letteratura finanzaria, Milano 1929.

72 Herbert *Krüger*, Staatslehre a a O S. 147.

73 Belege bei Ulrich *Häfelin*, Die Rechtspersönlichkeit des Staates, Tübingen 1959, S. 105 ff., 124 ff.

74 W. *Weddigen*, Finanzwissenschaft a a O S. 106; E. *Lindahl*, Die Gerechtigkeit der Besteuerung a a O S. 11; Ad. *Wagner*, Finanzwissenschaft, Teil I a a O S. 45; K. H. *Rau*, Ad. *Wagner*, Finanzwissenschaft a a O S. 342.

Besteuerung als sein diensames Mittel legitim machen: der richtige Zweck rechtfertigt das ihm gemäße Mittel.

Indes bleibt die moderne Steuerbegründungsdoktrin die Antwort schuldig, will man wissen, *welche* Steuermittelveranstaltungen richtig und deshalb von solcher Art sind, daß mit ihnen die staatliche Ausgabewirksamkeit Steuergelder rationaliter darangeben darf. Dann aber vermeidet diese Steuerlehre nicht nur alle Würdigung steuerlicher Ausgabeveranstaltungen in ihrem Wert für eine steuerzahlende Allgemeinheit[75]; die moderne Steuerbegründungslehre trägt auch zur Steuerrechtfertigung im eigentlichen Sinne nicht bei[76]. Wer mit der Steuerbegründung nicht zugleich die Richtigkeit der steuerlichen Ausgabezwecke für die Steuerzahler darlegen will, kann über die sachlichen Zusammenhänge von staatlichem Sein und moderner Steuerfunktion jedenfalls nicht unter dem Aspekt ihrer Richtigkeit urteilen. Vielmehr wird die Rechtfertigung der Steuer, mit ihr die Legitimation des Steuerstaates, den Sachzusammenhang von Steuer und Staatsausgabe, von notwendiger Steuermittelveranstaltung und dienlichem Finanzierungsinstrument Steuer in ihre Überlegungen einbeziehen müssen, soll eine wesentliche Aussage über die Rechtfertigung des besteuernden Staates gelingen. Richtigkeit steuerlicher Ausgabeaktivitäten und legitime Besteuerung sind die zwei Seiten derselben Münze, und die Steuer ist nur der Avers[77]. Den Zugang zur Vorfrage, ob der Steuerstaat als eine rationale Lösung verstanden werden muß und als die richtige Seinsweise moderner Staatlichkeit hingehen darf, wird also nur finden, wer die Steuer vor dem Wirkhorizont staatlichen Entfaltens auf der Ausgabeseite sieht und die Steuer zusammen mit der kostenbeschwerten Staatstätigkeit zu rechtfertigen versucht.

1.154 Eine klärende Analyse der Erscheinung Steuerstaat hätte das Zweck-Mittel-Verhältnis von allgemeininteressanter Staatswirksamkeit und steuerlicher Finanzierungsmethode als den seit alters betonten Rechtfertigungsschluß wieder in Betracht zu nehmen. Mit ihm liegt die Antwort auf die Frage nach der Qualifikation des Staates zum Steuerstaat vor allem in der Überlegung beschlossen, daß der Staat Steuern für Ausgaben erhebt, die ihm gestatten, seine Aufgaben im Interesse der Bürger wahrzunehmen[78]. Die Staatsfinanzierung durch Steuern macht den Staat als

---

[75] Das beklagt R. *Goldscheid*, Steuerverwendung a a O S. 26. Im Grunde aber auch Ad. *Wagner*, Finanzwissenschaft Teil I a a O S. 19 f.: „Wird die Staatsthätigkeit in unrichtiger Weise ausgeübt, ..., so muß die Finanzwissenschaft ihre warnende Stimme erheben" (S. 20).

[76] L. *v. Stein*, Finanzwissenschaft, 4. Aufl. Bd. I, Leipzig 1878, S. 401: „... daß die Vorstellung von einem ‚Opfer', welches der Staatsbürger in der Steuer dem Staate bringt, zu einer reinen Redensart werden muß, sowie man das Wesen der Steuer betrachtet." K. *Vogel*, Verwaltungsrechtsnorm a a O S. 387 f.

[77] C. *Scailteur*, Le devoir fiscal a a O S. 55.

[78] C. *Scailteur*, Le devoir fiscal a a O S. 61: "L'impôt est donc une dette commune à tous les coïntéressés à l'activité publique."

Sachwalter Öffentlicher Interessen überhaupt aktionsfähig. Wenn der Staat alsdann — so das weitere und entscheidende Bindeglied in der Kette steuerrechtfertigender Gedanken — auch tatsächlich seine Aktivitäten im Allgemeininteresse entfaltet und den Allgemeinbedürfnissen entspricht, so ist der für Öffentliche Interessen wirkende Staat zur Besteuerung seiner Bürger berufen. Dieser Staat ist zum Steuerstaat bestimmt. Mehr noch: der mit Gemeinschaftsaufgaben betraute und auch tatsächlich befaßte Staat ist — um mit Friedrich *Schmitthenner* zu sprechen — „sogar verpflichtet, demselben diese Form zu geben“[79]. Der Steuerstaat ist dann die richtige Auseinandersetzungsform für die Bewältigung aller finanziellen Anforderungen an den Modernen Staat, die sich aus seinen, nämlich seiner staatsbürgerlichen Allgemeinheit, Interessenlagen abzeichnen: staatliche Wirksamkeit im Öffentlichen Interesse legitimiert die Besteuerung als eine Einrichtung, die ihrerseits als die gebotene Gestaltung moderner Finanzfunktion im Öffentlichen Interesse sichtbar wird. Der Steuerstaat ist das sachlich richtige Mittel für seine sachlich richtigen Zwecke. Der Steuerstaat ist rational im Sinne einer legitimen Seinsweise der instrumentellen Daseinsform, wie des Bestimmungszwecks steuerstaatlicher Existenz. Das Normmaß der Richtigkeit signalisiert dabei Öffentliches Interesse dem Zweck und seinem dienstbaren Mittel: Die richtige Interessenbefriedigung im Steuerstaat, das heißt die öffentlichinteressante Steuerwirksamkeit, ist Rationalitätsgradmesser der Steuerfunktion[80]. Die Idee der Besteuerung, sagt Lorenz *v. Stein*, „wird das Gewissen für Alles, was der Einzelne der Gesamtheit hingibt und was sie leistet. Und jeden Pfennig und Kreuzer begleitet jetzt die Frage der Zahlenden, was ihnen der Staat sein soll“[81].

---

[79] Qu.-Nr. 230, S. 356.

[80] Oben 1.14.

[81] Finanzwissenschaft, 4. Aufl. Bd. I, S. 415; ähnlich 1. Aufl. (1860), S. 15; vgl. aber 5. Aufl. Bd. II, S. 348 ff.

1.2 Ausblicke herkömmlicher Steuerrechtfertigungslehren für die Phänomenologie des modernen Steuerstaates

Erweist sich die Idee allgemeininteressanter Staatswirksamkeit als geradezu unentbehrliches Requisit für die Legitimation des modernen Steuerstaates, so sollte man sich auf jene Anschauungen zurückbesinnen, die über gemeinerhebliche Ausgabewirksamkeit des besteuernden Staates bereits geäußert wurden. Die Fragestellung nach der legitimen Beschaffenheit von Gemeinwesen, die Leistungen ihrer Glieder in den Dienst von Zwecken der politischen Gruppe stellen, scheint nämlich weder auf einen bestimmten Staat zu weisen, noch ist sie an eine bestimmte Zeit gebunden. Dann aber verspricht gleichermaßen die Antwort, wie sie in konventionellen Rechtfertigungsversuchen für die historischen Gemeinwesen gefunden wurde, als zeitlos gültige Erkenntnis beizutragen zur Transparenz legitimen steuerstaatlichen Seins.

1.21 Exposition: Die Lehre vom Steuergrund als steuerrechtfertigende Lehre von der richtigen Staatsausgabe — die Rechtfertigung der Besteuerung und ihre Positionen in der Staatsinteressenlehre

1.211 Die staatsphilosophische Forderung nach gemeinerheblicher Staatsentfaltung, die mit dem Staatsvollzug — modern gesprochen — Öffentliche Interessen zur Geltung bringen will, war das zentrale Postulat konventioneller Steuerrechtfertigung. Denn eine Lehre von der richtigen Steuer muß den steuerrechtfertigenden Erfolg der Staatswirksamkeit auf die steuerzahlende Allgemeinheit projizieren: „Princeps collectas imponere de causis posse dicunt, quae respiciunt commodum et utilitatem subditorum[82]."

Diese These dimensioniert den besteuernden Staat auf dem Interessenhorizont seiner Sozietät. Sie schwört den Staat auf allgemeinerhebliche Wirkweisen ein, indem sie den princeps, das heißt jene politischen Kräfte, welche die Vorstellungen vom Staatszweck entwickeln und über die Verwendung des Staates bestimmen, verpflichtet, ihre Macht zur Verwirklichung der politischen Vorstellungen vom Staatszweck nur im Interesse der regierten politischen Gruppe auszuüben. Solches Verlangen soll die

[82] J. *Mennoch*, Qu.-Nr. 55 a, cons. IX nr. 13 (fol. 48 r.); ähnlich: P. G. *Tholosan*, Qu.-Nr. 64 b, cap. II nr. 9 (S. 42 f.); F. *Suarez*, Qu.-Nr. 80, lib. V cap. XV nr. 3 (S. 306).

Disposition der Gemeinzwecke und den Einsatz des staatlichen Zweckerfüllungsinstrumentariums vor ihrer singulär- und partikulärnützlichen Mißwendung bewahren.

Der Ruf nach gemeindienlichem Staatswirken versteht sich, wenn man bedenkt, daß staatliche Wirkweisen zugunsten dieses oder jenes bestimmten einzelnen, zugunsten einer bestimmten Gruppe das Gemeinzweckstreben der übrigen verfälscht oder ihre Anstrengungen den gemeinsamen Zweck überhaupt verfehlen läßt. Denn nur ausnahmsweise wird auch einmal die besondere Beanspruchung staatlicher Wirksamkeiten für individuelle Zwecke im Gemeininteresse aufgehen. Deshalb ist das Gemeinzweckstreben grundsätzlich gegen alle partiellen Anforderungen besonderer Interessenten zu verteidigen.

Die Inanspruchnahme besonderer Vorteile befürchtete man namentlich von den mächtigen Gemeinzwecksachwaltern selbst; gerade der machtvolle Interessenwalter besitzt mit der Macht auch die faktische Möglichkeit, den Staat und seine Wirksamkeit zum eigenen und bestimmter Gruppen persönlichem Vorteil zu denaturieren. „Collectam absoluta potestate extra causam publicae Necessitatis et Utilitatis indicere, sic volo, sic jubeo, hoc doctores appelant tyrannica, et adeo omnimodo impius esse[83].“ „Ex parte finis erunt iusta tributa, si redundant in bonum commune et non referantur ad solum luxum principum[84].“

1.212 Das Gemeininteresse der politischen Gruppe an *richtiger* Staatsaktivität als das bonum commune, das gemeine Beste, wußte herkömmlich gerade die Steuerrechtfertigung nachdrücklich herauszustellen. Sie rief das im Sinne eines Allgemeininteresses verstandene Gemeinwohl dort herbei, wo die Allgemeinheit den Staat mitzugestalten, nämlich finanziell mitzutragen verbunden ist: wo Steuern die staatlichen Betriebsmittel aufbringen. Hier berühren sich handgreiflich die Zweckmäßigkeit kostenbeschwerter Staatsaktivität und das Eigeninteresse der Steuerbürger. Den Interessenausgleich kann nur das an wesentlichen gemeinsamen Zwecken ausgerichtete Ausgabewerk bringen, „spectans ad sumptus communes, quae in totius communitatis commodum cedunt“[85], wie sich ein frühes Zeugnis dieser Idee ausdrückt.

Nur die einem Allgemeininteresse dienlichen Staatsaktivitäten sollten „iusta causa imponendi“, der Rechtfertigungsgrund für den staatlichen Steuereingriff sein. Diesen Rechtsgrund der Besteuerung, also die rationalen Zwecke der Staatsausgabe, arbeitete die Rechtfertigungslehre heraus als ein Konzept richtiger und darum mit gemeinsamen Steuergeldern

[83] C. *Klock*, Qu.-Nr. 102 a, cap. I nr. 163 (S. 18) und cap. VII nr. 4 (S. 163) m. w. N.

[84] *Gregor de Valenzia*, Qu.-Nr. 48, Sp. 1196 D.

[85] F. *Suarez*, Qu.-Nr. 80, lib. V cap. XV nr. 3 (S. 306).

anzustrebender Staatszwecke. Das Programm dieser Ausgabenzwecke und die Konstruktion der Anteilnahme an jenen wichtigen, gemeinschaftsbezogenen Veranstaltungen kreiste um Interessenlagen, die moderne Begrifflichkeit dem Öffentlichen Interesse zuordnet: die Steuerrechtfertigung ging davon aus, daß staatliches Finanzgebaren an gemeinerheblichen Zwecken von besonderer Bedeutung für die Gemeinschaft, mit dieser für ihre Glieder orientiert sein muß, soll der einzelne staatlichen Aufwand bezahlen. Daher waren der Steuertheorie alle Steuern „ungerecht", deren Erfolg sich im wesentlichen nur für partikuläre oder singuläre Interessen — namentlich für die mächtigen Gruppen — einstellt: „Ne insumatur in alienos usus et alias expensas inutiles, publicas vel privatas, ad quas populus non tenetur contribuere[86]." Gerecht, nämlich „cum iusta causa imponendi" aber war der Steuereingriff, wenn seine Beschwer das (individuelle) Einzelinteresse der Pflichtigen zurückstellt, um so ein Allgemeininteresse — unter Einschluß eines allgemeinerheblichen Einzelinteresses — zu befördern. Denn dann steht das Einzelinteresse der Zensiten nicht um anderer Einzel- oder Sonderinteressen irgendwelcher besonderer Interessenten willen nach, die niemals auf Kosten anderer im Staat befördert werden dürfen, „aliter tributum non serveretur aequalitas, hoc autem praecipue locum habet in tributis"[87].

Mit dieser Überlegung vermochte die Gemeinwohlvorstellung eine doppelte Aussage zu tragen: Einmal gebieten Steuermittelveranstaltungen zum gemeinsamen Besten der Kontribuentengemeinschaft die Besteuerung der interessierten Sozietät, mit ihr die Belastung eines jeden „Interessenten"[88], wenn anders dem gemeinsamen Bedürfnis nicht abgeholfen werden kann; zum anderen durfte man für alle jene Steuern, die schon herkömmlich einer Allgemeinheit auferlegt wurden, im Umkehrschluß folgern, daß die Segnungen kostenbeschwerter Staatswirksamkeit sich derselben Allgemeinheit mitteilen müssen: „Causa tributi non potest esse iusta, nisi ad commune bonum pertineat: nam cum onus tributi commune est, etiam finis, seu fructus eius debet esse communis[89]."

1.2121 Steuerrechtfertigende Lehren machten so den Gegensatz bewußt, der zwischen Sonderinteressen und Allgemeininteressen besteht[90].

---

[86] L. *Lessius*, Qu.-Nr. 90, lib. II cap. 33, dub. 6 nr. 42 (S. 414) und alle Schriftsteller; etwa J. *Mattiae*, Qu.-Nr. 99, cap. III nr. 185 (S. 116): „Daß dieselbe (scil.: Schatzung) auff den eigen nutzen nicht gerichtet seyn/sondern alles in der unterthanen bestes gestellt."

[87] F. *Suarez*, Qu.-Nr. 80, lib. V cap. XV nr. 3 (S. 306).

[88] Vgl. oben 1.154, Note 78.

[89] F. *Suarez*, Qu.-Nr. 80, lib. V cap. XV nr. 3 (S. 306).

[90] Darauf weist Friedrich Julius *Neumann* hin, wenn er sagt: „Auch beruhen ja, wie Jeder zugeben muß, auf der Annahme eines *Gegensatzes* von öffentlichen und Einzelinteressen die Hauptgrundsätze der Besteuerung." (Das öffent-

Die Steuerrechtfertigung ließ zur verbindlichen Erkenntnis werden, daß Gemeinzweck und „Privatzweck“, daß ein gemeines Beste und Sondernutzen auseinanderzuhalten sind, wenn Interessen staatliche Aktion motivieren. Hier blieb sodann keinen Augenblick offen, welchem Dienst Staatsausgaben verpflichtet sind, die eine Allgemeinheit mit ihren Steuergeldern ermöglicht: „Necessarium ergo est, ut tributum expendatur in opus pertinens ad communem regni vel populi utilitatem[91].“ Der besteuernde Staat soll seine Einrichtungen dem Dienst an den Gemeinschaftszwecken leihen, was bedeutet, daß jede steuerliche Aktivität auf dieses Ziel zu richten, besonders aber auch zu beschränken ist.

Die gesetzten Schranken sind noch entscheidender als der gewiesene Rahmen möglicher Aktion: Auch der beste Staat wird nicht *alle* Interessen erfüllen können, die sich in ihrer Bedeutung für die Gemeinschaft staatlicher Obhut anempfehlen; *jede* nicht gemeininteressante Aktion dagegen muß er unterlassen, weil solchem Streben niemals die Aufmerksamkeit gemeinsamer Anstrengungen gebührt. Dieser Sachverhalt ist auch mit der Unterwerfung des Staates unter das Gemeinwohl zu kennzeichnen.

Damit war der *formale* Wirkhorizont des Gemeininteresses entdeckt, wie er für die Lehre von der gemeinerheblichen Staatswirksamkeit bestimmend sein muß. Zugleich war mit dieser Idee des Gemeininteresses der Wirkhorizont des legitimen Steuerstaates erkannt wie umgekehrt zu erkennen, daß nur der Staat legitimer Steuerstaat sein kann, der sich innerhalb der ihm vom Gemeininteresse reflektierten Entfaltungsdimensionen bewegt.

1.2122 Mit den formalen Dimensionen richtiger steuerstaatlicher Wirksamkeiten war bereits viel, jedoch nicht alles gewonnen. Als Frage blieb, „was würklich das gemeine Beste seye und erfordere?“[92], was also im gemeinsamen Interesse gelegen ist und deshalb in die Obhut staatlichen

---

liche Interesse mit Bezug auf das Gebühren- und Steuerwesen, in: Annalen d. dtsch. Reichs, 1886, S. 357 ff., das Zitat S. 391.) Vgl. K. H. *Rau*, Ad. *Wagner*, Finanzwissenschaft Theil II a a O S. 342.

[91] F. *Suarez*, Qu.-Nr. 80, lib. V cap. XV nr. 5 (S. 306) und alle Kameraljuristen, etwa: G. *Buxtorff*, Qu.-Nr. 75 b, S. 25: „absque publica necessitate Princeps in suam privatam utilitatem non potest tributa imponere; neque enim populus est propter Principem, sed Princeps propter populum, et in bonum et utilitatem eius; eaque de causa tributa non ad voluntatem vel utilitatem Principis sunt admetienda, sed ad utilitatem et necessitatem publicam eius communitatis“. — Vgl. C. *v. Rotteck*, Qu.-Nr. 225 a, S. 285 f.: „... das durch den *Staats-Zweck*, nicht aber durch das persönliche Interesse der Regierenden bestimmte Staatsbedürfnis“ sei der „vernünftig haltbare Rechtsgrund der Steuern“; ebenso J. H. G. *v. Justi*, Staatswirtschaft oder systematische Abhandlung aller Oekonomischen und Cameralwissenschaften, 2. Aufl. Leipzig 1758 (Neudruck Aalen 1963), Theil 2, S. 484. Weitere Belege unten 2.323.

[92] Johann Jacob *Moser*, Von der Teutschen Reichs-Stände Landen, Frankfurt 1769, S. 1187.

Wirkens gelangen darf oder zu kommen begehrt. Die Steuerrechtfertigung versuchte die Antwort.

Dabei glaubten manche Lehren vom Steuergrund auch einer abstrakten Gegenstandsbestimmung steuerlichen Wirkens gewachsen zu sein, also die *materialen* Dimensionen des richtigen Gemeinzwecks vorausschauend erheben zu können[93]. Wie die klassische Staatszwecklehre rechnete auch die Lehre vom Steuergrund die Zwecke selbst der theoretischen Bestimmung des richtigen Staates zu. Denn von den Zweckkategorien her setzte sich die Spekulation um die richtige Staatswirksamkeit überhaupt in Gang, wie dann auch die Lehre vom rationalen staatlichen Handeln aus den konventionellen Staatszweckprogrammen entwickelt wurde. Die historische Lehre vom Gemeinzweck hatte deshalb ebenso dringlich eine inhaltliche Ausstattung der Gemeinwohlvorstellung im Visier wie sie den formalen Horizont staatlichen Wirkens betrachtete, der mit den denkbaren Objekten eines Gemeininteresses angesprochen ist, für das die Allgemeinheit Subjekt sein will.

Andere Steuerzwecklehren, die bestritten, daß man das objektiv Richtige für die politische Gruppe Staat ein für alle Mal vorherbestimmen könnte, setzten auf die Rationalität des Verfahrens, welches bei der Auffindung des Richtigen beobachtet werden soll. Für die verfahrensmäßige Auseinandersetzung mit den jeweils maßgeblichen Zwecklagen wollten sie Sachwalter einspannen, die, von aller menschlichen Unzulänglichkeit gereinigt, als Depositäre des Richtigen andere sein sollten als der natürliche Mensch: Repräsentanten der Vernunft, sodann Organe des Staates, die ein Amt verkörpern, um sich mit ihrer Aufgabe so sehr zu verwandeln, daß sie einen besseren, das heißt den richtigen Willensbildungsprozeß gewährleisten[94].

1.22 Die Aufgabe

Besteuerung und gemeinerhebliche Staatswirksamkeit sind der Sachzusammenhang im weiteren Sinne, Staatsausgabe und gemeininteressantes Ausgabewerk sind es im engeren Sinne, deren Rolle als Bezugspaare in der Ideengeschichte Öffentlicher Interessen hier aufgezeigt werden soll. Daraus gewinnt diese dogmengeschichtliche Untersuchung ihre Aufgabe: *die Wurzeln der Idee allgemeinerheblicher Staatsentfaltung will unsere Darstellung an Hand des steuerrechtfertigenden Sachzusammenhangs freilegen.*

1.221 Daß am Beispiel der Steuerrechtfertigungslehre ideengeschichtliche Positionen auch der allgemeinen Interessenlehre nicht nur sichtbar

[93] Beispiele unten 2.3222; 2.3321.

[94] Vgl. unten 3.5332 und 3.5352.

gemacht, sondern besonders eindringlich hervorgekehrt werden können, erhellt aus folgenden Gegebenheiten; sie mögen zugunsten des Vorhabens sprechen.

Einerseits ist die Steuerrechtfertigung nur Variante, ein Teilaspekt der Legitimation staatlichen Seins: die jeweiligen Anschauungen über richtige Staatszwecke setzen die Maßstäbe für den Aufgabenrahmen, innerhalb dessen einzelne Wirksamkeiten mit Steuergeldern aufgenommen und durchgeführt werden[95]. Sind aber Steuer- und Ausgabezwecke lediglich Sektor der Staatszwecke, so werden die für sie streitenden Interessenlagen von den allgemeinen Staatsinteressen signalisiert.

Andererseits nahm die Steuer in den Anfängen neuzeitlicher Finanzfunktion eine besondere, atypische und „subsidiäre" Stellung im öffentlichen Haushalt ein[96]. Steuern ließen sich auf besonders dringliche, damit eindeutige Fälle gemeinbedeutsamer Bedarfslagen beschränken: das machte für die Interessenlehre kritische Maßstäbe nutzbar, die staatstheoretische Spekulation an eine weniger außerordentliche Seite staatlichen Seins nicht mit derselben Eindringlichkeit hätte anlegen wollen.

1.2211 Das Interesse an der Staatsentfaltung stellt die Parallelität von Staatszweck und Steuerzweck her. Wie der Daseinszweck des Staates staatliches Sein als das richtige General-Mittel erweisen sollte[97], mußte die Staatswirksamkeit ihre finanzielle Voraussetzung Steuer rechtfertigen. Damit sind die klassischen Steuerrechtfertigungstheorien in sachlicher und methodischer Wechselbezüglichkeit in die konventionellen Staatsrechtfertigungslehren eingebettet: beobachtete die Steuertheorie Gemeininteressen im Rahmen staatlicher Steuerfunktion, so waren es die für jede staatliche Entfaltung maßgeblichen Interessenlagen, aus denen die politische Sachentscheidung über bestimmte Staatsaktivitäten erwächst. Diese Sachentscheidung schlägt sich auch im sachlichen Ausgabenzweck nieder. Er ist identisch mit dem Aufgabenzweck, welcher wiederum mit dem Staatszweck gleichlautet. Steuerbeschaffungs- und Vergabemaßnahmen ordnen sich diesen Zwecken als ihr richtiges Mittel unter. Sie treten dabei zunächst nur ins Bild als bloßes Instrument zur Ausführung eines staatsleitenden Aktes, der jene Staatsaufgaben setzt und mit Einsatz öffentlicher Gelder erfüllt sehen will.

---

[95] C. *Scailteur*. Le devoir fiscal a a O S. 55: "La finalité de l'impôt se confond avec la finalité de l'Etat." W. *Gerloff*, Rechtfertigung der Besteuerung (Schanz-Festgabe) a a O S. 141 ff.; R. *Goldscheid*, Steuerverwendung a a O S. 10.

[96] Etwa J. H. G. *v. Justi*, Qu.-Nr. 175 a, § 689 (S. 356) und C. G. *Svarez*, Qu.-Nr. 191, S. 117.

[97] So jedenfalls nach der klassischen Staatsrechtfertigungsdoktrin. Gegen dieses „instrumentelle" Staatsverständnis, das „den Staat aus einem notwendigen Sein zu einem (scil.: aus dem Kreis weiterer theoretischer Möglichkeiten) gewählten Mittel bagatellisiert", für die moderne Staatslehre mit Nachdruck Herbert *Krüger*, Staatslehre a a O S. 759 f.

Über diese instrumentelle Seite der Finanzfunktion ging die wesentliche Aussage der Steuerrechtfertigungstheorie hinaus. Ihr Anliegen zielte auf die in der staatlichen Finanzfunktion beschlossene Disposition, die mit der Vergabe öffentlicher Gelder wie der Erschließung ihrer Quellen gerade auch den Bereich der politischen Entscheidung über die Staatsaktivität selbst schaltet und beherrscht. Denn die Verfügung über die staatliche Finanzmacht bedeutet zugleich Disposition über den Aufgabenrahmen, innerhalb dessen sich der Staat mit kostenbeschwerter Aktivität entfalten kann[98]. Die Vorfrage der Finanzierung staatlicher Aufgaben wirkt entscheidend hinüber auf das „ob" und „wie" staatlichen Seins. Ohne Geldmittel funktioniert der Staat nicht. Die Verfügung über sie macht den „wahren nervus rerum gerendarum in Beziehung auf die gesamte Staatsmaschine und deren regelmäßige Bewegung aus"[99]. Das erkannte die Steuerrechtfertigungslehre als den wesentlichen Kern steuerrechtfertigender Überlegungen; sie machte die enge Verflechtung bewußt, die zwischen der bloß instrumentellen Finanzfunktion einerseits, den politischen Grundsatzentscheidungen über Erhebung, Einsatz und Verwendung der Steuergelder zu öffentlichen Aktivitäten andererseits zu beobachten ist[100]. Auf dieser gedanklichen Verbindungslinie drangen die steuerrechtfertigenden Erwägungen in den von Haus aus dem Steuerzweck vorgegebenen Bereich des Staatszwecks und seiner Aufgabenstellungen ein. Hier setzte die Steuerrechtfertigung ihren Hebel an und prüfte — gewissermaßen auf dem Vorposten der eigentlichen Sachentscheidung — die steuerrechtfertigende Relation von Ausgabenzweck und Befriedigung eines „Steuerzahlerinteresses" durch die Mittelvergabe. Die Interessenlehre der Steuerrechtfertigung schwang sich also der Sache nach zu einer Lehre von den richtigen Staatszwecken auf.

---

[98] C. *Ziegler*, Qu.-Nr. 136 a, lib. II cap. 3 nr. 2 f. (S. 966): „Plurimis in Reipubl. expensis opus est." J. H. G. *v. Justi*, Qu.-Nr. 175 a, § 678 (S. 350): „Sobald sich die Regierung in Unternehmungen einläßt, welche dem Besten des Volkes nachtheilig sind, so hat man weiter nichts nöthig, als daß man den Aufwand dazu nicht verwilliget. Dieses Mittel thut allemal seine Wirkung, weil eine jede Unternehmung, welche der Freyheit und Wohlfahrt nachtheilig ist, Kosten verursacht." — Vgl. im übrigen die Nachweisungen bei K. H. *Friauf*, Staatshaushaltsplan a a O S. 220 f.

[99] Friedrich *Murhard*, Die kurhessische Verfassungs-Urkunde, 2. Abt. Kassel 1835, S. 568 in treffender Abwandlung des mit J. *Bodin*, Qu.-Nr. 40, liv. VI, ch. 2 (S. 855) zum Schlagwort erhobenen Satzes: "Les nerfs de la Republique sont aux finances", entnommen bei *Ulpian:* 48. 18 Dig. 1 20 („in causa tributorum in quibus esse rei publicae nervos nemini dubium est ..."); vgl. auch Cornelius *Tacitus*, Historiarum libri qui supersunt, lib. IV cap. 74 (Ed. Heraeus, Leipzig 1870/72, Bd. II S. 177); U. *Huber*, Qu.-Nr. 138, lib. III sect. III cap. 1 nr. 5 (S. 668); J. B. *Multz* (Auszug und Fundstelle unten 2.3411, Note 224). Im übrigen etwa: Herbert *Krüger*, Rechtsetzung und technische Entwicklung, in: NJW 1966 S. 617 ff.: Die Verfügung über den Staatshaushalt sei „Machtposition ersten Ranges" (S. 618) und V. *Götz*, Die Staatsausgaben a a O S. 89.

[100] So ausdrücklich bereits J. *Matthiae*, Qu.-Nr. 99, cap. III nr. 185 (S. 116); ähnlich B. *Obrecht*, Qu.-Nr. 87, S. 7 f.; J. H. G. *v. Justi*, Qu.-Nr. 175 d, S. 452.

Bei der Einzugsbreite von Interessenlagen, die schon herkömmlich für Ausgabenentschließungen im Spiel waren, nahm die Steuertheorie im Ergebnis eine Wertung der Staatsinteressen im weiteren Sinne vor. Die Ausmittlung dieser Interessenlagen durch die Steuerrechtfertigung darf deshalb als repräsentativ genommen werden für das Erkennen gemeinschaftlicher Interessen überhaupt und ihre Erfüllung im Staate.

1.2212 Finanzpolitische Entscheidungen des Einnahme- und Ausgabepostens bewegen sich — bei aller Verknüpfung mit der Staatspolitik — doch nur im Vorfeld politischer Lagen. Die finanzielle Seite des politischen Geschäfts aber ist dem Zug der Rechenhaftigkeit von Hause aus eher zugänglich als die großzügig entworfenen Konzeptionen der allgemeinen Staatslenkung. Rechenhaft, oft engherzig und damit kritisch anerkannte Staatsinteressen indes fördern den Kern staatlicher Interessen pointierter zutage als die aus — vielleicht — genialer Staatsklugheit gelungenen Würfe richtiger Staatsentfaltung. Das kommt der ideengeschichtlichen Würdigung dieser Interessenlehre zugute.

Den Geist der Rechenhaftigkeit ließ die ursprünglich subsidiäre Funktion der Untertanenbeiträge von allem Anfang auch tatsächlich in das Steuergebaren einziehen. Wie die Finanzgeschichte belegt, riefen außergewöhnliche Bedarfslagen „Beisteuerungen", die Subsidien an den Landesherrn, ins Leben[101]. Diese Steuern waren zweckgebunden und sollten ihren Veranlassungsgrund bewältigen helfen. Ordentliche Steuern kamen in Übung, wo sich in der Selbstfinanzierung des Regenten permanente Lücken auftaten[102]. Damit nicht wichtige Staatswirksamkeiten ausfallen mußten, wurde ihr Aufwand aus Steuern bestritten[103]. Auch dem ordentlichen Steueraufkommen blieb so die bestimmte Veranlassung bewahrt, wenn nicht als zwingende Regel, so doch als Idee, mit der das ständische Steuerbewilligungsrecht in Bewegung zu setzen war.

Erst der politische Absolutismus und seine Entdeckung des „jus eminens" räumten mit der altständischen Steuerverfassung auch den konkreten Steuerzweck aus; sie setzten an seine Stelle die anonyme Staatsaktivität. Diese legitimierte sich allenfalls in den unbestimmten Antrieben von „Wohlfahrt und Glückseligkeit", der vagen Bereitschaft zu

---

[101] Vgl. Theodor *Mayer*, Geschichte der Finanzwirtschaft vom Mittelalter bis zum Ende des 18. Jahrhunderts, in: HdFW I, S. 236 ff. (245 ff., 247 ff., 251 ff.); Walter *Lotz*, Finanzwissenschaft, Tübingen 1917, S. 35 f.

[102] Heinrich Albert *Zachariä*, Deutsches Staats- und Bundesrecht, 2. Aufl. 2. Theil, Göttingen 1854, S. 519; Romeo *Maurenbrecher*, Grundsätze des heutigen deutschen Staatsrechts, 2. Aufl. Frankfurt 1843, S. 361 ff.; T. *Schmalz*, Qu.-Nr. 212 b, S. 292 f.; David Georg *Struben*, Von dem Steuerwesen und des Adels Steuerfreiheit, in: Nebenstunden, Theil 2, Darmstadt 1789, S. 109 ff. (114, 119).

[103] Joseph *v. Sonnenfels*, Grundsätze der Polizey, Handlung und Finanz, Bd. III 5. Aufl. Wien 1776, S. 45, 55: „Steuern haben zu der Summe des öffentlichen Aufwands nur den abgehenden Theil nachzutragen (Zitat S. 45); Gottfried *Achenwall*, Die Staatsklugheit nach ihren ersten Grundsätzen, 3. Aufl. Göttingen 1774, S. 162.

gemeinzweckdeterminierter Staatsentfaltung. Es mag deshalb bezeichnend die enge Verflechtung von Besteuerung und dem Grundgedanken des überschaubar richtigen Staatsvollzugs bestätigen, daß im absoluten Staat die Steuer ihre Anerkennung weitgehend einbüßte[104], die in der Steuerlehre des Mittelalters im wesentlichen ungeteilt war. Ohne daß allein die erheblich aktivierte Besteuerung selbst verantwortlich zu machen wäre, begegnete mit dem Modernen Staat der Neuzeit massiv die bis ins 18. Jahrhundert verbreitete Auffassung, daß der gute Fürst und Landesvater der Besteuerung überhaupt entsagen sollte[105]. „Es ist gewiß, daß die ältesten Staaten sich mit zweyerley Hauptquellen (den Domänen und Regalien) zu Bestreitung aller Kosten begnügt haben“, berichtete J. H. G. *v. Justi* und wußte anzumerken: „Nur nach und nach hat das Verderben der Zeiten und der Regierungen Abgaben aus dem Privatvermögen der Unterthanen eingeführet[106].“ Zahlreich waren daher die Stimmen, die den Staat auf die Selbstfinanzierung verwiesen[107].

---

[104] C. *Klock*, Qu.-Nr. 102 b, cap. 80 nr. 26 (S. 791): „Hodie, prohdolor! Tributa crescunt quia in magna diffidentia se muniunt singuli.“ P. *Knipschild*, Qu.-Nr. 139 b, lib. III cap. 7 nr. 379 f. (S. 86 f.): „ . . . hodie plerumque excedi solent, ita ut tam in ordinariis quam extraordinariis contributionibus plus poscatur quam necessitas Reipubl. efflagitat. Unde eiusmodi exactores non solum male audiunt in sacris litteris, ubi vocant Teuffels-Kinder, sed etiam gravis tumultus ob immoderatam collectarum exactionem et quamplurimes extitisse, et Jure consulti et Historici commemorant“ (nr. 381 m. w. N.). C. *Wildvogel*, J. C. *Schild*, Qu.-Nr. 141, S. 18: „Christl. Obrigkeit soll es bey dem vorigen und alten Schatzungen bewenden lassen/auch einen solchen Hoff halten/daß Sie ihrer Unterthanen Schweiß und Blut nicht aussaugen.“ J. F. *Pfeffinger*, Qu.-Nr. 155, lib III tit. 18 nr. 70 m. Note f (S. 1509 f.) m. w. N. Weitere Belegstellen unten 1.23, Note 131.

[105] Vgl. Fritz Karl *Mann*, Steuerpolitische Ideale, Jena 1937, S. 38 ff.

[106] Qu.-Nr. 175 a, § 692 (S. 358); *ders.*, Qu.-Nr. 175 b, S. 14; *ders.*, Qu.-Nr. 175 d, § 29 (S. 43): „Bey dem Anfange einer Republik läßt man sich wohl nie einfallen, das Privateigenthum mit den Unterhaltungskosten des Staats durch Steuern und Abgaben zu beschweren. Diese werden erst nach und nach durch den Mißbrauch der obersten Gewalt und durch besondere Nothfälle der Republik eingeführet.“

[107] Jean Juvenal des *Ursins*: “Sire, vous n'avez pas droit de prendre mon bien. Vous avez votre Domain, et chaque particulier a le sien“ (zitiert nach J. F. *Pfeffinger*, Qu.-Nr. 155, nr. 62, S. 1500); als frühe Beispiele mögen noch genannt sein: A. *Thomatus Cuniensis*, Qu.-Nr. 23, fol. 140 v. nr. 6: „Si vero Caesar indiceret subditis munera/concordant scribentes . . . princeps debet se primo praemunire et expendere de marsurpio proprio, et si non sufficit, debet imponi collecta; J. *Bodin*, Qu.-Nr. 40, liv. VI, ch. 2 (S. 856, 877); C. *Klock*, Qu.-Nr. 102 a, cap. VII nr. 59 f. (S. 167) m. w. N.: „Et ante omnia Princeps proprium debet excutere marsurpium priusquam deglubat“ (sic!) „et taliet subditos“ (a a O nr. 59). — Zuletzt etwa: Carl Ludwig *Haller*, Restauration der Staats-Wissenschaft, Wintertur 1820, Bd. II S. 317 ff., hier S. 321 f.: „Die Regel der Natur ist, daß der Herr seine Diener ernährt oder bezahlt, nicht daß die Diener den Herrn unterhalten. Also gerade deßwegen, weil . . . Unterthanen . . . in seinem Dienst stehen und er nicht in dem ihrigen: so soll er auch in der Regel seine Ausgaben aus eigenem Vermögen bestreiten“; Karl *Murhard*, Theorie und Politik der Besteuerung, Göttingen 1834, S. 54 (vgl. aber S. 40, 541); im übrigen K. S. *Zachariä*, Qu.-Nr. 227, S. 114 und Karl. H. *Fetzer*, Über die Vorzüge der Verwilligungs-Art des alten Rechts, Stuttgart 1847, S. 20.

Wo aber die Steuertheorie positive Auseinandersetzung mit dem „Steuerstaat“ suchte, führte sie als unverzichtbares Gegenstück den gemeinerheblichen Steuerzweck, das gemeinsame Interesse der Kontribuentengemeinschaft an den Staatsveranstaltungen wieder ins Treffen. Sie hielt um seiner Gewährleistung willen mit dem konkreten oder doch greifbaren Veranlassungszweck der Steuer am Grundzug der landständischen Steuerverfassung fest. Die Lehre transponierte die ständische Sachprüfung über Notwendigkeit oder Nützlichkeit von Staatsausgaben als abstrakte Deduktion auf den absoluten Staat. Dabei beging sie eigenartige Wege, um den Erfolg solcher Staatswirksamkeit auf die Zensiten zu projizieren. Die bekannte Äquivalenzlehre der Aufklärungsphilosophie, die das gesamte Abgabenwesen nach dem Gebührenprinzip aufgeschlüsselt sehen wollte[108] und nach der Gegenleistung des Staates als des legitimierenden Bindeglieds zum Steuereingriff fragte[109], ist eine Spielart dieses Bemühens. In keiner anderen Bürgerbeschwer findet es seine Parallele.

Die rechtfertigende Spekulation glaubte, daß für Finanzlasten als der von Haus aus ungewöhnlichen Einrichtung auch außerordentliche Grundsätze angezeigt waren. Dazu wird man ihre — einstmals besondere und durchaus ungewöhnliche — Forderung, ihre Konstruktionen zu zählen haben, die den Finanzvollzug im Gemeininteresse anstrebten: der Gedanke an eine gemeinerhebliche Staatsentfaltung, der Ruf nach Selbstbeschränkung staatlichen Seins auf gesamtnützliche Zwecke, fand hier seine handgreifliche Formulierung[110], bevor in der Staatsrechtfertigungstheorie parallele Thesen der allgemeinen Interessenlehren den Staat überhaupt gesamterheblichen Zwecken unterwarfen[111].

---

[108] So ausdrücklich etwa F. *Schmitthenner*, Qu.-Nr. 230, S. 356 Note 1. Umfassende Nachweise bei K. H. *Rau*, A. *Wagner*, Finanzwissenschaft a a O S. 336 Note 1.

[109] P. J. *Adriani*, J. *van Horn*, Belastingrecht a a O S. 186 f.; Robert *Meyer*, Die Principien der gerechten Besteuerung, Berlin 1884, S. 5; W. *Gerloff*, Rechtfertigung der Besteuerung (Schanz-Festgabe) a a O S. 143, 146 f.

[110] Vgl. etwa Georg *Büchner*, Der Hessische Landbote, 1. Botschaft (Juli 1834), in: Sämtliche Werke, 3. Aufl. Gütersloh 1965, S. 353 ff. (354 - 356).

[111] Auch die Finanzwirklichkeit zeigt solche Ansätze, wenn überhaupt, nur bei der Steuermittelvergabe, nicht für die Ausgabenwirtschaft schlechthin. Das Nebeneinander von „Camerale“ und „Landkasten“ (dazu: J. H. G. *v. Justi*, Staatswirthschaft, 2. Theil a a O S. 94 f., 97 ff., 306 ff.) belegt, daß nur die gemeinschaftlich mit den Landständen disponierten Steuermittel gewissen Zweckbindungen und Kontrollen unterworfen waren (J. J. *Moser*, Qu.-Nr. 169 b, cap. 8 § 2 [S. 684]). Der Landesherr konnte dagegen alle Cameraleinkünfte (Arten: *v. Justi* a a O S. 108 ff., 141 ff. und öfter; J. J. *Moser*, Von der Landeshoheit in Cameral-Sachen, Frankfurt und Leipzig 1773, S. 3 ff., 106 bis 123) frei verfügen (*Moser*, Cameral-Sachen a a O S. 49; Karl Salomo *Zachariä*, Vierzig Bücher vom Staate, 6. Theil, 2. Aufl. Heidelberg 1839, S. 116: „So lange der Fürst die Unterthanen oder ihre Stimmführer nicht um eine Beisteuer anspricht, sind sie dem strengen Rechte nach überall nicht befugt, nach der Art zu fragen,

Diese Position mochte in den allgemeinen Lehren schwerer einzunehmen sein, als die Reproduktion der Steuerlast im Nutzen der Staatsausgabe gefordert werden konnte. Denn der Staat selbst wurde eben niemals, wie man das von seiner Finanzierung durch Steuern behaupten wollte, als eine ganz exzeptionelle Erfindung angesehen[112], als eine Einrichtung betrachtet, deren Entstehen oder Fortbestehen auch unterbleiben könnte. Als solche Erscheinung aber galten Steuern. Sie mochten nur verstanden werden als die aus beliebiger Vielzahl anderer Varianten ausgewählte Staatsfinanzierungsmethode. Dann aber waren sie bereits mit dem Schicksal ihrer theoretischen Verwerfung geboren oder bestenfalls dazu angetan, als ein notwendiges Übel hingenommen zu werden. Beide Positionen fanden dann auch ihre Verfechter, wobei die Dulder des Steuerübels über diesem Finanzierungsinstrument die nutzbare Möglichkeit schweben sahen, seine Existenzberechtigung einschränkenden Voraussetzungen zu unterwerfen. Diese Vorstellung beherrschte die steuerrechtfertigende Spekulation und befruchtete das Bemühen, eine außergewöhnliche Seite politischen Wirkens zu legitimieren. Das konnte nur mit ebenso exzeptionellen Mitteln geschehen. Es zeitigte die Lehren von der gemeininteressanten Staatsausgabe. Es machte den gemeinschaftsgewendeten Zug dieser Aktivität bewußt, die aus den Kräften der Gemeinschaft lebt. Wollte man im übrigen aus der Pflicht des Landesherrn, die Kosten der Staatsführung aus „eigenen“ Mitteln zu bestreiten, auch sein Recht herleiten, über diese Gelder nach eigenem Gutdünken zu befinden[113], so sollte die Steuermitteldisposition jedenfalls nicht als Privatangelegenheit des Fürsten hingehen: „Da der Staat eigentlich auf die Einkünfte des Fisci fundiret ist, so sind dieselben ... der freyen Verfügung und Wilkühr überlassen worden. Allein, man kann vernünftiger Weise mit denen Steuern und Schatzungen nicht ebenso verfahren. Nichts ist so billig, als daß die Unterthanen überzeuget werden, daß der Beytrag aus ihrem Privat-Vermögen, welcher ihnen allemal empfindlich fällt, wirklich zur Nothdurft und zum Besten des Staats und zu den-

---

wie der Fürst das Staatseinkommen verwendet.“). Genügten die Cameraleinkünfte, kam der Landesherr nicht unter Kontrolle (R. *Maurenbrecher*, Grundsätze a a O S. 373), weshalb oft die Domänen und Regalien bis zur Erschöpfung verwirtschaftet und alsdann Steuern zur sog. „Kammergutsbesserung“ nötig wurden (Friedrich W. *v. Ulmenstein*, Qu.-Nr. 199, S. 19); die etwa mißbilligten Zwecke waren dann aber schon angestrebt (Karl Heinrich *v. Lang*, Historische Entwickelung der Teutschen Steuerverfassungen, Berlin - Stettin 1793 [Neudruck Aalen 1966], S. 220 f. und W. *Lotz*, Finanzwissenschaft a a O S. 27). Vgl. auch F. J. *Stahl*, Qu.-Nr. 233, S. 716 f. und Adolph *Wagner*, Finanzwissenschaft, 1. Theil a a O S. 198 f.; Allg.: Hans Wolrath *Waitz*, Die Entwicklung des Begriffs der Regalien vom Ende des 16. bis zur ersten Hälfte des 19. Jahrhunderts, Frankfurt 1939.

[112] In diesem Sinne aber A. L. *Schlözer*, Qu.-Nr. 197, S. 3.

[113] J. J. *Moser*, Landeshoheit in Cameral-Sachen a a O S. 49.

jenigen Endzwecken angewendet wird, zu welchen er ... entrichtet wurde[114]."

1.222 Schließlich läßt das Thema Steuermittelvergabe und Öffentliches Interesse aus seiner ideengeschichtlichen Behandlung breiter fundierte Aufschlüsse über die Idee eines Öffentlichen Interesses erwarten als die allgemeine Staatszwecklehre zu geben vermöchte. Dank ihrer Sonderstellung sind Steuern und ihre Begründung in den staatsphilosophischen Quellen und einem breiten Spezialschrifttum zur Steuerlehre ungleich häufiger vertreten als irgendeine andere Gestaltung staatlichen Seins im Gemeininteresse[115].

Die Steuerbegründung gehörte seit alters zum eisernen Bestand der Steuerlehre, so wie die Rechtfertigung des Staates klassische Thematik der Allgemeinen Staatslehre war. Doch auch die theoretische Legitimation des Staates selbst übertraf die Steuerlehre zahlenmäßig mit Rechtfertigungsversuchen ihres Gegenstandes.

1.223 Erweist sich nach allem die historische Steuerrechtfertigungsspekulation als dogmengeschichtlich geeignetes Anschauungsmaterial der Idee Öffentliches Interesse, so kann unsere Aufgabe zu folgendem Ziel zusammengefaßt werden: in ideengeschichtlicher Betrachtung der Steuerrechtfertigungslehre geht es darum, den Beitrag steuerrechtfertigenden Bemühens für die Lehre vom allgemeininteressanten Staatsvollzug nachzuzeichnen und in seiner Bedeutung für den Begriff Öffentliches Interesse zu würdigen. Das heißt zunächst, die Zwecke der Steuer mit den Interessen der Steuerzahler in Beziehung zu bringen. Wo dann allgemeine Steuerpflicht angesonnen wird, bedeutet es weiter, diese Zwecke auf die Interessen der staatsbürgerlichen Allgemeinheit zu projizieren.

1.224 Geleistet werden kann unsere Aufgabe an Hand der *Ausgabenlehre* steuerrechtfertigender Systeme, der nicht bloß spiegelbildlichen Seite steuerlegitimierender Thesen. Diese Ausgabenlehre war der Anknüpfungspunkt aller Steuerrechtfertigung konventioneller Argumentation, der Ort, an dem die Richtigkeit der Besteuerung kraft ihres

[114] J. H. G. *v. Justi*, Qu.-Nr. 175 a, § 675 (S. 348); C. *Klock*, Qu.-Nr. 102 a, cap. VII nr. 26 (S. 165): „Haec tamen omnia prudenter sunt accipienda; non ut in pleno Regno potestatem indicendi Tributa (quae Regalibus adscribitur) Principi adimamus et mera dona illas Collationes esse reputemus: sed ad officium et prudentiam eius haec accomodamus."

[115] So ist nicht zu belegen, daß sich etwa um Militär-, Hand- und Spanndienste vergleichbare Rechtfertigungslehren ranken, obwohl manche Rechtfertigungsthesen onera publica schlechthin, also „militia", „negotia publica" und Abgaben zusammen behandelten; vgl. etwa *Albertus Magnus*, Qu.-Nr. 1, S. 636 ff.; M. de *Afflictis*, Qu.-Nr. 36, lib. III, tit. quae sint regalia ..., nr. 92 (fol. 161 r.) und Veit Ludwig *v. Seckendorff*, Christen-Stat, Ed. Leipzig 1716, lib. II cap. 10 § 11 (S. 289 f.), wo „Waffendienst" und „die Mittel zu solcher Heerfolge" in einem Atemzug genannt und entsprechend der Steuerrechtfertigungsmethode zugelassen werden. Ferner: S. *v. Pufendorff*, Qu.-Nr. 127 c, lib. I, def. XII § 45 (S. 144).

Zwecks auszumachen ist. Denn die Legitimation des instrumentellen Mittels Steuer für den Zweck Staatsausgabe sollte aus der Rechtfertigung dieses Zwecks folgen, der wiederum als das instrumentelle Mittel des endlichen Zwecks Staatsaufgabe begegnet. Also bildete die Ausgabenlehre den Brennpunkt, in dem die Verbindungslinien von beschwerender Besteuerung zu reproduzierender Steuermittelveranstaltung zentriert wurden in jener Überlegung, die als Rechtfertigung der Steuer hervorkam. Aus dieser Ausgabenlehre wird die Idee der allgemeininteressanten Steuermittelveranstaltung zu erheben sein.

1.225 Dieses dogmengeschichtliche Unternehmen betritt Neuland. Denn wo man die historischen Steuerrechtfertigungslehren bisher dogmengeschichtlich dargestellt hat[116], ist der Akzent auf die überkommenen Be-

---

[116] Das ist geschehen aus einem staatstheoretisch-philosophisch orientierten Gesichtskreis:

W. *Gerloff*, Rechtfertigung der Besteuerung (Schanz-Festgabe) a a O S. 141 ff.; *ders.*, Rechtfertigung der Besteuerung (HdFW) a a O S. 262 ff. m. w. N.; Emanuele *Morselli*, Die italienische Finanzwissenschaft im 13. - 18. Jahrhundert, in: HdFW I, S. 499 ff. (500 f.); L. V. *Berliri*, La giusta imposta, a a O S. 336 ff.; F. K. *Mann*, Steuerpolitische Ideale (1600 - 1935) a a O; *ders.*, Ideengeschichte der Besteuerung, in: HdSW Bd. 10, S. 107 f.; *ders.*, Die Gerechtigkeit der Besteuerung, in: Festgabe für G. v. Schanz, Bd. II, Tübingen 1928, S. 112 ff.; K. *Branner*, Wesen und Zweck der Besteuerung, Leipzig 1940; L. *Einaudi*, Miti e paradossi a a O S. 259 ff.; Axel *Nielsen*, Den tyske Kameralvidenskabs Opstaaen, in: Kgl. Danske Videnskabernes Selskabs Skrifter (København), Reihe 7 II 2 (1911) S. 55 ff.; Rudolf *Amberg*, Die Steuer in der Rechtsphilosophie der Scholastiker, Berlin - Leipzig 1909; Josef *Kaizl*, Die historischen Steuerprincipien, in: Zeitschrift f. Volkswirtschaft, Socialpolitik und Verwaltung (Wien - Leipzig), Bd. 8 (1899) S. 233 ff.; Friedrich Julius *Neumann*, Die Steuer nach der Steuerfähigkeit, in: Jahrb. f. Nationalökonomie und Statistik (Jena) NF. Bd. 1 (1880) S. 511 - 578; Bd. 2 (1881) S. 455 - 503; Robert *Meyer*, Principien der gerechten Besteuerung a a O;

in volkswirtschaftlich-finanzpolitischem Blickwinkel:

Anita *Pongratz*, Die Rechtfertigung der Besteuerung, Diss. rer. pol. Graz 1966 (mschr.); G. *Schmölders*, Allgemeine Steuerlehre a a O S. 37 - 59; Fritz *Neumark*, Grundsätze der Besteuerung in Vergangenheit und Gegenwart, in: Sitzungsberichte der Wiss. Gesellschaft a. d. Universität Frankfurt, Bd. 3 Nr. 2, Wiesbaden 1965; Horst *Jecht*, Der Problemkreis „Besteuerung und Wirtschaftspolitik" in der deutschen finanzwissenschaftlichen Literatur, in: Finanzarchiv NF. Bd. 20 (1959/60) S. 5 ff. (S. 8 ff.); Anton *Tautscher*, Geschichte der deutschen Finanzwissenschaft bis zum Ausgang des 18. Jahrhunderts, in: HdFW I, S. 384 ff. (397 ff.) und Erwin *v. Beckerath*, Die neuere Geschichte der deutschen Finanzwissenschaft, in: HdFW I, S. 416 ff.; Louise *Sommer*, Besteuerung, Kapitalbildung, Staatszweck und Steuerverwendung in der Theoriengeschichte, in: Schriften des Vereins für Sozialpolitik Bd. 174 (1928) S. 299 ff.; Paul *Kehl*, Die Steuer in der Lehre der Theologen des Mittelalters, Berlin 1927; Emanuel Hugo *Vogel*, Die finanzpolitischen Besteuerungsprinzipien in Literatur und Theorie, in: ZStW Bd. 66 (1910) S. 299 - 340, S. 494 - 550; *ders.*, Die Gerechtigkeit der Besteuerung, in: Jahrbuch für Nationalökonomie, Bd. 63 (1922) S. 97 ff.;

oder mit einem moralisch-ethischen Aspekt:

Friedrich *Hamm*, Zur Grundlegung der Geschichte der Steuermoral, Trier 1908; *ders.*, Die Auffassung von der Steuerpflicht, Diss. theol. Breslau 1907; zu dieser Richtung jetzt: Kurt *Neumann*, Steuergerechtigkeit und Steuermoral, in: BB 1967 S. 1433 ff. und Richard *Hauser*, Was des Kaisers ist, Frankfurt 1968, S. 41.

steuerungsprinzipien (Lastenverteilungslehren) und staatswirtschaftlichen Postulate gesetzt worden[117]. Dem hier anvisierten Aspekt rechtlicher Steuerbegründung aus dem Ausgabenzweck hat sich die ideengeschichtliche Nachschau allenfalls peripherisch, im Grunde aber gar nicht angenommen[118].

Wer die rechtliche Begründung der Steuer, also die grundsätzliche Frage, ob der Staat überhaupt besteuern soll, erörtert, wird freilich nicht übersehen wollen, daß die Lehre von der Rechtfertigung der Steuer zugleich Lehre von der richtigen Staatsausgabe sein muß, soll ihr eine wesentliche Aussage über richtige Besteuerung gelingen[119]. Gleichwohl beschied man sich regelmäßig mit der Feststellung, die Rechtfertigungslehren hätten hier Staatszwecke als Steuerzwecke namhaft gemacht, wie sie die jeweils gültigen Ansichten über Aufgaben- und Tätigkeitsbereich der historischen Gemeinwesen diktierten[120]. Solche Bemerkung schien diesen Punkt zu erledigen, wenn die Dogmengeschichte der Steuerlehre sich ihrem Hauptthema, den historischen Besteuerungsprinzipien, zuwandte.

Diese Erinnerung der Dogmenhistoriker ist zwar berechtigt, doch berührt der Einwand unser Vorhaben nicht. Denn er richtet sich zugleich auf die variable Größe Öffentliches Interesse, das als Wertentscheidung jede Sozialgruppe Staat zu verschiedenen Zeiten mit unterschiedlicher Auffassung für sich entdeckt: was man unter Öffentlichem Interesse verstehen will, diktieren in der Tat die jeweils gültigen Anschauungen von gemeinsamen Interessen und die Entscheidung, daß der Staat diese Interessen in Obhut nehmen und damit eine Öffentlichmachung des Bestrebens bewirken soll. Und so können auch die historischen Gemeinwesen nichts anderes meinen als die ihrem Verständnis entsprechenden gemeinsamen Interessen verwirklichen zu müssen. Nichts ist damit gesagt gegen die ideengeschichtliche Verwertbarkeit auch der spezifischsten Ausprägung solcher Wertentscheidung, wie sie etwa abstrakt oder im

[117] Eine Ausnahme macht L. V. *Berliri*, La giusta imposta a a O S. 336 ff. (La theoria giuridica dell'imposta e il principo dell'interesse), insbes. S. 345.

[118] Die Schrift F. J. *Neumanns* mit dem Titel: „Die Steuer und das öffentliche Interesse (Leipzig 1887; Vorarbeit dazu: Das öffentliche Interesse mit Bezug auf das Gebühren- und Steuerwesen, oben 1.2121 Note 90) widmet sich dem Finanzwesen ihrer Zeit; an Hand des öffentlichen Interesses wird das heute gültige Abgabensystem bestätigt, das in Steuern, Gebühren und Vorzugslasten scheidet. — Auch diese Abhandlung (zu ihrem Interessenbegriff jetzt: W. *Martens*, Öffentlich a a O S. 174) ist deshalb für unsere Untersuchung nicht einschlägig.

[119] W. *Gerloff*, Rechtfertigung der Besteuerung (Schanz-Festgabe) a a O S. 156: „Die Rechtfertigung der Steuer wird in ihrem Zweck gefunden; ebenso sehr freilich ist die Rechtfertigung bestimmend für den Steuerzweck"; P. *Kehl*, Die Steuer a a O S. 133, 137; F. J. *Neumann*, Das öffentliche Interesse a a O S. 391 (vgl. oben 1.2121, Note 90 das Zitat).

[120] W. *Gerloff*, Rechtfertigung der Besteuerung (HdFW S. 264 f.).

Einzelfall gutgeheißene Staatsausgaben für die Idee Öffentliches Interesse sind. Denn die Wertungen, mit denen Öffentliche Interessen aus den jeweiligen Interessenlagen diagnostiziert und zugleich die Mittel zu ihrer Befriedigung verordnet sein mögen, lassen sich auf unveränderliche Größen zurückführen. Sie begegnen als die konstanten Voraussetzungen des Begriffs Öffentliches Interesse[121].

Mit solcher Vorerinnerung wird der steuerrechtfertigenden Seite historischer Besteuerungsmaximen mehr als die spiegelbildliche Wiedergabe faktisch wahrgenommener Gemeininteressen abzugewinnen sein. Darauf hat schon Lorenz *v. Stein* aufmerksam gemacht und von der dogmengeschichtlichen Analyse verlangt, daß sie der herkömmlichen Steuerbegründung die Bedeutung zumesse, die ihr die historischen Rechtfertigungssysteme selbst beigelegt haben[122]. Auch Fritz Karl *Mann*[123] verwendet sich in diesem Sinne, wenn er auf die Steuer- und Ausgabenmaxime der pennsylvanischen Verfassung von 1776[124] und auf ihre Verbindung zur kameralistischen Steuerlehre[125] hinweist[126]. So wenig diese Interessenmaxime als Einfall des Verfassungsgebers gelten kann, ist sie offenbar auch nicht aus einem konkreten und immer variablen Steuerzweckprogramm hervorgegangen. Vielmehr steht zu erwarten, daß die Parole von einer gangbaren, breit überlieferten Lehre ausgegeben wurde, mit der bereits die konstanten Voraussetzungen des Öffentlichen Interesses ins Bewußtsein gekommen und abstrahierend faßbar gemacht waren. Als diese Lehre werden wir die Lehre von der richtigen Staatsausgabe herausstellen.

Das ist bisher nicht unternommen noch an Hand eines breiten Quellenmaterials überprüft worden. Es soll hier geschehen. Die (im Abschnitt 2) mitgeteilten Steuerrechtfertigungslehren werden das System der Lehre von den allgemeininteressanten Staatsausgaben entfalten. Die dogmengeschichtliche Analyse (Abschnitt 3) wird sodann Beweis für die These

[121] Günter *Dürig*, Die konstanten Voraussetzungen des Begriffs „Öffentliches Interesse", Diss. München 1949 (mschr.), S. 1 ff.

[122] Zur Geschichte der deutschen Finanzwissenschaft im 17. Jahrhundert, in: Finanz-Archiv Bd. I (1884) S. 1 ff. (35); vgl. auch das Zitat oben 1.154, mit Note 81.

[123] Steuerpolitische Ideale a a O S. 24 f.

[124] Vgl. den Auszug oben S. 7.

[125] Benannt wird nur C. *Klock*, Qu.-Nr. 102 b (1. Aufl. 1651), cap. 80 nr. 28 (S. 791). — Die Maxime ist in wörtlichem Gleichlaut schon bei dem Spätscholastiker J. *d. Lugo Hispaniensis*, Qu.-Nr. 106 (1. Aufl. 1642), pars II sect. 2 disp. 36 nr. 2 (S. 502) [s. Auszug unten 2.3421, Note 235] — von Klock als Quelle benannt — und bei anderen Scholastikern, etwa L. *Lessius*, Qu.-Nr. 90, lib. II cap. 33, dub 1 nr. 5 (S. 408) und dub. 6 nr. 49 (S. 414); F. *Suarez*, Qu.-Nr. 80, lib. V cap. 15 nr. 3 (S. 306) und cap. XVI nr. 1 (S. 307) und L. *Molina*, Qu.-Nr. 66, disp. 667 nr. 5 (Sp.505) [Auszug unten 3. 442, Note 189] — sämtlich Jesuiten — in nuanciert anderer Wendung wiederzufinden. Hier ist sie hervorgetreten.

[126] Vgl. G. *Schmölders*, Allgemeine Steuerlehre a a O S. 38.

antreten, daß hier eine Lehre von den Gemeininteressen entwickelt und mit steuerrechtfertigendem Anliegen eingesetzt worden ist.

1.23 Der Beitrag historischer Steuerrechtfertigungslehren zur Rationalität des Modernen Staates in seinem Verhältnis zum Individuum

Daß die spekulative Suche nach dem Rechtfertigungsgrund der Steuer unter dem hier anvisierten ideengeschichtlichen Aspekt nicht weiter interessiert hat, mag vor Augen führen, wie sehr modernem Verständnis diese Problemstellung ausgestanden erscheint; es kann als Zeichen genommen werden, daß gar der Sinn für diese Frage verloren gegangen ist: Der parlamentarisch disponierte Steuerstaat gilt als weitgehend unangefochtener, kaum noch verbesserungsfähiger Sachwalter der Steuerzahlerinteressen, wie auch die optimale Gewährleistung von richtiger Interessendiagnose und richtiger Interessenbefriedigung unter der Herrschaft parlamentarisch gelenkter Finanzfunktion den modernen Steuerstaat ganz offenbar wesentlich ermöglicht zu haben scheint.

Diese These harmoniert mit einer augenfälligen Erscheinung: nicht von ungefähr fallen die Abflachung der herkömmlichen Steuerrechtfertigungslehren zu schlichter Steuerbegründung und der konsolidierte Steuerstaat unter der Herrschaft des Parlamentarismus zeitlich zusammen. Mit der parlamentarischen Disposition über Erhebung und Vergabe der Steuermittel gibt die steuerrechtfertigende Spekulation den Durchgriff bis hin zum Ausgabenzweck auf; sie bescheidet sich mit dem Veranlassungszweck im offenbar Öffentlichen Interesse, als dessen Garant man die Parlamente anerkennt. Daran rührt die viel geziehene Ausgabenfreudigkeit gerade der Volksvertretungen im nachhinein nicht mehr[127]. Denn der Parlamentarismus weiß das einstmals als Sachproblem verstandene Bestreben nach „richtigen" Staatsausgaben, das Ringen um rationalen Finanzvollzug, auf die Verfahrensfrage zu reduzieren, welches Willensbildungsorgan rationaliter über die Gemeindienlichkeit von Staatsausgaben befindet[128]. Und diese Seite des Problems sieht man mit der parlamentarischen Finanzdisposition optimal gelöst[129].

Bei allem Vertrauen in die Rationalität moderner Steuerfunktion sollte es doch geboten sein, daß man die Voraussetzungen dieses Selbstverständnisses in dogmengeschichtlicher Rückschau erhebt und — sichtbar gemacht — überprüft. Auch diesem Anliegen kann die Selbstbesinnung auf die Ideengeschichte der Steuerrechtfertigung dienen. Sie wird

---

[127] G. *Salomon-Delatour*, Moderne Staatslehren a a O S. 61 f.; Th. *Maunz*, Finanzverfassung a a O S. 39 f.

[128] K. H. *Friauf*, Staatshaushaltsplan a a O S. 190.

[129] Oben 1.142.

mit dem Öffentlichen Interesse an steuerlicher Aktivität und an ihrer richtigen Entfaltung eine der wesentlichen Voraussetzungen des modernen Steuerstaates ins Bewußtsein zurückbringen.

In diesem Sinne wollen dogmengeschichtliche Betrachtungen nicht nur retrospektiv wirken. Wenn aus der Dogmengeschichte die ideengeschichtlichen Voraussetzungen des modernen Steuerstaates sichtbar gemacht werden, so könnten die althergebrachten Einsichten als Vorbereitung des Steuerstaates, als ein Beitrag zum Modernen Staat verstanden sein: Der Moderne Staat setzt die überkommenen Ideen in seine Staatswirklichkeit um, weil er das Verhältnis zu seiner staatsbürgerlichen Allgemeinheit findet, das die Steuerlegitimation für die Beziehung von Individuum und Staat herbeiwünscht. Moderne Staatlichkeit entspricht dabei der alten Forderung, den Gemeinzweck, das Öffentliche Interesse als Maß und Ziel richtiger Steuer und richtiger Staatsausgabe für richtige Staatsaufgaben gelten zu lassen, ein Zugeständnis und Dienst am rationalen Staatsvollzug.

Dieses Anliegen steht schon immer im Mittelpunkt aller steuerrechtfertigenden Überlegungen, weshalb dieser ideengeschichtlichen Strömung ein Verdienst um die Rationalität moderner Finanzfunktion gebührt. In diesem Sinne kann auch die dogmengeschichtliche Nachschau steuerlicher Ideengeschichte als ein Beitrag zur Rationalität des Modernen Staates verstanden werden. Sie leistet diesen Beitrag, wenn die ideengeschichtlichen Voraussetzungen des Steuerstaates die Gestaltung, die der Moderne Staat seiner finanziellen Seite gibt, einsichtig machen und als verständige Lösung begreifen lassen[130]. Dann wird sich auch die Steuergeschichte nicht als eine Anamnese des Modernen Staates darstellen[131], wie das mit der als „militant" geziehenen Wendung staatlichen Seins zum Steuerstaat[132] zuweilen angenommen wird. Im Gegenteil: Dem modernen Steuerstaat, der bewußt macht, daß seine Existenz und Aktivität auf der finanziellen Mitwirkung seiner Bürger fußt, der überzeugt, daß er in ihrem Interesse wirkt, dürfte es viel eher gelingen, seinen Steuerbürgern mit der öffentlich-interessanten Steuerfunktion das Erlebnis der staatsbürgerlichen Allgemeinheit zu vermitteln als ihre Mitträgerschaft des

---

[130] J. *Tifaut de la Noue*, Qu.-Nr. 183, Avant-propos S. III f.; Th. *Schmalz*, Handbuch des teutschen Staatsrechts, Halle 1805, S. 283 f. (§ 374).

[131] Hipolytus *a Collibus*, Princeps consiliarius palatinus sive aulicus, Ed. Francofurti 1670, cap. III Additiones (S. 69); F. C. *v. Moser*, Qu.-Nr. 172, S. 376; J. H. G. *v. Justi*, Qu.-Nr. 175 a, § 692 (S. 358); *ders.*, Qu.-Nr. 175 b, S. 14; *ders.*, Qu.-Nr. 175 d, § 29 (S. 43); Christian *Thomasius*, Anmerkungen, in: Melchior von Osse, Testament gegen Hertzog Augusto, Churfürsten zu Sachsen, Halle 1717, S. 79 Note 37; K. H. *v. Lang*, Teutsche Steuerverfassungen a a O S. 97, 206; A. *Destutt de Tracy*, Qu.-Nr. 210, S. 237 ff.; K. S. *Zachariä*, Vierzig Bücher vom Staate Bd. I a a O S. 161 ff.; J. *Garnier*, Qu.-Nr. 236, S. 324 ff. m. w. N.

[132] Herbert *Krüger*, Aussprache a a O S. 88 f.

Staates und damit als ihre richtige Seinsweise im Staat[133]. Und in diesem Sinne „geht jedes wahre Verständnis der Steuer weit über das Steuerwesen hinaus; die Steuer bedeutet den Punkt, auf welchem die Finanzwissenschaft der Verwaltungslehre die Hand reicht und beide ... sich als Theile eines und desselben Lebens und seiner Wissenschaft, der ... höheren Staatswissenschaft, erkennen“[134].

[133] *Ders.*, Staatslehre a a O S. 228; K. S. *Zachariä*, Qu.-Nr. 227, S. 128 f.: „Wenn Ludwig XIV. ... sagte: L'Etat, c'est moi! so kann mit ... noch besserem Rechte ein jeder einzelne Unterthan in Beziehung auf die von ihm zu entrichtenden Steuern diese Worte zu den seinigen machen.“ J. W. *Neumayr v. Ramßla*, Qu.-Nr. 93 a, cap V § II (S. 229): „... Schoß und Schatzung/welches gleichsam das Band zwischen dem Herrn und Unterthanen ist.“ — Im übrigen vgl. die Nachweisungen oben 1.11, Noten 7 f.

[134] L. *v. Stein*, Finanzwissenschaft Bd. II a a O S. 351.

2 Quellendarstellung

Die Lehre vom Steuergrund (Steuerzweck) als steuerrechtfertigende Lehre von der richtigen Staatsausgabe

2.1 Quellendarstellung: Methodische Vorbemerkungen

Die *„Lehre von der Rechtfertigung der Besteuerung"* ist das ideengeschichtlich greifbare Material, zu dem sich Steuerrechtfertigungslehren verschiedener Herkunft und damit auch von recht unterschiedlicher Veranlassung vereinigen. Folglich sind auch die jeweils leitenden Rechtfertigungsvorstellungen differenziert[1]. Unserem Vorhaben können wir nur jene Lehren dienstbar machen, welche den Ausgabezweck in die Steuerrechtfertigung einbeziehen[2]: die Lehren vom Steuergrund (Steuerzweck). Diese Lehren von der richtigen Staatsausgabe soll der darstellende Teil aus den Quellen erheben. Wenn er das Material informativ ausbreitet, so legt er den Grund für die nachfolgende Quellenanalyse, deren Überlegungen zugleich entlastet werden, weil sie nicht mehr fortlaufend Tatsachenmaterial einschalten und Klarstellungen in sich aufnehmen müssen.

2.11 Die Beschränkung des Quellenmaterials auf die Steuerrechtfertigung zweckrationalistisch-naturrechtlicher Methode

Die Auswahl unseres Quellenguts bringt im Ergebnis eine zeitliche und gegenständliche Eingrenzung des Untersuchungsmaterials. Methodisch erfolgt diese Auslese nur vom Gegenstand her.

Unberücksichtigt bleibt einmal die Epoche der antiken und patristischen Steuertheorie[3]. Sie bietet keine Steuerrechtfertigungslehre. Hier argumentiert man nicht aus dem Wesen und der Funktion von Steuern, abgesehen von vereinzelten Bemerkungen über die Aufgabe des Steuerwesens[4]. Darin ist eine durchgehende Lehre nicht auszumachen[5]; denn

---

[1] Knapp und treffend skizziert bei *Becker, Riewald, Koch*, RAO a a O Anm. 1 (1) zu § 1.

[2] Vgl. oben 1.21.

[3] Dargestellt bei F. J. *Neumann*, Steuer nach der Steuerfähigkeit I a a O S. 511 ff.; P. *Kehl*, Die Steuer a a O S. 1 ff.

[4] Etwa die griechischen Kirchenväter: Johannis *Chrysostomus*, Kommentar zum Brief des hl. Paulus an die Römer, Teil II, München/Kempten 1923, 24. Homilie (Kap. 13.6), S. 167; Joannis *Damasceni*, In epistolas S. Pauli ex universa interpretatione S. Chrysostomi loci selecti, in: Jacque Paul Migne, Patrologiae Cursus Completus, Series Graeco-Latina, Paris 1857 ff., Bd. 95 Sp. 439 ff. (545 f.); *Theophylact*, Commentarius in epistolam divi Pauli ad Romanos, in: Migne a a O Bd. 124 Sp. 335 ff. (515); die lateinischen Kirchenväter: *Jonas* Aurelianus, De institutione regia ad Pippinum regem, Cap. 8, in: Migne, Series Latina a a O Bd. 106 Sp. 285 ff. (296 f.); *Haymo Halberstatensis episcopus*, Expositio in divi Pauli Epistolas, in: Migne a a O Bd. 117 Sp. 359 ff. (481); *Herveus Burgidolensis Monachus*, Commentaria in epistolas divi Pauli, Expositio in epist. ad Romanos, in: Migne a a O Bd. 181 Sp. 595 ff. (774).

[5] Ad. *Wagner*, Finanzwissenschaft, Teil I a a O S. 29; L. *v. Stein*, Finanzwis-

im übrigen erklären sich weder die antiken Staatsphilosophen noch die patristische Philosophie über Wesen und Wirkweisen der Steuer.

Zum anderen müssen die realistischen Steuerbegründungslehren neuer Doktrin ausgeklammert werden. Denn sie nehmen die Steuer als Selbstzweck, der aus sich heraus mit dem Staat keiner Rechtfertigung bedarf[6]. Was immer mit dieser stringenten Argumentation gesagt sein mag, sie bewährt sich nicht als eine allseitige Anschauung von der Steuer als dem von Staatsinteressen dirigierten Instrument.

Wie die Patristik mit dem biblischen Gleichnis vom Zinsgroschen[7] — das mehr als tausend Jahre maßgebliche Steuerverständnis[8] — sich zum Wesen der Steuer verschweigt, übt die moderne Steuerlehre mit dem Dogma der Staatsrealitäten Enthaltsamkeit[9]. Hier, weil der gemeinerheblich wirksame Steuerstaat selbstverständliche Prämisse ist[10], dort, weil die gottverordnete Untertanenbotmäßigkeit bereits alles einsichtig macht[11]. Die Gründe sind verschieden, der Effekt gleich. Er bewirkt, daß unser Beobachtungsgut mit der naturrechtlich-zweckrationalistischen Steuerlehre abgesetzt ist und zwischen den antiken Anfängen und den gegenwärtig gültigen Steuerbegründungsthesen aufgesucht werden muß. Diesen Zeitraum füllt die methodisch zusammengehaltene und daher gegenständlich zusammengehörende Steuerrechtfertigungslehre des 13. bis 19. Jahrhunderts aus: Es ist die Steuerrechtfertigungsspekulation des naturrechtlichen Zweckrationalismus.

2.111 Die gemeinsame, das heißt hauptsächlich bestimmend gewordene *Methode* der am Ausgabezweck orientierten Steuerrechtfertigung versammelt innerhalb dieser Periode alle Steuerlegitimation zu der einen ideengeschichtlichen Strömung. Mögen die Lehren im einzelnen differenziert sein, als Steuerzwecklehren eint sie ihr typisch vernunftrechtlich-rationalistisch operierendes Verfahren. Es ist das Merkmal, welches das

---

senschaft, Bd. I a a O S. 226, 402, 408.

[6] Oben 1.1531.

[7] Matthaeus, Kap. 22 Vers 17 - 21.

[8] Fr. *Hamm*, Steuermoral a a O S. 125 ff., 131; P. *Kehl*, Die Steuer a a O S. 1 - 22; W. *Gerloff*, Rechtfertigung der Besteuerung (Schanz-Festgabe) a a O S. 143.

[9] Oben 1.153 und J. A. *Adriani*, J. *van Horn*, Belastingrecht a a O S. 201.

[10] So mit Recht Gerhardo *Werthmüller*, Nota sull'irretroatività delle norme tributarie, in: Il diritto dell'economia, Bd. 3 (1957) S. 36 ff. (37) und Jean *Dabin*, L'Etat ou le politique, Paris 1957, S. 107, hier freilich aus der Erwägung, „que l'Etat ne peut se permettre le scandale du mauvais exemple".

[11] Vgl. die Darstellung bei P. *Kehl*, Die Steuer a a O S. 1 - 22 und Fr. *Hamm*, Steuermoral a a O S. 125 - 224. Allgemein: Friedrich *Überweg*, Grundriß der Geschichte der Philosophie, Bd. II, 11. Aufl. 1927 (Neudruck Basel 1967), S. 4 f., 11; Hermann *Rehm*, Geschichte der Staatsrechtswissenschaft, Freiburg 1896 (Neudruck Darmstadt 1967), S. 156; Friedr. *v. Raumer*, Über die geschichtliche Entwicklung der Begriffe von Recht, Staat und Politik, 3. Aufl. Leipzig 1861, S. 26.

hier gesammelte Quellenmaterial bestimmt. Es läßt selbst die mit dargebotenen Lehren der modernen Schulen einbegreifen. Denn als eingewurzelte Methode ist die zweckrationalistische Steuerrechtfertigung so sehr mit dem Thema Steuerlegitimation verschweißt, daß seine Lehren die allgemeine Epoche der naturrechtlichen Richtung überdauern. Ihre Nachwirkungen beherrschen die spekulative Steuerrechtfertigung noch des 19. Jahrhunderts[12], bis diese Herrschaft von den realistischen Lehren der Opfertheorie beansprucht wird.

2.112 Wie äußert sich die Methode zweckrationalistischer Steuerlegitimation? In der Sache macht sich dieses Verfahren als Steuerzwecklehre geltend. Im Vorgehen wird es als Zweckdenken bewußt, das mit allen Erscheinungen auch die Steuer in ihrem Sein erkennen und aus ihrer Bestimmung begreifen will[13].

2.1121 Die Bewegung der zweckrationalistischen Richtung geht von der scholastischen Philosophie[14] aus. Ihre Suche nach Erkenntnis umgreift die Erscheinung Staat, wo der Zugang zur antiken Staatslehre die Sicht erschließt[15]; das Steuerthema überkommt bereits als Fragestellung der Patristik[16]. Die zweite Neuentdeckung der aristotelischen Schriften[17] eröffnet dabei als Methode das spekulative Zweckdenken[18]. Sein entscheidendes Werkzeug[19] ist die Lehre des *Aristoteles* von der Endursache und

---

[12] Vgl. als typische Beispiele: F. *Schmitthenner*, Qu.-Nr. 230; A. *Trendelenburg*, Qu.-Nr. 245; H. *Ahrens*, Qu.-Nr. 247.

[13] Allgemeines bei Niklas *Luhmann*, Zweckbegriff und Systemrationalität. Über die Funktion von Zwecken in sozialen Systemen, Tübingen 1969, S. 61 und Johannes *Hoffmeister*, Wörterbuch der philosophischen Begriffe, 2. Aufl. Hamburg 1955, Art. „Rationalismus" (S. 507 f.).

[14] Hierzu: Martin *Grabmann*, Die Geschichte der scholastischen Methode, Bd. 2 Freiburg 1911 (Neudruck Berlin 1957), S. 353 ff.

[15] Alois *Dempf*, Sacrum Imperium, 3. Aufl. München 1962, S. 376 f., 383 ff.; H. *Rehm*, Geschichte der Staatsrechtswissenschaft a a O S. 173 ff. — Vgl. im übrigen Antoine Pierre *Verpaalen*, Der Begriff des Gemeinwohls bei Thomas von Aquin, ein Beitrag zum Problem des Personalismus, Heidelberg 1954, S. 67 f.; Eberhard *Welty*, Gemeinschaft und Einzelmensch, 2. Aufl. Salzburg - Leipzig 1835, S. 193 ff., 211 ff., 251 ff. und Edelbert *Kurz*, Individuum und Gemeinschaft beim hl. Thomas von Aquin, München 1933, S. 22, 24, 58 ff. u. öfter.

[16] Die Scholastiker zitieren die oben 2.11 in Note 4 genannten Kirchenväter.

[17] Franz *Thilly*, Ledger *Wood*, A history of Philosophy, London 1957, S. 216 ff.; Johann E. *Erdmann*, Grundriß der Geschichte der Philosophie, Zürich 1930, S. 207 f.; F. *Überweg*, Geschichte der Philosophie a a O S. 145 ff.

[18] *Aristoteles*, Metaphysik, Buch I, Kap. 1 - 5/980 (21) - 987 a (28) (Ed. E. Grasse, ..., o. O. [Reinbek] 1966, S. 9 - 24), vor allem Kap. 3, 983 a (32 f.) (a a O S. 15) und *ders.*, Physik, Buch II, Kap. 2/194 a (33 - 36); II, 3/194 b (16) bis 195 a (26); II, 8/199 a (15 - 17); (Ed. E. Grumach, A., Werke, Bd. 11, Darmstadt 1967, S. 37; S. 38 - 40; S. 53); *ders.*, Nikomachische Ethik, Buch III. Kap. 7/1113 b (Ed. E. Grumach, A., Werke, Bd. 6, Darmstadt 1956, S. 53 f.).

[19] *Thomas v. Aquin*, In octo libros Physicorum Aristotelis expositio, lib. II cap. 2 Lectio IV (Ed. Parma 1852 ff., Bd. 4 [Neudruck New York 1948] S. 74); *ders.*, „Super librum de causis expositio", proem. (Ed. H. D. Saffrey, Textus Phi-

dem Endzweck aller Dinge[20]. Diese *Teleologie*[21] setzt die Scholastik für die Steuerlehre ein[22]. Das läßt mit der Erscheinung Steuer ihre staatswirtschaftliche Aufgabe erahnen, also Steuern bereits in ihrem Zusammenhang mit dem Ausgabezweck sehen[23]. Bei allem bestimmt der gedachte Zweck das idealbildliche Sein als Sollen der Finanzwirklichkeit[24].

Dieses Steuerrechtfertigungssystem übernimmt der weltliche usus modernus romano-germanicus mit allen Akzessorien scholastischer Methode[25]. Er bereitet es für die juristische Steuerliteratur des Kameralis-

---

losophici Friburgensis, Fribourg-Louvain 1954); *ders.*, Qu.-Nr. 2 a, Prima, 105, 5; (DThA Bd. 8 S. 58 ff.) Prima Secundae 1, 2 (Ed. L. Bd. 6 S. 9); *ders.*, De veritate, qu. 28, art. 7, in: Quaestiones Disputatae (Ed. R. Spiazzi, ..., Bd. I, Taurini/Romae 1953, S. 243 f. Im übrigen Nachweisungen bei Ludwig *Schütz*, Thomas-Lexicon, Paderborn 1895 (Neudruck Stuttgart 1958), Stichwort „causa" (S. 102 - 110). Zu allem vgl. F. *Überweg*, Geschichte der Philosophie a a O S. 430 ff.; A. *Sandoz*, Le rôle de la cause finale dans l'explication chez Aristote, in: Revue de Philosophie, Bd. 34 (1934) S. 46 ff.; 156 ff.; 271 ff.; Bd. 37 (1937) S. 104 ff.; 210 ff.; Günter *Schulemann*, Das Kausalprinzip in der Philosophie des hl. Thomas v. Aquino, Münster 1915, S. 8 ff., 21 ff., 66 ff.; Theodor *Steinbüchel*, Der Zweckgedanke in der Philosophie des Thomas v. Aquino, Münster 1912, S. 35 ff., 71 ff.; Nicolaus *Kaufmann*, Das Causalitätsprincip und seine Bedeutung für die Philosophie, in: Philosophisches Jahrbuch Bd. 4 (1891) S. 30 ff. (35, 39 ff., 105 ff.). Allgemeines bei: H. *Blumenberg*, Artikel: „Teleologie", in: Die Religion in Geschichte und Gegenwart, Bd. VI, Tübingen 1962, Sp. 674 ff. (675); Nicolai *Hartmann*, Teleologisches Denken, Berlin 1951, S. 7 ff., 65 ff. und N. *Luhmann*, Zweckbegriff a a O S. 9 f.

[20] Erste Analytik, Buch I, Kap. 1, 24 b (18) (Ed. P. Gohlke, A., Die Lehrschriften, Bd. II. 2, Paderborn 1953, S. 18); *ders.*, Metaphysik, I 3, 983 a (33 f.) (a a O S. 15).

[21] Die Wortbildung (télos/légos) führt erst Christian *Wolff* ein; vgl. Philosophia rationalis sive logica, Francofurti et Lipsiae 1728 (cap. 3 § 85), S. 38.

[22] Zuerst *Albertus Magnus*, Qu.-Nr. 1, S. 637 f., während sein Schüler *Thomas v. Aquin* nicht die Steuerlehre, aber die allgemeinen Untertanenlasten schulmäßig behandelt (Qu.-Nr. 2 a, Prima Secundae 96, 4) (Ed. L. Bd. 7 S. 183). Seine Lehre von den leges onerosae wird zum Vorbild aller Steuerrechtfertigungssysteme; vgl. F. *Suarez*, Qu.-Nr. 80, lib. I cap. III nr. 6 (S. 9); cap. IX nr. 12 (S. 29); lib. V cap 15 nr. 4 (S. 306), dessen Steuerlehre das betont.

[23] P. *Kehl*, Die Steuer a a O S. 133 ff.

[24] *Thomas v. Aquin*, Qu.-Nr. 2 a, Prima Secundae 96, 4 (Ed. L. Bd. 7 S. 430); *ders.*, Qu.-Nr. 2 c, S. 52. — Vgl. a. *Johannes de Salisbury*, Policraticus, lib. VI, cap. 24 (Ed. Lugduni Batav. 1639, S. 390).

[25] Zuerst die Glossatoren, etwa *Azo* (Italien), Summa super Codice et Institutis, Ed. Venetiis 1499, fol. 262 (= Basileae 1572, S. 1187) oder *Petrus a Bellapertica* (Frankreich), Commentaria in Digestum novum, Francofurti 1571, S. 20. Zu diesem Thema vgl. H. *Ratjen*, Vom Einfluß der Philosophie auf die Jurisprudenz, besonders von der Benutzung der vier Arten des Grundes oder der Ursächlichkeit, Kiel 1855, S. 4 ff. und Christian *Thomasius*, Cautelae circa doctrinam de natura precum juridicarum, Hallae 1713, S. 197 ff. — Ausführlich dargestellt (Belege) etwa bei Johannes *Gutierrez*, Practicarum quaestionum civilium libri V, in: Opera omnia in lucem tractenus ab authore edita, Lugduni 1661, lib. 3, qu. 16 nr. 107 - 115 (S. 125); Valentin *Forstner*, Consiliorum sive responsorum doctorum et professorum facultatis juridicae in Academia Marpurgi, hrsg. v. Hermann Vulteius, Marpurgi 1606, Bd. I, cons. VIII nr. 5 (S. 23); vgl. a. E. *Morselli*, Geschichte der Finanzwissenschaft a a O S. 500.

mus auf. Diese Lehre wieder rezipiert nicht nur das steuerrechtfertigende Argument in seiner zweckrationalen Verbindung zur Ausgabenaktivität des Staates; die Kameralisten bewahren die scholastische Beweisführung zunächst auch im getreuen Aufbau nach der aristotelischen Ursachenlehre — was schon rein äußerlich den scholastischen Einfluß[26] auf die weltliche Steuerlehre noch des ganzen 17. Jahrhunderts zu belegen vermag[27]. Aber auch in der Steuerlehre des 18. Jahrhunderts, die dieses Ursacheninstrumentarium zurücktreten läßt, bleiben die causae imponendi das methodische Handwerkszeug, das namentlich in der „iusta causa finalis" den steuerrechtfertigenden Zusammenhang mit dem Ausgabenzweck aufdecken und die Richtigkeit der Steuer teleologisch erweisen soll[28]. Bis zu Christian *Wolff* ist dieses Verfahren durchgehend nachzuweisen[29].

2.1122 Wo das aristotelische Ursachenschema in der Steuerlehre wirksam ist, versteht sich die Steuerzwecklehre bereits selbst als *rationalistisch.* Denn für sie ist die causa finalis — der Steuerzweck — Vernunftsschluß aus dem Staatszweck — der Staatsausgabe — wie ganz allgemein die causa finalis als Zweck jeder Erscheinung synonym mit der Ratio[30] syllogistischer Schlüsse[31] ist. Und als diese Schlüsse begegnen steuerrechtfertigende Lehren[32] aller Richtungen.

Das läßt sich freilich von der späteren Steuerlehre nur noch einschränkend behaupten, wenn die Kameraljurisprudenz und die allgemeine Rechtslehre seit der Schule Christian *Wolff* das Steuerrechtfertigungsthema im wesentlichen aufgeben und es der Steuerliteratur der Kameralisten überlassen: staatstheoretische Erwägungen treten zurück, das staatsrechtliche Argument wird seltener. Aber auch diese Folgelehre — selbst in ihrer rein finanzwissenschaftlichen Gestalt — macht sich doch die zweckrationalistische Steuerbegründung überkommenen Vorbilds zueigen. Wo sich diese Zwecklehre mehr als eine herkömmlich beobachtete Form steuerrechtfertigender Lehren bewährt, erweist sie sich auch

---

[26] C.*Ziegler*, Qu.-Nr. 136 a, S. 953 weist darauf ausdrücklich hin; ferner etwa: C. *Besold*, Qu.-Nr. 82 a, cap. IV, § II nr. 2 (S. 54).

[27] Ideengeschichtliche Bemerkungen bei J. *Bornitz*, Qu.-Nr. 73, S. 34 ff.

[28] Vgl. den Titel von J. H. G. *v. Justi*, Qu.-Nr. 175 b.

[29] Qu.-Nr. 168 a, § 1057 (S. 654 f.).

[30] *Thomas v. Aquin*, Qu.-Nr. 2 a, Prima 19, 2.2: „tota ratio movendi est finis", (DThA Bd. 2 S. 141); Prima Secundae 10, 2.3: „finis autem est ratio volendi ea, quae sunt ad finem" (Ed. L. Bd. 6 S. 85).

[31] *Thomas v. Aquin*, De natura syllogismorum, Opusculum 47 (in: Opuscula omnia, Ed. Pele, Parisis 1634, S. 559 ff., hier S. 559 r. Sp.); vgl. auch *ders.*, Qu.-Nr. 2 a, Prima secundae 90, 1.2 (Ed. L. Bd. 7 S. 153). Weitere Nachweise aus den Schriften Thomas v. Aquin bei: L. *Schütz*, Thomas-Lexikon a a O Stichwort „Syllogismus" (S. 796 - 798).

[32] Etwa F. *Suarez*, Qu.-Nr. 80, lib. V, cap. XV (S. 305 f.): „De ratione et causa finali ad iustitiam tributi".

hier als Steuerrechtfertigung in rationalistischer Deduktion[33] aus dem Ausgabezweck.

2.1123 Die Vorstellung von einem universalen, alles staatliche Geschehen regulierenden *Vernunftsgesetz*[34] vollendet die zweckrationalistische Steuerrechtfertigung. Das rational-deduktive Verfahren vernünftiger Sachdeutung[35] läßt jene spekulativen Schlüsse ziehen, die als steuerrechtfertigende Folgesätze begegnen. Ihr Ausgangspunkt sind naturrechtliche Prämissen[36]. Mit der weltlichen Wendung des usus modernus wird solcher Schluß von der naturrechtlichen Voraussetzung auf die Folge richtiger Steuer unbefangen in die Staatswirklichkeit transponiert[37]. Namentlich die Aufklärer geben sodann alle steuerlegitimierenden Thesen als der unmittelbaren Anwendung fähige Rechtssätze aus.

2.12 Die Auswahl des Quellenmaterials — leitende Gesichtspunkte

Wo eine geistesgeschichtliche Idee, wie sie mit der Steuerrechtfertigung zum Ausdruck gekommen ist, dogmengeschichtlich dargestellt und bewertet werden soll, entscheidet nicht die Vollständigkeit des erfaßten Materials. Weiter sind für die ideengeschichtliche Linie nicht alle einzelnen Meinungen erheblich, die den herrschenden Grundzug umlagern, mögen es auch die Nuancen sein, die erweisen, ob eine gedankliche Strömung gradlinig oder verschlungen vorankommt.

Stellt man die wesentliche Richtung der Steuerlegitimation in den Vordergrund, wie es hier geschehen soll, so will sorgfältig ausgewählt und entschieden sein, welche Äußerungen zu Wort und wieweit ihre Akzessorien zur Anschauung kommen sollen.

---

[33] Max *Cluseau*, Die Geschichte der Finanzwissenschaft in Frankreich, in: HdFW I, S. 495; über die Allgemeine Staatslehre der Zeit: Gustav Ad. *Walz*, Die Staatsidee des Rationalismus und der Romantik, Berlin 1928, S. 158 ff. (167 ff.).

[34] H. G. *Scheidemantel*, Qu.-Nr. 182, S. 372: „... und kan (die Anlage) als ein vernünftiges und rechtmäßiges Mittel der Staatsabsichten angesehen werden, so ist dieses Verfahren des Regenten sehr vernünftig. Das sind Säzze, aus welchen man die Majestätsrechte Überhaupt herleitet." — Im übrigen etwa: L. *Molina*, Qu.-Nr. 66, disp. 667 nr. 4 (Sp. 504); C. *Klock*, Qu.-Nr. 102 a, cap. I nr. 69 ff. (S. 11); S. *v. Pufendorf*, Qu.-Nr. 127 c, lib. II, obs. IV § 1 ff. (S. 281 ff.); U. *Huber*, Qu.-Nr. 138, lib. I sect. I cap. 2 §§ 10 ff. (S. 6 f.); J. *Böhmer*, Qu.-Nr. 147 a, S. 191 ff.; Johann Gottlieb *Fichte*, Die Staatslehre oder über das Verhältnis des Urstaates zum Vernunftsreiche, in: Werke, hrsg. v. F. Medicus, Bd. VI, Hamburg 1962, S. 417 ff. (479 ff.); Friedrich *Murhard*, Der Zweck des Staates, Göttingen 1832, Vorerinnerung S. IV. — Allgemeines bei: Franz *Wieacker*, Privatrechtsgeschichte der Neuzeit, 2. Aufl. Göttingen 1967, S. 249 ff., (256 ff., 270).

[35] Heinrich *Rommen*, Die ewige Wiederkehr des Naturrechts, 2. Aufl. München 1947, S. 87 ff.; aus der Zeit vgl. J. F. *Horn*, Qu.-Nr. 128, proem. (S. IV).

[36] Das betonen etwa: *Thomas v. Aquin*, Qu.-Nr. 2 c, S. 51 f.; C. *Klock*, Qu.-Nr. 102 a, cap. I nr. 46 - 49 (S. 9); J. H. *Böhmer*, Qu.-Nr. 147 a, lib. II cap. 9 § 3 Note s (S. 545).

[37] Etwa: J. *Matthiae*, Qu.-Nr. 99, cap. III nr. 9 (S. 275 - 277).

Das dargebotene Quellenmaterial läßt am besten die *quelleneigene Auslese* der Steuerrechtfertigungslehre gewinnen: Mitgeteilt werden nur Schriften, die in den Quellen selbst ausdrücklich zitiert sind. So weiß man die Beiträge aufzufinden, die schon ihrer Zeit als verbreitet und beachtet gelten dürfen.

Auch diese Auslese braucht indessen nicht zu veranlassen, daß nun in archivarischer Treue wirklich alles gesammelt werde, was einmal zum Thema Steuermittelverwendung und Legitimation der Steuer gesagt und weitergereicht ist. Das ist weder geboten, noch wäre es zu bewerkstelligen. Vielmehr kommt alles darauf an, gerade die Äußerungen zu erheben und nachzuweisen, die wirklich von ersichtlichem Einfluß auf die ideengeschichtliche Strömung sind.

Mit diesem Maß gemessen, umfassen die Quellen bereits in der eigentlichen Steuerlehre neben großen Finanztraktaten und monografischen Darstellungen auch lehrbuchmäßig gefaßte Abschnitte in der allgemeinen staatsrechtlichen Literatur. Über die engere Steuerlehre hinaus gehören zu diesen Quellen auch eingestreute Bemerkungen zum Steuerrechtfertigungsthema, wie sie die meisten rechts- und staatsphilosophischen Schriften bringen. Weiter sind hier die staatstheoretischen Ansichten moralphilosophischer Werke zu nennen. Schließlich begegnen die Anschauungen vom Steuergrund, die das finanzwissenschaftliche Schrifttum der Staatswirtschaftslehre entwickelt und verwertet. Aus allem ist die weitere Auswahl zu treffen. Wenn dabei der Gesichtspunkt leitet, das Wesentliche und zugleich für die große Entwicklungslinie Bedeutsame zu erfassen, so steht das Genannte immer auch stellvertretend für Ungenanntes[38].

Daß solche Entscheidung jeweils nicht frei von subjektiver Wertung ist, sei nicht verkannt. Diese Auswahl hat man dann auch anderen Orts, wo die in ihren hauptsächlichen Zügen bekannte Geschichte der Steuerrechtfertigungslehre nachgezeichnet wurde, unwesentlich anders getroffen. Eine wertende Auswahl verfälscht die ideengeschichtliche Linie jedenfalls nicht; denn „wer mit dem einen Verfasser Bekanntschaft geschlossen hat, kennt auch die anderen, weshalb es letztlich gleich bleibt, wen man in den Vordergrund stellt"[39].

Was in dem bezeichneten Sinne als wesentlich und bedeutsam gelten kann, zeigt regelmäßig die Art und gedankliche Tiefe des Quellenmaterials selbst. Als bedeutend müssen indessen auch die oft knappen Bemer-

---

[38] Gelegentlich allerdings war Fehlendes nur nicht zu beschaffen, da es weder für deutsche Bibliotheken noch für die Bibliothèque National und das British Museum nachgewiesen ist.

[39] A. *Nielsen*, Kameralvidenskabs Opstaaen aaO S. 77: „Da ikke er tale om nogensomhelst originalitet, bliver det ret ligegyltigt, hvem man drager i forgrunden; har man stiftet bekendtskab med én af dem, kender man ogsaa de andre."

kungen angesprochen werden, die mit den exponierten Schriften der großen Staatsphilosophen begegnen. Denn hier zählt nicht ihr Beitrag zum Steuerrechtfertigungsthema selbst, das seine entscheidende Förderung nur im steuerlichen Spezialschrifttum erlebt. Vielmehr ist erheblich, daß die Staatsphilosophie die Thesen der Steuerwissenschaft rezipiert und die Steuerlehre alsdann diese Ausführungen rückübernimmt, um die Gewährschaft bekannter Namen zu beanspruchen.

Schwierigkeiten bereitet eigentlich nur, den Stellenwert der finanzwissenschaftlich motivierten Steuerrechtfertigungslehre auszuloten, wo die staatstheoretische Legitimationsüberlegung von finanzwirtschaftlichen Maximen überlagert ist. Wenn auch diese finanzwissenschaftliche Folgelehre der juristischen Steuerbegründung aufgenommen wird, obwohl ihr die eigentliche Steuerrechtfertigung als Randproblem und Vorfrage gilt, so um des Nachweises willen, daß hier eine mehr rezipierte als selbständig weiterentwickelte Lehre unverändert fortwirkt.

2.13 Art und Methode der Quellendarstellung

Die Quellen sind in ihrem Materialbestand zu sichern und müssen inhaltlich vorgetragen werden. Das hat dieser darstellende Teil zu leisten.

2.131 Die Quellendarstellung erfüllt ihre Aufgabe auf zweifache Weise.

2.1311 Einmal läßt sie die Quellen für sich selbst sprechen, weshalb es sinnvoll ist, zuerst die Quellen vorzuführen. Es geschieht nach Art einer Materialsammlung[40], die in zeitlicher Folge angelegt ist (unten 2.2 Qu.-Nr. 1 - 248, hier abgedruckt als Anhang S. 191 ff.).

Wir werden die Lehrsysteme in der Reihenfolge ausbreiten, nach der sie den Steuerlehren selbst zugänglich wurden und dort verarbeitet und zitiert sind. Damit treten die einzelnen Beiträge nach dem objektiven Gesichtspunkt ihrer Anciennität geordnet, also frei von jedem sachlichen Systematisieren und seinen subjektiven Wertungen des rückschauenden Betrachters ins Bild.

[40] Dies zur bibliografischen Ergänzung von J. *Azorius*, Qu.-Nr. 72 (Sp. 411 f.); J. *Althusius*, Qu.-Nr. 77, S. 212 ff.; F. A. *Maull*, Qu.-Nr. 122, S. 84; J. F. *Pfeffinger*, Qu.-Nr. 155, S. 383 f. (Notae); Martin *Lipenius*, Bibliotheca realis juridica, Francofurti - Lipsiae 1720 (nebst Supplement 1789); Stichworte: „Collectae" (S. 84 f.); „Contributio" (S. 117 f.); „Tributum" (S. 566 f.) und Verweise; Burcard Gottfried *Struve*, Bibliotheca iuris selecta ..., 4. Aufl. Jena 1725; Johann H. L. *Bergius*, Kameralistenbibliothek, Nürnberg 1762, Art. „Steuersachen", S. 514 ff. (516 - 518); J. J. *Moser*, Neueste Bibliothek des allgemeinen Teutschen Staats-Rechts, Frankfurt 1771; *ders.*, Qu.-Nr. 169 b, S. 2 u. öfter; Johann F. *Jugler*, Beyträge zur juristischen Biographie oder genauere ... Nachrichten von dem Leben und den Schriften verstorbener Rechtsgelehrter und Staatsmänner, welche sich in Europa berühmt gemacht haben, Leipzig 1773 - 1780; Andreas J. *Schnaubert*, Neueste juristische Bibliothek, besonders des deutschen Staats- und Kirchenrechts, Gießen 1780 - 86, Jena 1789 - 91; Joh. P. *Harl*, Handbuch der gesamten Steuer-Regulierung, Erlangen 1814, S. 464 - 478.

2.1312 Aus diesem Quellenmaterial kann im weiteren die Steuerrechtfertigungslehre als Steuermittelverwendungslehre auch inhaltlich erfaßt und systematisch dargestellt werden. Hier ordnet die innere Verbindungslinie, womit zugleich Wiederholungen und vielfache Überschneidungen innerhalb der einzelnen Epochen vermieden sind. Hier wird zugleich der ideengeschichtliche Gang, das sind verhaltende Stationen und zügige Fortschritte, deutlich. Dieser Teil der Quellendarstellung ist abermals wertend.

2.132 Unsere beiden Berichtsmethoden gehen ab von der eingefahrenen Darstellungsform, die ganz überwiegend die steuerliche Ideengeschichte in zwei Kategorien vorführen läßt: man gliedert in „gesamthaft sehende" und in „individuell kompensierende" Steuerlegitimationsthesen[41]. Die eine Version geht vom Staat, die andere vom Individuum aus, um das Wesen der Steuer zu erfassen.

Die gruppierende Darstellung bewährt sich vor allem mit dem Blick auf die Opfer- oder Pflichtthese, will man der Opfertheorie mit der diametralen Anordnung der steuerideengeschichtlichen Verlautbarungen Gewährschaft aus der Ideengeschichte verschaffen. Mit diesem Vorzeichen weiß man seit den dogmengeschichtlichen Arbeiten Friedrich J. *Neumanns*[42] und Robert *Meyers*[43] die herkömmlichen Steuerlehren als zweigleisige Strömung zu entdecken, eine später in ihrer Bedeutung überbewertete und einseitig ausgemünzte Feststellung.

In Wahrheit verlaufen die Spuren der Steuerideengeschichte als parallele Linien, wobei die zwei Hauptrichtungen überkommener Spekulation, unter die man alle Lehren bringt, nur unter dem Einfluß verschiedener gedanklicher Voraussetzungen, mit diesem Einfluß unter der Herrschaft unterschiedlich begründeter Schlüsse stehen. Als schneidende Antithesen dürfen die beiden Wendungen nicht gegeneinander ausgespielt werden[44]. In der Steuerbegründung zeitigen sie dieselben Ergebnisse. Die Absicht aber, mit der man sich im nachhinein nicht auf das Gemeinsame aller Lehren verlegt, ist offenkundig: sie gruppiert in Lehren, die man für ein „organisches Staatsverständnis" beanspruchen möchte, und andere, die der „atomistisch-individualisierenden", namentlich also der vertragsstaatlichen Staatsversion verhaftet und damit auch dem fehlsamen Begriff vom Wesen der Steuer verpflichtet seien[45], den die Opferlehre bekämpft.

---

[41] W. *Gerloff*, Rechtfertigung der Besteuerung (Schanz-Festgabe) a a O S. 142, 147 u. durchgehend; K. H. *Rau*, Ad. *Wagner*, Finanzwissenschaft a a O S. 341 ff.

[42] Oben 1.225, Note 116.

[43] Oben 1.2212, Note 109.

[44] F. J. *Neumann*, Steuer nach der Steuerfähigkeit I a a O S. 576; II a a O S. 455 Note 2; K. H. *Rau*, Ad. *Wagner*, Finanzwissenschaft a a O S. 336 f.

[45] W. *Gerloff*, Rechtfertigung der Besteuerung (Schanz-Festgabe) a a O S. 147.

Die so in den Vordergrund gespielten Unterschiede sind zwar nicht zu übersehen. Es versteht sich weiter, daß ihre konträren Positionen in der Gruppenauffassung alle Anschauungen vom Wesen der Steuer, vom Steuerstaat überhaupt, unterschiedlich entwickeln[46]. Allein, die in diese Strömung hineingetragene Kontroverse geht von der Lastenverteilungslehre[47] aus, die zusammen mit der Lehre vom Steuergrund, der Legitimation des Steuerstaates schlechthin, zu der einen Steuerrechtfertigungslehre zusammengefaßt ist. In der Sache stehen aber damit zwei Themen an, die sich freilich wechselseitig durchdringen.

Der hier maßgebende Teil steuerrechtfertigender Lehren ist die grundsätzliche Legitimation der Erscheinung Steuer aus jenem Zweck, den Staat und diensames Mittel Steuer gemeinsam erfüllen. Man mag diesen Aspekt Begründung des staatlichen Steueranspruchs nennen[48], obwohl der Begriff für die gegenwärtige Rechtfertigungslehre, die keine Rechtfertigung bietet, vorbehalten ist[49]. In dieser „Steuerbegründung" nun zeigen die gegeneinander ins Treffen geführten Schulrichtungen im Ergebnis dasselbe; alle vertragsstaatlich motivierten Steuerlehren individueller Komponente wissen sich — bei Licht besehen — in der Steuerableitung aus den Staatsnotwendigkeiten mit allen „gesamthaft" orientierten Lehren aristotelisch-scholastischer Staatsauffassung einig; auch in der Steuerreproduktion mangelt die Kontrastfarbe: wo der Nutzen einer mit den Kräften der Vielen ermöglichten Staatsausgabe steuerlegitimierend wirken soll, darf dieser Vorteil nicht als besondere Beförderung irgendwelcher einzelner ausgehen, wenn das zulasten anderer Mitzensiten stattfindet. Andernfalls wäre die Besteuerung ein unerträgliches Instrument des Sondernutzens starker Kräfte, eine Auffassung, der keine noch so individualistische Äquivalenzlehre Vorschub leisten will. Im Gegenteil, ihre eigenartige, am Gebührenprinzip ausgerichtete Lösung zielt gleichermaßen — für das Verständnis der Zeit vielleicht noch eindringlicher — auf die gern dem gesamthaften Konzept reservierte Erkenntnis, daß Steuermittelveranstaltungen sich für alle auswirken sollen, ihre Ausgabewerke also nicht von partiellem Vorteil für bestimmte einzelne sein dürfen[50].

Eben in dieser allen Steuerrechtfertigungslehren jeden Standorts gemeinsamen Auffassung aber wird das Wissen um „allgemeinerhebliche

---

[46] Ebenda S. 142 f., 145 f.; F. *Terhalle*, Finanzwissenschaft a a O S. 126; F. J. *Neumann*, Steuer nach der Steuerfähigkeit I a a O S. 513 ff., 557; K. H. *Rau*, Ad. *Wagner*, Finanzwissenschaft a a O S. 335 ff.

[47] Vgl. die Nachweisungen bei F. J. *Neumann*, Steuer nach der Steuerfähigkeit I a a O S. 517 f. Note 11; S. 539, 553 ff.; im übrigen: F. K. *Mann*, Gerechtigkeit in der Besteuerung a a O S. 124 f.; K. H. *Rau*, Ad. *Wagner*, Finanzwissenschaft a a O S. 336 Anm. 1.

[48] C. *Scailteur*, Le devoir fiscal a a O S. 55.

[49] Oben 1.1533, Note 75.

[50] Die Beweisführung bleibt dem analysierenden Teil 3 vorbehalten.

Steuermittelvergabe im allgemeinen oder Staatsinteresse", aufzuspüren sein. Mag im übrigen die Lastenverteilungslehre ein differenziertes Bild zeichnen, in der Ausgabelehre herrscht Einigkeit. Dann aber ist weder eine Unterteilung der Quellen, noch eine zweigleisig berichtende Darstellung der Lehren selbst veranlaßt.

2.133 Ferner sind die Quellen nicht in Schulgruppen zu verweisen: scholastische Lehren theologischer wie juristischer Provenienz, Meinungen der Juristen des usus modernus wie des sich daran anschließenden Kameralismus sind für die Steuerrechtfertigung überall auf denselben ideengeschichtlichen Kern zurückzuführen. Er bleibt in der Philosophie der Aufklärer unverändert wirksam und macht die Überlegung aus, die als Steuerrechtfertigungslehre durchgehend hervortritt. Derselbe Ansatzpunkt beherrscht auch die finanzwissenschaftliche Steuerlehre der Folgezeit, wenn sie sich zur Steuerbegründung äußert.

2.134 Bei dieser ideengeschichtlich stetigen Fortentwicklung der Steuerrechtfertigungslehre brauchen die Quellen auch nicht notwendig nach jenen Zeitabschnitten dargestellt zu werden, in die der Historiker die Staatwerdung seit dem Mittelalter zerlegt. Zwar hätte eine dieser Einteilung folgende Darstellung der Steuerrechtfertigungslehre den Vorzug, die einzelnen Stufen staatlicher Konsolidation sichtbarer hervortreten und mit ihrer Ausstrahlung auf die Staats- und Steuertheorie durchscheinen zu lassen. Denn daß die geschichtlichen Zeitabläufe mit ihrem historischen Geschehen auch die Spekulation beeinflußt haben und in diesem Einfluß noch nachträglich aufspürbar sind, ist selbstverständlich. Indes müßte diese Transparenz unserer Darstellung erkauft werden in einer Auseinandersetzung mit erheblichen Einteilungsschwierigkeiten. Bei allen historischen Zeiträumen handelt es sich ja niemals um Zäsuren, sondern um fließende Übergangssituationen; sie lösen einander keineswegs ab, wie es die in zeitlicher Folge voranschreitende Darstellung geistesgeschichtlicher Epochen glauben machen könnte, sondern sie überlagern sich mannigfach und sind in Fortschritten und Rückfällen vielschichtig miteinander verzahnt[51]. Dem allen aber könnte im Rahmen unserer Quellendarstellung nicht selbständig und kritisch nachgegangen werden. Die richtige Grenzziehung müßte nämlich für jede einzelne staatliche Daseinsäußerung durchaus verschieden ausfallen, so daß das Hervortreten der steuerlichen Essentialien moderner Staatlichkeit im Grunde wenig über die übrigen Merkmale des Modernen Staates aussagt und diese wiederum die steuerliche Seite des Modernen Staates nicht eigentlich erhellen können. Hinzu kommt, daß gerade geistesgeschichtliche Epochen manches vorwegnehmen, was der Entwicklungsstand erst eines

[51] Georg *v. Below*, Über historische Periodisierungen mit besonderem Blick auf die Grenze zwischen Mittelalter und Neuzeit, Berlin 1925, S. 17, 24, 30 ff., 61 u. öfter.

späteren historischen Zeitraums tatsächlich bringt, daß also — konkret gesprochen — der Prozeß staatlicher Konsolidation in der Staatswirklichkeit und seine theoretische Antizipation in der Steuerrechtfertigung nicht parallel verlaufen. Mit all diesen Problemen, deren Lösungsversuch den Fluß einer Quellendarstellung nur stören würde, braucht sich unsere Quellendarstellung indes nicht auseinanderzusetzen. Sie kann sich auf den geschlossenen Entwicklungsgang verlegen, den die Steuerrechtfertigung — trotz aller divergierenden Unterströmungen — genommen hat. Auf diese große Linie ist für unser Vorhaben abzustellen.

2.135 Zeigt die hier versammelte Steuerlehre eine nahtlos ineinanderwachsende Entwicklung, so ist ihre Gesamtdarstellung angebracht. Die Quellenliste verfährt so. Die Mitteilung des Inhalts teilt doch in zwei Komplexe; zuerst werden alle Lehren mit streng bewahrtem Ursachenschema zusammen dargestellt (2.31 - 2.32) und sodann die Folgelehren gemeinsam entfaltet (2.33). Das legt der Übergang von der strengen Zweckveranlassungssteuer zu Abgaben nahe, die dem allgemeinen Finanzzweck unterstehen, eine Wende im Steuerverständnis seit dem 18. Jahrhundert. Die Rechtfertigungsidee aber ist stets dieselbe (2.34).

2.14 Verfahren der inhaltlichen Darstellung

2.141 Die Geschichte der Steuerrechtfertigungsidee ist in ihrem entscheidenden Tatsachenmaterial bekannt. Mehrfach schon ist ihr Bild gezeichnet. Solchen Tatsachenbestand weiß unsere Darstellung mit wesentlich neuen Aspekten nicht zu bereichern. Auch das hier umfangreicher vorgelegte Quellenmaterial läßt neue Fakten nicht gewinnen. Die Darstellung der Quellen glaubt deshalb, auch auf die bereits bestehenden Zusammenfassungen verweisen zu dürfen[52], um sich in möglicher Kürze äußern zu können.

Daß dabei manche Gedanken der Steuerlehre nicht vorgeführt werden, die steuerrechtfertigende Erwägungen zwar nicht tragen, aber zu beleben geeignet sind, nimmt die Darstellung hin. Sie verliert wohl auch an Anschauungsnähe, wenn die Steuerarten hier überhaupt ungenannt bleiben. Die Lehren selbst wissen die Abgaben zu unterteilen; sie scheiden in direkte und indirekte, nämlich verbrauchsteuerartige Lasten mit Einschluß der Zölle; sie kennen ordentliche und außerordentliche Auflagen. Doch bei aller Klassifizierung unterwerfen die Lehren am Ende alle Abgaben denselben Ausgabezweckmaximen, und das sind die hier maßgeblichen Sätze. Kurz: Die Quellendarstellung verzichtet auf alles, was im Hinblick auf die Quellenanalyse als Beiwerk erscheint[53]. Was auf unser

[52] Fundstellen oben 1.225, Note 116.

[53] Soweit erst die Fülle der Fakten belebt, möge man sich der bereits vorliegenden Darstellungen als Anschauungshilfe bedienen; etwa P. *Kehl*, Die

Vorhaben Bezug hat, ist selbstverständlich dargeboten. Dies schon mit Rücksicht darauf, daß die Quellen nicht leicht greifbar sind und regelmäßig nicht für sich selbst sprechen werden. Das rechtfertigt dann auch die Breite wörtlicher Zitate.

2.142 Am Ende muß sich die methodische Vorbemerkung noch zum Belegapparat erklären. Die Quellensammlung (unten 2.2) soll die inhaltliche Darstellung entlasten. Mitgeteilte Thesen fußen regelmäßig auf den meisten oder allen Quellen des Zeitabschnitts, für den sie ausgewiesen werden. Es erübrigt sich, jedes Faktum immer aufgeschlüsselt zu belegen. Zieht die Darstellung einzelne Quellen ausdrücklich heran, so verstehen sich — bei stillschweigender Bezugnahme auf die zeitlich dazugehörenden Quellen — solche Einzelbelege als besonders instruktive Beispiele oder als Fundort von mitgeteilten Auszügen. Fußt die Darstellung dagegen auf einzig gebliebenen oder nur gelegentlich vertretenen Erkenntnissen bestimmter Quellen, so verschweigen die Belege sich hierzu nicht.

Steuer a a O (mittelalterliche Scholastik); A. *Nielsen*, Kameralvidenskabs Opstaaen a a O (usus modernus und Kameraljurisprudenz); C. *Gide*, C. *Rist*, Doctrines économiques a a O (staatswirtschaftliche Steuerlehre).

2.2 Die Quellen

(Dieser Teil der Quellendarstellung findet sich als Bibliographie im Anhang unten S. 191 ff.)

2.3 Quellendarstellung:

Die Steuerrechtfertigungslehren — ihr System und ihre Aspekte für eine Lehre von der gemeinerheblichen Steuermittelveranstaltung

2.31 Die Steuerzwecklehren der Steuerrechtfertigungstheorien des 13. - 17./18. Jahrhunderts und das instrumentelle Erscheinungsbild ihrer Lehre von der richtigen Steuer

2.311 Das System

Ein Zusammenspiel steuerrechtfertigender Gesichtspunkte will seinsmäßige Richtigkeit des Phänomens Steuer zeigen. Die Beweisführung entfaltet sich nach den Demiurgen streng kausalen Denkens. Seine Methode ordnet die steuerlegitimierende Gedankenkette auf die Aufgabe des Steuerwesens hin, weil es der Bestimmungszweck Steuermittelveranstaltung sein soll, der die Erscheinung Steuer als sein instrumentelles Mittel rechtfertigt, wo es das richtige Mittel ist[56]. — Hier werden zwei Denkebenen bewußt.

Den Zweck einmal erkannt und vorausgesetzt, schließt man auf die ideelle Beschaffenheit der realen Erscheinung Steuer als ihre vernünftige, deshalb legitime Seinsweise[57]. Sie ist vom instrumentalen Teil des Lehrsystems zu sichern.

Über allem steht die Prämisse des material richtigen Zwecks, der die instrumentellen Kautelen signalisiert. Diesem Ausgangspunkt gilt die Lehre vom Steuerzweck. Das ist die vorgeschaltete Denkebene, die jede andere Rechtfertigungsposition bestimmt.

2.312 Die instrumentale Wirkweise des Rechtfertigungssystems

Der instrumentale Teil der Steuerzwecklehre soll die materiale Steuer-

---

[56] Oben 2.1121, und J. *Matthiae*, Qu.-Nr. 99, cap. VII nr. 248 (S. 500): „Causam finalem regit et qualificat id, quod deinceps subsequitur, demonstrant ... (Nachweise). Nam finis indicat, qualis sit res."

[57] Oben 2.1121, Note 24.

zwecklehre, nämlich die Lehre vom richtigen Ausgabewerk, mit dieser die Rechtfertigungsidee in ihrer Durchsetzung sichern.

Vier *causae imponendi* begegnen als das zweckrationalistische Handwerkszeug[58]. Sie verstehen sich als *Ursachen* der Richtigkeit.

2.3121 Die *causa efficiens* ist die veranlassende Ursache, also der Ort, wo vom Anspruch auf Steuern und seinem Inhaber zu handeln ist. Hier geht es um die Inobhutnahme des Steuerwesens durch den richtigen Sachwalter, der die Steuerwirksamkeit entfaltet.

2.3122 Die *causa finalis* ist die Ursache, die der Zweck steuerlicher Aktivitäten setzt. Sie ist identisch mit dem Ausgabezweck, denn der Steuerzweck *ist* Ausgabezweck. Dieser wieder ist das Ausgabewerk selbst, mit ihm zugleich sein Veranlassungsgrund wie die Aufgabe, der es zufällt, allen richtigen Veranlassungen mit den richtigen Aktionen abzuhelfen.

Die causa finalis steht also auf doppeltem Boden. In instrumentaler Wirkweise bedeutet sie, daß man Steuern dem vorausgesetzten Zweck zuführen muß, wenn aus einem solchen Veranlassungsgrund Steuern beigetrieben werden. Die causa finalis aber ist weiter Ort der vorgeschalteten Operation, die richtige Steuerzwecke in actu aus den Kategorien richtiger Zwecklagen in habitu erhebt, also die formalen und materialen Dimensionen des Zweckstrebens konkretisiert. Sie ist endlich Ort der Steuerzwecklehre, die solche möglichen Steuerzwecke allgemein benennt, um die grundsätzliche Wirkdimension des Steuerwesens zu reflektieren. Damit gilt die causa finalis selbst als die Lehre von den Ursachen des besteuernden Staates; sie ist Lehre vom Steuergrund, der von der Steuerfunktion im Einzelfall Gebrauch machen läßt.

2.3123 Die *causae materialis* und *formalis* schließlich signalisieren gemeinsam dem Besteuerungsverfahren richtige Modalitäten. Sie weisen die Besteuerungsmaximen, unter deren Wohlbedacht man Finanzmittel herbeischaffen soll[59].

Ursprünglich legt die scholastische Lehre diesen causae noch einen Nebenauftrag bei. Sie müssen zugleich den nur in seiner Zielrichtung dimensionierten Horizont der Zwecke (causa finalis als Steuerzwecklehre) auf gegenständlich unbedingt wichtige Ausgabewerke der Gemeinschaft reduzieren[60].

Wo mit dem usus modernus und der Kameraljurisprudenz die Steuerfreudigkeit Abstriche erleidet, weil die Finanzwirklichkeit das „Sub-

---

[58] Oben 2.112, Note 25.

[59] Für einen Überblick vgl. A. *Tautscher*, Geschichte der deutschen Finanzwissenschaft a a O S. 387.

[60] C. *Klock*, Qu.-Nr. 102 a, cap. VII nr. 5 (S. 163): „Legitima vero justa collectandi causa ad hanc reducitur.“

sidium" zur Gewohnheit macht, geht solche materiale Kautele unmittelbar in die causa finalis ein[61]: In der Folge besorgt, was von Hause nur Akzidenz der Besteuerungsmodalitäten sein sollte, die Steuerzwecklehre selbst, um ihr entschiedenes Anliegen zu sichern; rationabiliter kann eine Steuerzwecklehre Steuergelder der Vielen überhaupt nur unabweislichen Zwecken derselben Vielheit darangeben.

Die causae formalis und materialis verbleiben als finanzpolitische Klugheitsmaximen und Postulate der Gerechtigkeit in der Besteuerung[62]. Als solche sind sie unserem Vorhaben Beiwerk, weshalb ihnen keine weitere Aufmerksamkeit gebührt.

2.3124 Hier machen die causae efficiens und finalis den wesentlichen Ort der Erkenntnisse aus, die Bezug auf die Steuerzwecklehre als eine Lehre von der richtigen Steuermittelverwendung haben. Diesen Elementen muß sich die weitere Darstellung zuwenden. Zunächst geht es noch um die instrumentale Seite des Steuerzweckstrebens, weil sie die Wirkweise der Zwecklehre sichtbar macht.

2.313 Die causa efficiens; ihre Lehre von der Steuerhebungsmacht als Verortung der Steueraktivität

Wer besteuern darf, stellen die Steuerlehren mittelalterlicher Scholastik und die Juristen des usus modernus jeweils sorgfältig fest. Denn zur Mindestausstattung einer Lehre, die richtige Steuerfunktion beschreiben will, gehört, daß sie richtige Autoritäten benennt, die Steuern einfordern und den Steuerertrag verwenden.

Mit der Kameraljurisprudenz tritt diese Frage in den Hintergrund. Die Steuerwirklichkeit des Landesfürstentums erledigt sie, weshalb die Rechtfertigungslehre es bei der Erinnerung bewenden läßt, daß jedem Steuerverlangen ein Forderungsrecht des Steuerprätendenten zur Seite stehen muß. Man nennt es potestas, Steuergewalt, oder die Macht zu steuern, und bietet verschiedene Konstruktionen auf, die einen machtbewehrten Anspruch in der Funktion besteuernder Herren begründen.

Vollends abgetan ist die Besteuerungsgewalt als steuerrechtfertigendes Thema mit den neuen Lehren seit dem 18. Jahrhundert. Man befaßt sich überhaupt nur mit Steuern, die zu aller Wissen vom Staat beigetrieben und für seine Tätigkeiten verausgabt werden: „Tributi posono imporsi

---

[61] Ebenda nr. 7 (S. 163): „Necessitas itaque utilitas publica unica Basis et fisci curandi regula, haec sola in tributionum causa impulsiva et finalis est, quae qualitatem substantialem inducit et ad quam solummodo respectus habendus" m. w. N.

[62] Etwa F. *Suarez*, Qu.-Nr. 80, lib. V cap. XVI „De forma et materia in legibus tributorum servandis" (S. 307 ff.); nr. 1: „haec enim duo in idem concidunt; nihil aliud est qua proportio inter tributum et subditos quibus imponitur" usw. — J. *Azorius*, Qu.-Nr. 72, cap. 18 (Sp. 413).

per vantaggio ed altri giusti bisogni dello Stato[63]." „... onera sint, quae respectum ad Rempublicam habent"[64]. Damit ist die Einsicht errungen, die das Mittelalter noch abzuklären hat und in seiner Lehre von der causa efficiens erarbeiten will.

2.3131 Mit der causa efficiens versteht man die Steuererhebungsbefugnis einleuchtend und handlich als „bewirkende Ursache". Das begreift ein Zweifaches in sich: Die Befugnis „bewirkt" zum ersten das Steuereinheben, sofern dieses Recht ausgeübt wird. Doch mit der zweckbezogenen Seinsweise aller Erscheinungen geschieht nichts um seiner selbst willen, sondern im Hinblick auf seinen Zweck. Und Steuern sind erdacht, damit man sie verbraucht. Wenn also die Lehre konstatiert, daß jemand das Recht auf Steuern besitzt, von seinem ius oder titulus imponendi sive collectandi Gebrauch machen kann, so stellt man zugleich fest, daß er die Vergabebefugnis besitzt, nämlich der Steuerdisponent und Sachwalter der Steuermittelveranstaltungen ist. Die bewirkende Ursache Besteuerungsrecht wird so zu jener Veranlassung erklärt, die alle späteren Tatbestände, hier die Ausgabe, „durch sich bewirkt erscheinen läßt"[65]. Und darin liegt der eigentliche Aussagewert der causa efficiens, die mit der Beschaffenheit des Besteuerungsbefugten und seiner Vergabedisposition von der causa finalis, also der Steuerzweck- und Ausgabelehre her wesensmäßig reflektiert wird. Das muß die spätere Quellenanalyse entfalten, um den Stellenwert der Besteuerungsmacht im Rechtfertigungssystem aufzudecken.

2.3132 Bereits unter diesem Blickwinkel fragen wir hier nur, welchen Gewalten die Lehre das ius imponendi beilegt.

Für die Scholastiker des Mittelalters ist selbstverständlich, daß der Kaiser und im Verein mit ihm Könige und ihnen gleichgestellte comes, Grafengewalten, besteuern[66]. Wo niedere Herrn gewohnheitsmäßig Steuern einfordern, geschieht dies — so die Lehre — immer nur kraft Verleihung des Besteuerungsrechts durch die mit originärer Macht ausgestatteten obersten Herren[67]. Das Institut unvordenklicher Verjährung läßt dabei die ordnungsgemäße Ableitung zugunsten der Delegatare vermuten. Dies freilich nur, wenn seit Menschengedenken nicht bewußt ist,

---

[63] L. A. *Muratori*, Qu.-Nr. 163 b, S. 86.

[64] C. *Wolff*, Qu.-Nr. 168 a, § 1058 (S. 656).

[65] *Aristoteles*, Metaphysik, Buch I, Kap. 3, 983 a, 30 f. (a a O S. 15); für *Thomas v. Aquin* vgl. die Nachweisungen bei L. *Schütz*, Thomas-Lexicon a a O, Stichwort „causa (agens/efficiens)", S. 102 ff.; grundlegend: *Thomas v. Aquin*, Sermo seu tractatus de ente et essentia, Ed. R. Allers, Darmstadt 1965, S. 49.

[66] G. *Biel*, Qu.-Nr. 29, fol. O II v. (Lit. F); J. *Azorius*, Qu.-Nr. 72, cap. 18 (Sp. 413); vgl. unten 3.521, Noten 212 ff.

[67] Quellenbelege unten 3.521, Noten 216 ff.

daß eine solche Steuerautorität jemals nicht besteuert hat[68]: „Additur ... non solum illa iusta tributa, de quibus constat esse imposita a Regibus vel principibus supremis, sed etiam illa, de quibus non constat, a quo imposita sint, dummodo ex consuetudine, de cuius inito non extat memoria, sint introducta. Cuius ratio est, quia ubi nec constat nec constare potest iniustitia, secundum ius praesumitur iustitia: in huiusmodi autem casu constare non potest, tale tributum sine legitima potestate esse impositum[69]."

Erst mit den Scholastikern des 14. und 15. Jahrhunderts, vor allem aber mit dem usus modernus, dringt die Behauptung vor, daß auch niedere Herren, Vasallen, Vögte und Immunitäten etwa, aus eigenem Recht steuern, weil sie Steuerzwecke in Obhut nehmen. Diese These bewährt sich als Legitimation immer dann, wenn Steuern erdacht und durchgesetzt werden sollen, die ihrer Art nach neu sind. Denn haben ältere Zeiten solche Reichnisse nicht gekannt, ist der Derivativthese der Boden entzogen.

Mit der Kameraljurisprudenz römischrechtlicher Schulung fallen diese Konstruktionen dahin. Hier siedelt man das Steuerrecht eben in der Weise an, wie es nach der Finanzwirklichkeit geboten ist: Es gibt keine Delegatare, sondern Steuergewalten, denen das Steuerrecht aus eigener Funktion zusteht. Und diese Gewalten sind die Könige des Westens, auf dem Boden des Hl. Römischen Reichs deutscher Nation aber die Territorialherren, der rex oder princeps der Territorien und freie Städte. Des Kaisers als Reichsoberhaupt wird dabei im Zusammenhang mit den Reichssteuern gedacht[70], wobei man seiner Steuergewalt, gemessen an der untergeordneten Rolle des Gemeinen Pfennigs als Hilfe für Reichsaktionen einen überbetont breiten Raum zugesteht. Anfang des 17. Jahrhunderts erkennt die Steuerlehre das Primat der territorialen Steuerentwicklung, und sie wendet sich in erster Linie dem Steuerwesen des Landesfürstentums zu. In der Hand des princeps sehen alle Quellen dieser Epoche wie der sich anschließenden Periode des 18. bis 19. Jahrhunderts

---

[68] Etwa L. *Molina*, Qu.-Nr. 66, disp. 666 nr. 1 (Sp. 501): „Qui superiorem habet in temporalibus, si ex consuetudine antiqua, de cuius initio nulla extet memoria, accipere consueuit tributa aliqua, legitime in posterum ea recipit"; *Bartolus de Saxoferratus*, Qu.-Nr. 15 a, fol. 128 v.; J. *Azorius*, Qu.-Nr. 72, cap. 18 (Sp. 414).

[69] F. *Suarez*, Qu.-Nr. 80, lib. V cap. XIV nr. 4 (S. 302) über die mittelalterliche Lehre. Zur Neuzeit aber (ebd. nr. 2): „Principes, qui possunt indicere bellum et administrare rem publicam independenter ab alio superiori temporali, ad hoc sunt necessaria tributa, habent potestas imperandi tributa; reliquos omnes, qui recognoscunt superiorem in temporalibus non possent tributa imponere." — P. *de Ubaldus*, Qu.-Nr. 17, nr. 2 (fol. 41 v.): „... impositio collectarum est unum de juribus reservati supreme potestati; igitur non videtur alteri inferiori competere."

[70] T. *Merkelbach*, Qu.-Nr. 62, S. 4; C. *Klock*, Qu.-Nr. 102 a, cap. VII nr. 4 (S. 163).

die Steuerfunktion schlechthin; sie wird als die umfassende Finanzdisposition des Fürsten bewußt und als Finanzhoheit ausgegeben, die Steuererhebung und Vergabeentschließung vereint wie auch das tätige Veranstalten von Ausgabewerken einbegreift[71].

2.3133 Die Steuerlehre beteiligt an dieser Finanzdisposition die ständischen Bewilligungseinrichtungen[72]. Dies gemäß dem altständischen Recht der territorialen Finanzverfassung, nach der die Landstände dem princeps die „Anlage von Schatzungen" bewilligen[73]. Gelegentlich sind die Landstände selbst Mitdisponenten des Steueraufkommens, das sie im Contribunale, dem Landkasten, verwalten[74].

Entsprechendes gilt für das Disponieren des Gemeinen Pfennigs, den die Reichsstände dem Reich bewilligen und als Territorialfürsten in ihren Landen einsammeln[75]. Die Reichsabschiede legen davon Zeugnis ab[76].

2.314 Die causa finalis; ihre instrumentale Versicherung steuerlicher Finalität

Als instrumentale Kautele muß die Zweckursache sicherstellen, daß steuerliche Aktivität den für sie richtungsweisenden Zweck erreicht. Denn dieser Zweck ist in voraufgegangener Entscheidung als das richtige Ziel einer bestimmten Steuerveranstaltung diagnostiziert, also zum Anlaß einer Steuer erklärt worden, weshalb finanzielles Entfalten fortan in seiner Finalität zu schützen ist. Die Ausgabewerke auf ihren Zweck hinordnen, damit der angestrebte Steuererfolg eintritt[77], heißt, die Steuerwirksamkeit zweckrational verlaufen lassen[78].

2.3141 Dem dient zuerst eine zeitliche Bestimmung der Steuer. Es gibt einige regelmäßig bestehende oder doch wiederkehrende Bedarfslagen, die als Steueranlässe außer Streit sind. Ihnen hilft man mit fortlaufenden Steuern, den ordentlichen Subsidien, ab. Weiter treten Veranlassungsfälle außerordentlicher Art ein, die unzureichende Finanzmittel antreffen.

---

[71] Quellenbelege unten 3.511, Note 202.

[72] Unten 3.534, Noten 299 - 301.

[73] C. *Klock*, Qu.-Nr. 102 a, cap. VII nr. 16, 20 ff. (S. 164). „Wann Chur- und Fürsten des Reichs eine Stewr anlegen wollen/ist fast allenthalben der Gebrauch/das sie erst einen Landtag derhalben erfordern" (nr. 22); F. *Suarez*, Qu.-Nr. 80, lib. V cap. XVII nr. 2 ff. (S. 310 f.).

[74] Zu allem J. J. *Moser*, Qu.-Nr. 169 b, cap. 8 § 2 (S. 648); Th. *Mayer*, Geschichte der Finanzwirtschaft a a O S. 246 und oben 1.2212, Note 111.

[75] G. *Obrecht*, Qu.-Nr. 87, S. 24 f. (nr. 2).

[76] Beispiele unten 2.3142, Note 90.

[77] Oben 1.212, Note 86, Note 91; unten 2.322.

[78] *Thomas v. Aquin*, Qu.-Nr. 2 b, S. 101; F. *Claperis*, Qu.-Nr. 49, nr. 16 (S. 147); J. W. *Neumayr v. Ramßla*, Qu.-Nr. 93 a, cap. I (S. 4); L. *Cencius*, Qu.-Nr. 95 a, qu. XLVII nr. 78 (S. 107); C. *Klock*, Qu.-Nr. 102 c, cons. XX nr. 260 - 267 (S. 371 f.); cons. XXVIII nr. 1 (S. 442) m. w. N.; nr. 166 f. (S. 446) m. w. N.; vgl. unten 2.3146, Noten 129, 132.

Sie machen extraordinaria notwendig[79]. „Ergo si causa sit *perpetua*, tributum poterit esse perpetuum: si autem sit causa *temporalis*, tributum debet etiam esse temporale, ita ut illa cessante, hoc etiam cesset. Nam si causa est necessaria ad iustitiam tituli, non potest plus durare tributum quam ipse causa, quia cessante causa, cessat effectus[80]." „Daß die Noth/umb welcher willen man steuret aufgehört/also die Steuren wiederumb fallen[81]."

Etwa schon geleistete extraordinaria sind deshalb, wie die Spekulation behauptet, „ob causam finitam" zurückzugewähren, soweit die Bedarfslage ohne ihren Gebrauch bewältigt ist[82]. Allenfalls darf der Landesherr bei causa finita die Anrechnung des sine causa geleisteten Überschußbetrags auf die fälligen ordinaria vorschlagen[83].

2.3142 Dieselben Regeln läßt man gelten, wenn der benannte Steuergrund, obwohl anfänglich vorhanden, überhaupt ohne Einsatz der Steuermittel entfällt[84]: sei es, daß sich eine Kriegsgefahr erledigt[85] oder das Lösegeld, mit dem man den gefangengenommenen Herrn loskaufen wollte, mit seiner geglückten Flucht erspart ist[86]. Immer tritt der steueraktivierende Veranlassungsgrund außer Kraft[87]: „Nam cum causa reducitur ad non causam, perinde est a principio, si sine causa fuisset imposita[88]." Die Besteuerung ist ob causam finitam einzustellen[89], eingehobene Beträge müssen wieder ausgefolgt werden[90].

---

79 J. *Bodin*, Qu.-Nr. 40, S. 877; C. *Besold*, Qu.-Nr. 82 b, S. 15 (nr. 19); C. *Klock*, Qu.-Nr. 102 a, cap. VII nr. 59 (S. 167).

80 F. *Suarez*, Qu.-Nr. 80, lib. V cap. XV nr. 6 (S. 306); wörtlich gleich A. *Contzen*, Qu.-Nr. 97, § 20 (S. 636); ferner: *Roland a Valle*, Qu.-Nr. 37, cons 91 nr. 45 (S. 327); *Rampinis*, Qu.-Nr. 43, S. 730 (nr. 5); P. *Heige*, Qu.-Nr. 67, qu. 18 nr. 11; H. a. *Collibus*, Princeps a a O cap. III Additiones (S. 69).

81 J. W. *Neumayr v. Ramßla*, Qu.-Nr. 93 a, cap. IX Ziffer XXIV (S. 601).

82 *Petrus de Aragon*, Qu.-Nr. 31, S. 168; M. *de Afflictis*, Qu.-Nr. 36, fol. 161 r. (nr. 93); fol. 167 v. (nr. 9); J. *Parladorius y Annez*, Qu.-Nr. 57, lib. I cap. 3 nr. 7 (S. 56); F. *Suarez*, Qu.-Nr. 80, lib. V, cap. XV nr. 6 (S. 306).

83 L. *Molina*, Qu.-Nr. 66, disp. 667 nr. 3 (Sp. 503); F. *Suarez*, Qu.-Nr. 80, lib. V cap. XV nr. 7 (S. 306): „licet pro aliquo tempore cesset actualis necessitas expensarum in tali opere, nihilomninus non cessat tributum nec iustitia eius"; A.*Contzen*, Qu.-Nr. 97, § 6 (S. 631); dagegen J. B. *Multz*, Qu.-Nr. 143 a, § 1 nr. 23 (S. 531).

84 J. *Parladorius*, Qu.-Nr. 57, nr. 6 (S. 55); C. *Klock*, Qu.-Nr. 102 a, cap. VII nr. 94 (S. 192) m. w. N.

85 *Johannes Friburgensis*, Qu.-Nr. 8, qu. 29 (fol. 60 v.); *Roland a Valle*, Qu.-Nr. 37, cons. 91 nr. 49 (S. 327); F. *Suarez*, Qu.-Nr. 80, lib. V cap. XV nr. 7 (S. 306); J. W. *Neumayr v. Ramßla*, Qu.-Nr. 93 a, cap. V § III (S. 236); § V (S. 245).

86 F. A. *Maull*, Qu.-Nr. 122, S. 121.

87 P. *Heige*, Qu.-Nr. 67, qu. 18 nr. 11 (S. 252); J. *Bornitz*, Qu.-Nr. 73, S. 62; M. *Faust*, Qu.-Nr. 103, cons. 77 (S. 831).

88 *Roland a Valle*, Qu.-Nr. 37, cons 91 nr. 52 (S. 327).

89 P. *Heige*, Qu.-Nr. 67, qu. 18 nr. 11 (S. 252); J. *Bornitz*, Qu.-Nr. 73, S. 62; F. *Suarez*, Qu.-Nr. 80, lib. V cap. XV nr. 6 (S. 306); C. *Ziegler*, Qu.-Nr. 136 a, cap. 4 nr. 7 (S. 969).

90 C. *Klock*, Qu.-Nr. 102 c, cons. XXVIII nr. 104 (S. 442): „... indem lauter versehen/daß den Ständen und Unterthanen die Hülff/wenn man deren nicht

2.3143 Sind alle Steuern Zwecksteuern, so ergibt sich zwangsläufig, nämlich ex natura rei, daß der vorausgesetzte Zweck, das Ausgabewerk, auch den Umfang der benötigten Mittel bestimmt, vor allem aber begrenzt: „ad iustitiam tributi proportio inter quantitatem tributi et exigentiam causae est necessaria“[91]. „... sequitur quantitatem tributi non posse iuste excedere conditionem seu idigentiam causae; ... tantum tributum iuste potest imponi, quantum ad finem eius est necessarium et sufficiens: nam si plus imponantur, iam in eo non habet causam“[92]. „Scilicet imponendi necessitas populo exponatur, nec plura, quam quibus opus, exigantur[93].“

2.3144 Über bloß zeitliche und größenmäßige Bestimmung des Steueranspruchs hinaus fällt der causa finalis zu, das Steueraufkommen in seiner zweckgebundenen Verwendung zu sichern. Der zweckfremde Verbrauch ist zu verhindern: „Tributum potuit esse iustum, si vera causa suberat; necessarium ergo est, ut tributum expendatur in opus, propter quod impositum est[94].“ „Es sol aber auch die Schatzung dahin verwant und gebraucht werden/dazu sie begehret/und eingebracht worden/und zu nichts anders. Ea enim, quae communis utilitatis causa data sunt, in usum privatum converti non debent[95].“ Das leitet über zum Thema der zweckgerechten Vergabe.

Diese Überlegung exemplifiziert die Lehre an den außerordentlichen Steuern. Denn alle laufenden Steuern sollen schon vom Ausgabenkreis her so bestimmt sein, daß sie zwar dem ordnungsgemäßen Verbrauch hinreichen, aber keinen Mißbrauch erlauben. Wer sie zweckfremd veraus-

---

bedürfft/wieder herauß gegeben/und eingeantwortet werden soll“; gleichlautend G. *Buxtorf*, Qu.-Nr. 75 b, S. 34; im übrigen etwa: J. B. *Multz*, Qu.-Nr. 143 a, § 1 nr. 97 (S. 538), § 3 nr. 164 (S. 543). — Diesen Grundsätzen wird tatsächlich nachgelebt; vgl. etwa: „Abschied des Reichs-Tags zu Eßlingen Anno 1526 auffgericht“; § 15 („Restituierung, wann solches nicht vonnöthen“);: „Und soll nichts destoweniger dasselbig erlegt Geld der eilenden Hülff/wo die wider den Türken nicht geleistet wird/oder der nicht vonnöthen wäre/einem jeden Stand wiederum zugestellt und überantwortet werden.“ (Ernst August *Koch*, Neue und vollständige Sammlung der Reichs-Abschiede ..., Frankfurt/M. 1747, Teil II S. 221 ff., hier S. 223); Reichs-Abschied 1518, § 2 (aaO S. 170) u. a.; vgl. etwa J. J. *Moser*, Qu.-Nr. 169 a (mit einer Fülle von Beispielen).

[91] F. *Suarez*, Qu.-Nr. 80, lib. V cap. XV nr. 6 (S. 306).

[92] Ebenda nr. 4 mit Berufung auf *Thomas v. Aquin*, Qu.-Nr. 2 c, S. 52; ferner *A. Thomatus Cuniensis*, Qu.-Nr. 23, fol. 140 r.; *Petrus de Aragon*, Qu.-Nr. 31, S. 168; A. *Contzen*, Qu.-Nr. 97, § 20 (S. 638).

[93] C. *Klock*, Qu.-Nr. 102 b, cap. 80 nr. 28 (S. 791).

[94] F. *Suarez*, Qu.-Nr. 80, lib. V cap. XV nr. 6 (S. 306); N. *Festasius*, Qu.-Nr. 26, fol. 180 r. (nr. 46); J. W. *Neumayr v. Ramßla*, Qu.-Nr. 93 b, S. 196; A. *Contzen*, Qu.-Nr. 97, § 18 (S. 636); B. *Carpzov*, Qu.-Nr. 98 a, vor sect. I nr. 25 (S. 194); J. *Matthiae*, Qu.-Nr. 99, cap. VII nr. 245 (S. 499).

[95] J. W. *Neumayr v. Ramßla*, Qu.-Nr. 93 a, cap. V § II (S. 228); *ders.*, Qu.-Nr. 93 b, S. 198; G. *Obrecht*, Qu.-Nr. 87, nr. 6 (S. 26); weitere Quellenbelege unten 2.323, m. Noten 179 - 189; 3.441, Noten 182 f.

gaben oder seinem Schatz einverleiben wollte, versäumte notwendig zu aller Einsehen bereits den Mindestbestand an Veranstaltungen, denen die ordinaria zugedacht sind[96]. Damit verwirkt er diese Subsidien für die Zukunft. So jedenfalls die Theorie: „Si tamen ex frequenti malo usu constaret timidendum esse, quod Rex etiam in futuram tributo male uteretur, subditos non solvere possit. Cum timeatur abusus, quia licet ille habeat propositum bene consumendi, subditi non tenentur illi credere[97]."

Bloß zukünftige Sanktionen wissen dem Steuerverlangen in außerordentlichen Fällen der Not nicht beizukommen. Hier bringt man eine besondere Zweckbindungslehre zum Zuge, die in rückwirkender Steuerverweigerung gipfelt: Stellt sich nämlich heraus, daß einem Steuerverlangen außerordentlicher Veranlassung der benannte Steuergrund in Wahrheit fehlt, so soll das Begehren sine causa (finalis) nicht durchgreifen[98]; und etwa schon geleistete Steuern müssen umgehend zurückerstattet werden. Kommt der princeps dem nicht nach, dürfen die Untertanen gegen zukünftige ordinaria aufrechnen. Dies selbst nach Meinung der Kameraljuristen[99], weil das schon anfängliche Fehlen der causa schwerer wiege als ihr späteres Entfallen[100]. Daß schon die mittelalterliche Scholastik und der usus modernus auch hier zu unbedingter Restitution „sine causa" erlangter Steuergelder verpflichten, versteht sich[101], denn dieses Steuerbegehren behandeln sie als einen Fall des Raubs[102]. Ja, einige Schriftsteller wollen den besteuernden Herrn gar zum Ersatz allen Scha-

---

[96] H. *a. Rosenthal*, Qu.-Nr. 56, concl. 79 glossa a (S. 216); L. *Molina*, Qu.-Nr. 66, disp. 667 nr. 5 (Sp. 504 f.).

[97] J. *de Lugo*, Qu.-Nr. 106, disp. 36 nr. 53 (S. 509).

[98] P. G. *Tholosan*, Qu.-Nr. 64 b, cap. IX nr. 11 (S. 80); J. *Grivel*, Qu.-Nr. 88, dec. 11 nr. 25 (S. 24); C. *Klock*, Qu.-Nr. 102 a, cap. VII nr. 94 (S. 192); B. *Fragosus*, Qu.-Nr. 104, Bd. I disp. 8 § 1 nr. 11 und 15 (S. 387); G. *Mundius*, Qu.-Nr. 107, cap. V nr. 12 (S. 222); B. L. *Svendendoerfer*, J. F. *Grabo*, Qu.-Nr. 130, th. 18 (fol. B 3 v.); C. *Ziegler*, Qu.-Nr. 136 a, cap. 4 nr. 7 (S. 969).

[99] C. *Klock*, Qu.-Nr. 102 c, cons XXVII nr. 103 (S. 442): „Doctores docent Principem, qui non insumit tributa in eo, ad quod collata a subditis sunt, sed in aliis, ad quae subditi non tenentur, teneri id restituere et subditos posse illud compensare denegando alia tributa"; G. *Buxtorf*, Qu.-Nr. 75 b, S. 34; J. B. *Multz*, Qu.-Nr. 143 b, cap. XVII nr. 97 (S. 538).

[100] J. W. *Neumayr v. Ramßla*, Qu.-Nr. 93 a, cap. V § III (S. 237); vgl. die Nachweise oben 2.3141, Note 82.

[101] *Raimundus de Peñaforte*, Qu.-Nr. 3, qu. 4 § 11 (S. 170); *Johannes Friburgensis*, Qu.-Nr. 8, cap. de quaestis et talliis, qu. 36 (fol. 71 v.); *Johannes de Burgo*, Qu.-Nr. 18, fol. 44 r.; *Silvester de Priero*, Qu.-Nr. 29, IV qu. 4 (fol. 212 r.); J. *Driedo*, Qu.-Nr. 32, fol. 61 v.: „... tenentur restituere, tales nempe extorsiones sunt oppressiones iniuriae et violentiae"; M. *de Afflictis*, Qu.-Nr. 36, fol. 167 v. (nr. 9); A. *Rampinis*, Qu.-Nr. 43, S. 740 (nr. 14); *Gregor de Valenzia*, Qu.-Nr. 48, Sp. 1196 A; L. *Molina*, Qu.-Nr. 66, disp. 667 nr. 3 (Sp. 503).

[102] *Thomas v. Aquin*, Qu.-Nr. 2 a, Secunda Secundae 68,8 (DThA Bd. 18 S. 214 ff.). Vgl. auch: P. *Kehl*, Die Steuer a a O S. 23 und 102 ff., 228 ff., 276; R. *Amberg*, Die Steuer in der Rechtsphilosophie der Scholastiker a a O S. 43 f.; F. *Hamm*, Geschichte der Steuermoral a a O S. 209, 210 - 224.

dens heranziehen, den seine Besteuerung sine causa der Kontribuentengemeinschaft zugefügt hat[103]: „Ratio est, quia Princeps obligationem contraxit faciendi id ob cuius necessitatem tributum iuste exegebatur, debet ergo restituere damnum sequutum ex eo, quod contractum ex parte sua non observaverit[104]."

Doch der usus modernus ersinnt bereits den Austausch von causae, um eine an sich fehlende oder doch ersatzlos fortgefallene Veranlassung durch eine nunmehr gegebene zu ersetzen. Diese Lehre will die Restitution gezahlter Steuern vermeiden. Bei noch nicht eingehobenen Steuern wird die Überlegung zwar nicht praktisch, da jede Ersatz-causa ohnehin ein neues Steuerverlangen aktivieren könnte[105]. Die These ist vielmehr Lehre des nachgeschobenen Grundes, der für vorhandene Mittel den Wechsel im Zweck zuläßt; er liefert der Besteuerung sine causa nachträgliche Legitimation oder macht neue Unternehmungen anstelle erledigter Maßnahmen zugänglich. „... interdum, quando vera necessitas occurerit, commutare tributum in aliud opus pertinens etiam ad communem regni vel populi utilitatem"[106]. Auch die Ersatzveranstaltungen haben also nicht nur allen Anforderungen zu genügen, die ihnen eine Steuerzwecklehre überhaupt aufstellt; Surrogate müssen den ursprünglich vorgesehenen Zweck an Erheblichkeit noch übertreffen[107]. Das soll dem Mißbrauch des Zweckwechsels wehren[108]. Nur der Übergang von der gewichtigen zur gewichtigeren Veranlassung ist statthaft, weshalb etwa jede necessitas für eine bloße utilitas einrücken darf: „Pecunia deputata ad spectacula ad refectiones murorum potest converti ...[109]."

Die Kameraljurisprudenz gibt diese Lehre auf. Hier beherrscht die allumfassende Steuermacht aus jeder vernunftsbeständigen causa justa et rationabilis, tritt sie nur überzeugend, nämlich als „Sonderbares Erheb-

---

103 J. *Driedo*, Qu.-Nr. 32, fol. 61 v.; L. *Molina*, Qu.-Nr. 66, disp. 667 nr. 3 (Sp. 503).

104 J. *de Lugo*, Qu.-Nr. 106, disp. 36 nr. 20 (S. 502); nr. 57 (S. 510).

105 F. *Suarez*, Qu.-Nr. 80, lib. V cap. XV nr. 7 (S. 306): „est in potestate Principis illam mutationem facere, sicut posset novum tributum imponere nova insurgente causa"; gleichlautend C. *Klock*, Qu.-Nr. 102 b, cap. 80 nr. 28 (S. 792); J. *de Lugo*, Qu.-Nr. 106, disp. 36 nr. 18 (S. 502): „Cessante autem omnino necessitate, cessat iustitia tributi, nisi alia causa subrogetur, propter quam tributum illud posset de novo imponi, haec enim sufficiet ad continuandum"; ähnlich L. *Molina*, Qu.-Nr. 66, disp. 667 nr. 2 (Sp. 503).

106 F. *Suarez*, Qu.-Nr. 80, lib. V cap. XV nr. 5 (S. 306); gleichlautend: A. *Contzen*, Qu.-Nr. 97, § 20 (S. 636); L. *Lessius*, Qu.-Nr. 90, dub. VI nr. 43 (S. 413).

107 F. *Suarez*, Qu.-Nr. 80, cap. XV nr. 7 (S. 306).

108 L. *Molina*, Qu.-Nr. 66, disp. 667 nr. 1 (Sp. 502); C. *Klock*, Qu.-Nr. 102 a, cap. VII nr. 97 (S. 192).

109 Zuerst: *Bartolus de Saxoferrato*, Qu.-Nr. 15 b, § de expensis publicis (fol. 33 r.); J. *Ferretus*, Qu.-Nr. 45, fol. 93 r.; F. *Suarez*, Qu.-Nr. 80, lib. V cap. XV nr. 7 (S. 306) nr. 9 - 11 (S. 307).

liches Bedencken“ vor Augen[110]. Dann aber braucht die Finanzdisposition nicht zu leiten, ob schon einmal Steuergelder bewilligt oder beigetrieben sind. Vielmehr ist steuerliches Entfalten besser beraten, wenn es unbedingt und allein auf das aus der Sache selbst Gebotene abstellt[111].

Das leitet allmählich zur überwiegend ordentlichen Besteuerung hin, der man fortlaufend fließende Finanzmittel zu überlassen wagt[112] und nicht nur von Fall zu Fall anvertrauen will. Allein, „Man will hierbey nicht viel rütteln/daß die tägliche Experienz leider bezeuget/daß man bey dergleichen in Vorraht gesammelten und nicht ad certum usum eingezogenen Steuren offtmals ein Mißbrauch verspühret ... Der Ursachen halber denn auch viel vornehme Politici rahten/und dahin ausschlagen/daß der Thesaurus besser in der Unterthanen Seckel/als in der Herrschafft Handen verwahret sey[113].“

2.3145 Mit der einstweilen behaupteten und bewährten Zwecksicherung jeder Steuer steht noch ein letzter, wenngleich der kühnste Schritt aus. Das System der Zweckbindung und Zwecksurrogation vollendet, daß man dieselben Thesen auch in die Ausgabelehre einbringt. Das heißt den Verbrauch eingehobener Steuern mit gleichen Sanktionen überziehen, die von Hause nur dem noch greifbaren Steueraufkommen zugedacht sind. Die Idee der „causa-data/causa-non-secuta“-Lehre dient den hier verwertbaren Gedanken an: er erfaßt das durchgeführte Ausgabewerk. Die Lehre will der Kritik eröffnen, ob die Aktion ihrem Veranlassungsgrund (causa data) abgeholfen, nämlich den Zweck (causa secuta) erreicht hat[114]. Zeigt sich am Ende, daß etwa die Zweckdiagnose fehlsam war oder die tätige Bewerkstelligung der Ausgabeaktivität zweckwidrig oder mangelhaft, kurz: daß die Steuerveranstaltung den Zweck im Ergebnis verfehlte[115], den man ihr zu erreichen bestimmte, so entfällt mit dem untauglichen Ausgabedisponenten die Steuerlegitimation: „Nam sive male, sive bene Rex postea expendat tales redditus, non erit iniustus *accipiendo* tributa, quia vere est dominus illorum et de illis potest libere dispensare sine iniustitia dummodo suo muneri satisfaciat, gubernando et defendo

---

[110] J. W. *Neumayr v. Ramßla*, Qu.-Nr. 93 a, cap. I (S. 4); L. *Molina*, Qu.-Nr. 66, disp. 667 nr. 1 (Sp. 502 f.); P. *Knipschild*, Qu.-Nr. 139 a, cap. 17 nr. 62 (S. 446).

[111] F. *Suarez*, Qu.-Nr. 80, lib. V cap. XV nr. 7 (S. 306); C. *Klock*, Qu.-Nr. 102 a, cap. VII nr. 97 (S. 192).

[112] F. *Suarez*, Qu.-Nr. 80, lib. V cap. XV nr. 11 (S. 307): „Praesertim quia est tanta varietas in statu, & sumptibus Principum, & in valore rerum, ut facile credi possit, tributa, quae propter alias causas imposita fuere, illis cessantibus durasse, quia iudicata sunt necessaria ad sustentationem.“ — C. *Ziegler*, Qu.-Nr. 136 a, cap. 4 nr. 1 (S. 965).

[113] C. *Klock*, Qu.-Nr. 102 c, cons. XXVIII nr. 97 f. (S. 441 f.); P. *Heige*, Qu.-Nr. 67, qu. 18 nr. 11 (S. 252).

[114] J. W. *Neumayr. v. Ramßla*, Qu.-Nr. 93 a, cap. V § III (S. 237); C. *Ziegler*, Qu.-Nr. 136 a, cap. 4 nr. 7 (S. 969); J. B. *Multz*, Qu.-Nr. 143 a, nr. 97 (S. 538).

[115] J. *de Lugo*, Qu.-Nr. 106, disp. 36 nr. 20 (S. 502) m. w. N.

rempublicam. *Alioquin* si in hoc *deficiat*, iniuste accipit et retinebit haec tributa ..., quam iniuste accipit qui non laborat ... postea vero acceptio vel retentio sit iniusta *ex defectu debitiusus*[116]."

Die Folgen sind weitreichend: Die Restitutionspflicht erstreckt sich nun auch auf verschwendete Steuern, die mit unsinnigen Ausgabewerken dahingegangen sind[117]: „tributum postea expenditur in alios usus inutiles debeat restitui. Affirmant ..."[118]. Denn der „populus non tenetur contribuere in usus vanas et inutiles"[119]. Selbst die Schadensersatzpflicht soll hier eintreten: „Dicunt teneri Principem ad resarcienda ea damna, quae sequuta sunt ob non bene insumptam pecuniam illam ad debitem finem[120]." Und ebenso haftet den Reisenden, wer Passierzölle erhebt, weil er sichere Wege bereitstellt, für alle Nachteile, die Wegelagerer zufügen, denn seine Schutzmaßnahmen sind mangelhaft[121]: „Eos qui pedagia solvunt debere esse sub protectione domini, qui vectigalia recipit; itaque si eis damni in via publica evenerit, dominum hoc eis resarcire teneri[122]."

Doch die meisten Steuerlehren wollen sich zu dieser Spekulation nicht hören lassen[123]. Die Kameraljurisprudenz schwächt solche Thesen zu bloßen Mißfallensäußerungen ab[124], die den unfähigen Finanzdisponenten zu besserer Einsicht bringen möchten und für die Folge der Recht-

---

[116] F. *Suarez*, Qu.-Nr. 80, lib. V cap. XV nr. 5 (S. 306) [Hervorhebung hier]; A. *Thomatus Cuniensis*, Qu.-Nr. 23, nr. 1 (fol. 140 r.); J. *Driedo*, Qu.-Nr. 32, fol. 61 v.; J. *de Lugo*, Qu.-Nr. 106, disp. 36 nr. 63 (S. 511): „Si princeps bono animo petat expendendi bene ad necessitatem publicam, pro qua tributum petitur, et *postea de facto malle illud expendat*, teneatur non solum ad damna resarcienda, sed etiam *ob malum usum*, ad tributum acceptum reddendum"; vgl. unten 3.42, m. Note 164.

[117] *Raimundus*, Qu.-Nr. 3, qu. 3 § 10 (S. 168); M. *de Afflictis*, Qu.-Nr. 36, fol. 161 r. (nr. 93 r.); fol. 167 v. (nr. 9); J. *Ferretus*, Qu.-Nr. 45, fol. 80 v.; G. *Buxtorf*, Qu.-Nr. 75 b, S. 34: „Man wil hierbey nicht viel rütteln/daß die Herrschafften in gesetztem fall/da die ad certum usum eingezogene Steuren anders wohin verbraucht/ihren Underthanen dieselbe von Recht und Billigkeit wegen gut zumachen hätten"; J. B. *Multz*, Qu.-Nr. 143 a, nr. 13 (S. 530), nr. 97 (S. 538).

[118] J. *de Lugo*, Qu.-Nr. 106, disp. 36 nr. 20 (S. 502) mit Belegen; nr. 58 (S. 510); H. *Conring*, *G. Marquart*, Qu.-Nr. 118 d, fol. F 2 r. (§ XLII).

[119] N. *Causinus*, Qu.-Nr. 109, Diss. 36 (S. 142); C. *Peller*, Qu.-Nr. 119, S. 511; weitere Belege oben 1.212, Note 86.

[120] L. *Molina*, Qu.-Nr. 66, disp. 667 nr. 3 (Sp. 503).

[121] *Guido de Baysio*, Qu.-Nr. 7, fol. G 8 r.; G. *Biel*, Qu.-Nr. 27, lit. F (fol. O III v.); J. *Driedo*, Qu.-Nr. 32, fol. 61 v.; J. *Azorius*, Qu.-Nr. 72, cap. 22 (S. 434) m. w. N.; J. T. *Sprengler*, Qu.-Nr. 123, § De vectigalibus nr. 3 (S. 89): „Wann einer Zoll nimbt/der soll ihn vor Schaden behüten/oder soll ihm den Schaden gelten/ quod nostro saeculo minime observatur".

[122] M. *Coler*, Qu.-Nr. 79, nr. 8 (S. 522).

[123] Ausdrücklich ablehnend etwa: H. *v. Segusio*, Qu.-Nr. 4, fol. 182 v.; *Johannes Friburgensis*, Qu.-Nr. 8, qu. 29 (fol. 60 v.).

[124] C. *Klock*, Qu.-Nr. 102 a, cap. I nr. 156 f. (S. 14); G. *Mundius*, Qu.-Nr. 107, cap. III nr. 31 (S. 226): „nihil odiosius esse potest quam collectas ei, a quo nullam protectionem habeamus." (m. w. N.).

schaffenheit und Vernunft verpflichten wollen[125]. Damit ist der Waffe aus dem scholastischen Arsenal die Schärfe genommen.

2.3146 Letztendlich besorgt die causa finalis noch die Überzeugung von der Richtigkeit steuerlichen Gebarens: Die Zweckbindung kettet das steuerliche Wirken an einen Zweck, der als richtig gelten soll. Das unterstellt zwar die richtige Finanzentschließung; im weiteren aber macht es die Notwendigkeit der steuerlichen Einzelmaßnahme bewußt, womit man zugleich ihren sachlichen Vollzug zu erkennen und einzurichten versteht[126]. „Denn es ist nicht allemal an dem gelegen/wie man einem Herren vil Gelds samle/sondern ... wie es folgends rathsam angewandt/dieweil man oftmals spührt/daß bei vielem Geldt wenig nutzes dem Herrn oder Landt geschafft ...[127]."

Hier ist freilich noch am wenigsten gemeint, daß der ganze Finanzvollzug durchsichtig gestaltet und der Kritik einer steuerzahlenden Untertanenschaft eröffnet sein muß[128]. Dem verpflichtet man die Steuerdisposition nur sehr vereinzelt[129], während es der herrschenden Richtung entspricht, daß eben die Finanzdisponenten selbst ausschließlich bestehen lassen, was ihrem Urteil der Vernunft standhalten kann, damit finanzielle Entschließungen gegenüber den Steuerzahlern bewährt bleiben: „Non est necessarium, ut causa tributi sit nota omnibus et singulis de populi; opportet tamen ut sit nota Principi et consiliariis eius, vel procuratoribus regni aut aliis ad quos pertinet iustitiam tributi examinare[130]." „Adeo ut licet statuto etiam jurato caveatur ut nulla collecta populo imponi possit, tamen tale statutum intelligi debeat, nisi aliqua causa Reipublicae utilis aut necessaria ... supervenerit[131]." „Collectae

[125] H. *Doverinus*, Qu.-Nr. 91, S. 109; C. *Klock*, Qu.-Nr. 102 a, cap. I nr. 97 f. (S. 12): „Verum enim vero, ut ex salutaribus institutis omnia mala exempla nata sunt, ita necessaria tantum et moderata exactionum initia, postea in immensum excrevere et magis pro utilitate Imperantium, quam parentium invaluere."

[126] F. *Claperis*, Qu.-Nr. 49, S. 147, 148; A. *Gaill*, Qu.-Nr. 50 a, lib. II obs. 2 nr. 16 (S. 325).

[127] H. *Hartmannus*, Qu.-Nr. 52, fol. E 7 r.

[128] So aber F. *Suarez*, Qu.-Nr. 80, lib. V cap. XVII nr. 2 (S. 310): „Quod omnes tangit, debet ab omnibus approbari, quae regula est valde consentanea iuri naturali."

[129] Etwa: J. W. *Neumayr v. Ramßla*, Qu.-Nr. 93 a, cap. V § II (S. 228): „Wil ein Fürst, daß seine Unterthanen mit desto willigerm Gemüth ... ihm mit Steuren zu hülff kommen/so sol er sie sehen lassen/daß es nicht fürsetzlich/ sondern aus Noth geschehe/und daß das Geld dahin aufgegeben werde/worzu er es von ihnen begehrt ..."; H. *Rosenthal*, Qu.-Nr. 56, cap. V concl. 79 § 1 (S. 212); L. *Molina*, Qu.-Nr. 66, disp. 667 nr. 5 (Sp. 504 f.); J. *Althusius*, Qu.-Nr. 77, cap. XI nr. 25 (S. 240); M. *Tympius*, Qu.-Nr. 85, S. 991; V. L. *Seckendorf*, Qu.-Nr. 111, cap. 3.8 § 5 (S. 227); H. *a. Collibus*, Princeps aaO cap. III Additiones (S. 69); C. *Ziegler*, Qu.-Nr. 136 a, cap. 4 nr. 6 (S. 968).

[130] F. *Suarez*, Qu.-Nr. 80, lib. V cap. XV nr. 1 (S. 305); M. A. *Natta*, Qu.-Nr. 39, cons. CLVII nr. 5 (S. 408); A. *Contzen*, Qu.-Nr. 97, § 4 (S. 631); J. *de Lugo*, Qu.-Nr. 106, disp. 36 nr. 33 (S. 505).

[131] C. *Klock*, Qu.-Nr. 102 a, cap. VII nr. 9 (S. 163).

causa semper inspici debet, ut rationabiliter cognoscatur iustitia impositionis seu effectus[132]."

Freilich, nach außen überzeugt hier vom Richtigen in actu nur die Behauptung der Richtigkeit: der Finanzdisponent propagiert, daß seine Steuermittelveranstaltung einen der anerkannt richtigen Steuerzwecke in Obhut nimmt und richtig erfüllen werde. Doch das ist bereits ein sehr wesentliches Regulativ der Richtigkeit. Wer den gemeinen Nutzen zu befördern verspricht, verkündet richtige Motive, eine Behauptung, die ihn selbst auf das Richtige aufmerksam macht. Der vorgeschützten Richtigkeit muß die Finanzdisposition sodann nachstreben, um sich mit ihrer Finalität vor dem Rückfall ins Irrationale selbst zu schützen. Indes, „es werden Fürsten gefunden/welche dergleichen Kunststücklein zur Hand nehmen/ daß sie nemlich fürwenden/sie wollten mit der begehrten Steuer den gemeinen Nutz befördern/entweder Städt damit verbessern/oder Kriegsvolck unterhalten/machen die Noth gros/haben sie nun das Geld eingebracht/so lassen sie das Werck unbefördert stecken/und geben für/man hab mit dem Feind Fried gemacht". Wer „unter einem falschen praetext/ als wolle er sich zu einem Krieg rüsten/ein gros Geld von seinen Unterthanen auspresset/", mißbraucht und verwirkt das Recht auf Steuern[133].

2.32 Die Steuerzwecklehren des 13. - 17./18. Jahrhunderts als Lehre vom Steuergrund

2.321 Das Wesen der Steuer und die Dimensionen ihrer Wirksamkeit

Die steuerrechtfertigende Überlegung zerfällt in eine Ebene der Zwecke und in eine Ebene des Mittels, wobei es der Zweck Staatsveranstaltung sein soll, der das Mittel Staatsausgabe, mit dieser die Steuer, rechtfertigt. Der Steuerzweck nun ist sowohl Zielrichtung steuerlichen Entfaltens als zugleich seine inhaltliche Verlautbarung; er konturiert das Ausgabewerk in seiner Wirkrichtung wie in seinem Gegenstand.

2.3211 Die Zwecklehre entwirft den steuerlichen Wirkhorizont aus den Positionen, die alle Wirksamkeit der Steueraktivität bestimmen sollen: Seinen Ausgangspunkt nehmen die vielen Kontribuenten als Lastenträger ein. Sie kehren als Sozietät wieder in seinem Endpunkt, den sie in ihrer Eigenschaft als Begünstigte der Steuererfolge beanspruchen[134]. Hier wollen sich die Kostenträger der Effekte ihrer gemeinsamen Anstrengung

[132] M. A. *Natta*, Qu.-Nr. 39, cons. CLVIII nr. 9 (S. 411); R. P. N. *Causinus*, Qu.-Nr. 109, S. 145. — Und dabei „semper *in dubio contra collectarum onera* Interpretatio fieri et judicari debet"; C. *Klock*, Qu.-Nr. 102 a, cap. VII nr. 36 (S. 166) m. zahlreichen N. (Hervorhebung hier).

[133] J. W. *Neumayr v. Ramßla*, Qu.-Nr. 93 a, cap. V § III (S. 236 f.).

[134] Oben 1.212, Note 85 und etwa: M. A. *Natta*, Qu.-Nr. 39, cons. CLVIII nr. 5 (S. 408); nr. 9 (S. 411); J. *Mennoch* (Fundstelle und Auszug oben 1.211, Note 82).

versichern; die Gruppe sieht den Ausgabewerken des Steuerverbandes entgegen. „Secundum naturam quoque est ut qui sentit onus sentiat etiam commodum[135]."

Nur als bewegendes Medium zwischen diesen Positionen steht die steuerdisponierende und Ausgabewerke veranstaltende Steuerautorität. Der Staat leiht seinen Dienst als Instrument der Steuerwirksamkeit. Als Motor ihrer finalen Bewegung ist der Finanzdisponent nicht selbst in den Wirkhorizont einzubeziehen. Man muß den besteuernden Staat vielmehr unter seinen Wirkhorizont bringen, nämlich die Steuerautorität den Dimensionen ihrer Richtigkeit unterwerfen: Staatliche Finalität ist zweckrational, wie auch das Mittel Steuer zweckrational bedient werden muß[136]: Mit Hilfe der Steuer, einer Vereinigung gemeinsamer Finanzkräfte, ist den gemeinsamen Zwecklagen nachzugehen[137].

2.3212 Die möglichen Zwecke richtiger Ausgabeaktionen werden mit den Zwecklagen bewußt, deren Veranlassungsebene von dem Bogen reproduzierbarer Steuerwerke umspannt ist: Das sind alle Zwecklagen, die sich für die besteuerte Gruppe überhaupt einstellen können. Dabei ist die konkrete Zweckdiagnose gebunden an die Richtung des möglichen Zweckstrebens, die auf einen Effekt der Aktivität zugunsten der Steuerzahler zurückweist; denn das Ausgabewerk soll in seinem Zweckerreichen die Last dergestalt ausgleichen, daß es die Steuer reproduziert[138]. Jede Steuermittelveranstaltung muß also den Steuerbetrag in einer Aktivität vorteilhaften Ausgangs umsetzen: Steuern sollen das Gemeinwohl befördern[139]. Dann haben die angestrebten Zwecke und die Veranstaltung, die es unternimmt, so beschaffen zu sein, daß solches Streben seine Erfolge den Kontribuenten mitteilt[140] „Es sollen auch die Underthanen billiche Aufflagen und Schatzungen zu geben sich im wenigsten verweigeren: dieweil solche von ihret/und deß gemeinen Nutz wegen für-

---

[135] P. G. *Tholosan*, Qu.-Nr. 64 a, lib. III cap. 3 nr. 1 (S. 66) m. w. N. in Note d; *Consilia Argentoratensia*, Qu.-Nr. 105, cons. IX nr. 13 (S. 108): „Cum secundum naturam sit, eum sequi incommoda, quem sequuntur commoda."

[136] *Thomas v. Aquin*, Qu.-Nr. 2 b, S. 101; vgl. oben 2.314.

[137] Belege bringt die Analyse unten 3.241 bis 3.2422, insbes. in Noten 73 - 79; 3.35, Note 129; 3.412. — Vgl. a. unten 2.341, 2.342.

[138] F. *Suarez*, Qu.-Nr. 80, lib. V cap. XV nr. 3 (S. 306) [Auszug unten 3.31 m. Note 88]; L. *Lessius*, Qu.-Nr. 90, dub. VI nr. 49 (S. 414): „Causa iusta duplex est, prior necessitas publica altera compensatio sumptuum et damnorum acceptorum et iusta vindicta"; B. *Fragosus*, Qu.-Nr. 104, Bd. I, lib. 3 disp. 8 § 1 nr. 17 (S. 387); — im übrigen oben 1.225, Note 125.

[139] Richtungsweisend: *Thomas v. Aquin*, Qu.-Nr. 2 c, lib. III cap. 11 (S. 52): „quod pro bono reipublicae possit exigere, sicut pro defensione regni vel pro quacumque alia causa *pertinente* rationabiliter *ad bonum commune sui dominii*" (Hervorhebung hier).

[140] Oben 1.212, Note 89 und G. *Botero*, Qu.-Nr. 58, fol. 217 v.; J. *de Lugo*, Qu.-Nr. 106, disp. 36 nr. 21 (S. 502); P. *Knipschild*, Qu.-Nr. 139 a, cap. 19 nr. 38 (S. 468).

genommen werden. Nam quae a subditis contribuuntur, partim in ipsos et partim propter ipsos, rursus insumuntur et impenduntur[141]."

Indes: „Semper habet aliquid magnum exemplum, quod contra singulos utilitate publica rependitur; sufficit autem ut utilitas cum privatorum damnum interdum conjungatur, ut tamen universale bonum particulari et privato respectui debet; nulla commoda omnibus est; id modo quaeritur si majori parti et in summa prodest[142]."

2.3213 Aus allem folgt der wesentliche Begriff von den Zwecken und ihrer Wirkrichtung: Es kommen überhaupt nur die Zwecke in Betracht, die sich für die politische Gruppe einstellen. Dabei soll die Inobhutnahme des zweckbefördernden Strebens Erfolge zeitigen, die gerade von den Steuerzahlern vernommen werden; man muß steuerliche Effekte der steuerzahlenden Vielheit zugänglich machen. Zwecke aber, die sich für die Vielheit auswirken, sind Zwecke derselben Vielheit[143], weshalb man die Vielen auch herbeiruft, wo die Lasten getragen sein wollen[144], die mit kostenbeschwertem Zweckstreben verbunden sind.

Nicht jedermann freilich, der an dem gemeinsamen Zweckstreben mitträgt, muß unbedingt den jeweiligen Zweck als eigenen teilen: Die Zwecke selbst sind solche der Gemeinschaft, weshalb auch die Gruppe in ihrer Generalität begünstigt ist. Dabei wird eine Kollision des Strebens bewußt, das die einzelnen ut singuli betreiben möchten und das die einzelnen als Integral der Generalität annehmen sollen. Auf der Ebene des Mittels liegen im Widerstreit der Eigenbedarf jedes Zensiten an seinem Steuerbeitrag und das Bedürfnis der Gruppe, diesen Wert in gemeinschaftlicher Aktion verausgaben zu können[145]. Auf der Ebene der Zwecke streiten die Eingebungen der Sachwalter und die Erwartungen der einzelnen Kontribuenten für die Aufnahme und Realisierung bestimmter Aktivitäten miteinander[146]. Beansprucht man die steuerliche Kraft der Gruppe, müssen ihre und ihrer Glieder Strebungen ausgeglichen werden[147]: „Tributa et collectae pro necessitatibus et utilitatibus publicis expendentur, quae prout ad singulos pertinent, singulis quaque contributionis imjugendae sunt, ne alius pro alio praegravetur[148]."

---

[141] G. *Obrecht*, Qu.-Nr. 87, S. 30 f.; A. *Contzen*, Qu.-Nr. 97, § 4 (S. 631); P. G. *Tholosan*, Qu.-Nr. 64 b, cap. II nr. 9 (S. 42): „Subsidia sunt a populo, in eorum causa."

[142] C. *Klock*, Qu.-Nr. 102 a, cap. VII nr. 43 ff. (S. 166).

[143] J. *Bornitz*, Qu.-Nr. 73, S. 60; C. *Klock*, Qu.-Nr. 102 a, cap. VII nr. 49 (S. 169).

[144] Belege unten 2.341, Noten 219 f.

[145] L. V. *Berliri*, La giusta imposta aaO S. 342 ff. (342 f., 345, 347 f., 352) u. öfter.

[146] Ebenda S. 350 u. öfter.

[147] Belege oben 1.225, Note 125.

[148] J. B. *Multz*, Qu.-Nr. 143 a, nr. 99 (S. 538).

2.3214 Auch der materiale Begriff von den Zwecken zeichnet sich ab. Der angestrebte Erfolg, der die Steuerlast wettmacht, muß dem Aufwand adäquat sein[149]. Aus dem ganzen Spektrum möglicher Zwecke, deren Verwirklichung für die Gemeinschaft von Wert sein mag, wählt jede Einzeldiagnose die unbedingt erheblichen Zwecklagen aus, deren Zwecke man mit Steuergeldern ins Werk setzen will[150].

Dabei gibt es so dringliche Veranstaltungen, denen jedes Mittel, also auch das Steueropfer, stets angemessen ist. Sie sind *notwendig*. Andere Aktivitäten erscheinen nur als *nützlich*, wobei ihre Bedeutung doch eine gemeinsame Beförderung solcher Zwecke aufdrängt, sofern es die übrigen Notwendigkeiten erlauben[151].

Jede Steueraktivität nimmt also einen Zweck in Obhut, der von gesteigerter Wichtigkeit ist. Denn was ohne Nachteile ebenso richtig unterbleiben könnte, läßt steuerliche Aktion nicht vor dem Urteil der Vernunft bestehen, bedenkt man, daß Steuergelder unter Zwang beschafft werden. Was gar besser nicht geschieht, weil es unrichtig ist, darf dann keinesfalls auf Kosten der Vielen bewerkstelligt werden[152].

2.3215 Mit diesen Positionen ist der Wirkhorizont steuerlicher Transaktion erkannt. Seine Dimension heißt necessitas vel utilitas communis oder publica, necessitas vel utilitas reipublicae, regni, imperii, totae communitatis[153]. Es begegnen Notwendigkeiten oder Nützlichkeiten mit attributivem Zusatz, der das Gemeinsame ihrer Veranlassung wie der Abhilfeanstrengung zum Ausdruck bringt und „utilitas et commodum communitatum et populorum“[154] meint. In diesem Sinne gibt es Notwendigkeiten oder Nützlichkeiten, die dem Staat zugeschrieben werden, weil sie sich für die politische Gruppe als Sammelpunkt des gemeinsam geführten Lebens abzeichnen[155].

---

[149] Belege unten 3.42 - 3.43.

[150] *Thomas v. Aquin*, Qu.-Nr. 2 b, S. 101; *Roland a Valle*, Qu.-Nr. 37, cons. 91 nr. 25 (S. 326); G. *Obrecht*, Qu.-Nr. 87, S. 26 (nr. 6).

[151] Zur Abgrenzung vgl. P. *de Ubaldus*, Qu.-Nr. 17, fol, 41 v. (nr. 5 f.); A. *Thomatus Cuniensis*, Qu.-Nr. 23, fol. 109 v., 112 v., 113 r., 122 v.; R. *Choppinus*, Qu.-Nr. 33, nr. 1 (S. 79); J. *Mennoch*, Qu.-Nr. 55 a, cons. XXXII nr. 36 (fol. 81 v.); J. *Grivel*, Qu.-Nr. 88, nr. 26 (S. 24); B. *Carpzov*, Qu.-Nr. 98 b, lib. I tit. 9 def. CIXL nr. 7 (S. 182); im übrigen unten 2.332, Note 200.

[152] H. *Lather*, Qu.-Nr. 89, cap. 5 nr. 25 (S. 47).

[153] L. *Molina*, Qu.-Nr. 66, disp. 667 nr. 1 (Sp. 503); F. *Suarez*, Qu.-Nr. 80, cap. XV nr. 3 (S. 306); G. *Mundius*, Qu.-Nr. 107, cap. III nr. 55 (S. 170); S. *v. Pufendorf*, Qu.-Nr. 127 b, lib. II, cap. 15 § 3 (S. 374); L. A. *Muratori*, Qu.-Nr. 163 b, S. 86, 89.

[154] L. *Cencius*, Qu.-Nr. 95 a, qu. XLVII nr. 78 (S. 107).

[155] J. *Mennoch*, Qu.-Nr. 55 a, cons. XXXII nr. 36 (fol. 81 v.); H. *Bocer*, Qu.-Nr. 86, S. 5 (nr. 1).

2.322 Die Steuerzwecke: formale und materiale Dimensionen der Ausgabeaktivität (necessitas vel utilitas communis/publica)

Die vom steuerlichen Wirkhorizont reflektierten Zweckkategorien sucht die Steuerlehre als Steuerzwecke auf: sie können überhaupt einmal iusta et rationabilis causa der Steuer sein. Steuergrund vermag also zu bilden, was denkmöglich als gemeinsamer Zweck aufzutreten pflegt und dabei unbedingt angestrebt sein will: Für diese Zwecke streitet eine necessitas extrema, sie ist urgens oder stringens, immensa und was der attributiven Beiworte mehr sind[156]. Von solcher Beschaffenheit sind die steuerlichen Bedarfslagen, was die Art der Zwecke konturiert, die als Steuerzwecke und Ziel von Ausgabeveranstaltungen in Frage kommen.

2.3221 Zwei Methoden kennt die Steuerlehre, um die Kategorie dieser Zwecke zu beschreiben.

a) Es gibt den Katalog altbewährter, stets wiederkehrender Zwecklagen, die Steuern überzeugend veranlassen. Man benennt sie und hält im übrigen offen, daß Zwecke ähnlicher Kontur, aus vergleichbarer Veranlassung wie von derselben Erheblichkeit den Katalog erweitern können, sind die Abhilfewerke nur von gemeinsamer Notwendigkeit oder Nützlichkeit[157]. — Selten soll das namhaft gemachte Programm erschöpfend gedacht sein[158], seine Positionen also Limitierung der Steuerzwecke bedeuten. Nur die angesprochenen Kategorien selbst begrenzen. So verfährt die Steuerlehre des Mittelalters.

b) Der Katalog typisierter Ausgabefälle überkommt auf die Kameraljurisprudenz. Sie benutzt vorzugsweise das umgekehrt arbeitende Verfahren. Es beginnt mit der generalisierenden Version einer necessitas vel utilitas publica und bietet exemplarische Zweckkataloge nur noch als Anschauungshilfe; die benannten Veranlassungsfälle entnimmt man den überlieferten Katalogen[159]. Im übrigen herrscht die Abstraktion, deren wichtige Verlautbarungshilfe das bonum commune ist. Unter seinem Aspekt muß sich die Zweckdimension bewähren. — Der limitierten Steuerzwecke bedarf sie nicht, weshalb die Kameralisten diese Lösung über-

---

[156] Louis IX (oben S. 7); *Johannes Friburgensis*, Qu.-Nr. 8, qu. 29 (fol. 60 v.); P. *Foller*, Qu.-Nr. 41, nr. 40 (S. 166); J. *Bornitz*, Qu.-Nr. 73, S. 60; C. *Klock*, Qu.-Nr. 102 b, cap. 80 nr. 28 (S. 791); J. F. *Pfeffinger*, Qu.-Nr. 155, nr. 62 a (S. 1500).

[157] *Thomas v. Aquin*, Qu.-Nr. 2 c, lib. III cap. 11 (S. 52); *Johannes Friburgensis*, Qu.-Nr. 8, qu. 29 (fol. 60 v.); N. *Festasius*, Qu.-Nr. 26, nr. 51 (fol. 180 r.); C. *Peller*, Qu.-Nr. 119, S. 511.

[158] R. *Choppinus*, Qu.-Nr. 33, nr. 2 (S. 79); J. *Mennoch*, Qu.-Nr. 55 a, cons. XXXII nr. 36 (fol. 81 v.); H. *a. Rosenthal*, Qu.-Nr. 56, concl. 79 nr. 1 (S. 216); T. *Maull*, Qu.-Nr. 76, § 22 (S. 89).

[159] C. *Klock*, Qu.-Nr. 102 a, cap. VII nr. 15 (S. 164); cap. VIII nr. 1 (S. 183); nr. 99 Ziffer I - XXV (S. 192 f.); P. *Knipschild*, Qu.-Nr. 139 b, nr. 384 - 393, 416 - 418 (S. 87 ff.).

haupt übergehen. Die limitierten Kategorien der Zwecke rücken erst wieder mit der aufklärerischen Strömung in die Steuerzwecklehre ein[160].

2.3222 Die typisierten Veranlassungsfälle außerordentlicher Steuer verschaffen den wesentlichen Begrif von den hier maßgebenden „Notwendigkeiten oder Nützlichkeiten“, die man als necessitas oder utilitas „communis“ oder „publica“ ausgibt. Die Veranlassungsfälle kehren regelmäßig wieder mit festen Zweckgruppen. Etwa: „ . . . sex Casus, in quibus subditi debent oboedire domino suo, si opus sit expensa: Primus est, pro exercitu Imperatoris, Secundus, pro cursore eiusdem. Tertius est, pro captivitate Principis. Quartus, pro filia maritanda. Quintus, pro milita ispi domino, vel eius filio conferenda. Sextus pro aliquo oppido seu castro emendo per ipsum dominum, qui casus tres primi cum respiciant negotium Caesarius, & ratione iurisdictionis obligatio, si adsit legitima causa pro ipsis subeunt munera subditi, puta si facit bellum pro iustitia, pro fide, pro defensione imperii, quod habet utilitatem publicam, ac necessitatem[161].“

Den ordentlichen Steuern unterlegt man dieselben Zwecke. Denn außerordentliche Reichnisse kommen erst bei Erschöpfung der allgemeinen Mittel, „Defectum ordinariorum redituum“, zum Zuge, weshalb die ordinaria zuerst darangewendet sein müssen[162]. Im übrigen soll der princeps sich und seine Regierungsanstalten aus den ordinaria finanzieren. Dies freilich nur „in subsidium“ zu den Regal- und Dominalgefällen[163]: „Et inde est, quod in aliquibus terris ex antiqua consuetudine domini suis subditis certas collectas imponunt, . . . , quae exigi possunt, quia nullus militat stipendiis suis; unde princeps, qui militat utilitati communi, potest de communibus vivere, vel per reditus deputatos — vel si huius modi desint aut sufficientes non fuerint — per ea quae a singulis colliguntur[164].“ Die Regierungsanstalten selbst sind dabei dem gemeinsamen Wohlergehen verpflichtet[165], so daß es ihnen auch zufällt, „singulo-

---

[160] Unten 2.3321.

[161] A. *Thomatus Cuniensis*, Qu.-Nr. 23, fol. 140 v. (nr. 5); P. *Antibolus Allobrogis*, Qu.-Nr. 22, fol. 62 r.; H. *a. Rosenthal*, Qu.-Nr. 56, concl. 76 nr. 1 - 9 (S. 211 f.) m. umfangreichen N.; J. *de Gutierrez*, Qu.-Nr. 81, S. 7; J. J. *Speidel*, Qu.-Nr. 115 a, S. 665 f.

[162] Belege oben 1.2212, Note 102 f., Note 107.

[163] Oben 1.2212, Note 103.

[164] *Thomas v. Aquin*, Qu.-Nr. 2 b, S. 101; *Roland a Valle*, Qu.-Nr. 37, cons. 91 nr. 29 (S. 326).

[165] A. *Thomatus Cuniensis*, Qu.-Nr. 23, nr. 8 (fol. 140 v.); D. *Sotus*, Qu.-Nr. 44, S. 98; H. *a. Rosenthal*, Qu.-Nr. 56, concl. 79 glossa a (S. 216); C. *Mancini*, Qu.-Nr. 61, cap. 3 (S. 166); A. C. *de Arcanis*, Qu.-Nr. 71, S. 223; J. *Azorius*, Qu.-Nr. 72, Pars 2 lib. 2 cap. 4 (Sp. 102); Pars 3 lib. 5 cap. 22 (Sp. 430); L. *Cencius*, Qu.-Nr. 122, tit. VI (S. 121); B. L. *Svendendoerfer*, J. F. *Grabo*, Qu.-Nr. 130, th. 18 (fol. B 3 v.).

rum vitae salutem, in Reipublicae salute positam, in commoditatem verti"[166].

2.3223 Die Zweckkategorien sind zuvörderst formal dimensioniert: sie verlautbaren eine Wirk*richtung* auf die gemeinsamen Zwecke. Materiale Kriterien fließen nur mit ein und sprechen aus dem Hintergrund. Der Heerzug etwa dient der gemeinsamen Sicherheit, wie die Verteidigung den Bestand der politischen Gruppe, „communem conservationem societatis"[167] behauptet. Doch kostenbeschwerte Aktion darf nur „bellum *iustum* ex parte sua" unternehmen[168]; der gefangene princeps soll nicht mit Steuergeldern losgekauft werden, wenn ihn Leichtsinn und Eroberungssucht in kriegerische Auseinandersetzungen getrieben haben[169]. „Collectam pro filia maritanda dominum *non* posse exigere *pro secundis nuptiis*"[170], und seinen Unterhalt erhält der Fürst, weil er das Gemeinwohl befördert: „principes terrarum sunt ... instituti non quidem ut propria lucra quaerant sed ut communem populi utilitatem procurant"[171]. „Unde exigi non possunt pro delectationis ad usum sui[172]." — Die Kameraljuristen finden hier die generalisierende Umschreibung, die materiale Grenze steuerlicher Veranlassungen sein will: „Proinde si Necessitas nec per culpam propriam collectantis nec ab eius antecessoribus causata sit, Collectas indicere posse, scribent et sentent ...[173]." Mehr sagt die Lehre nicht, um die Wirkdimensionen auch inhaltlich einzugrenzen.

2.3224 Hier herrscht eine *Modellvorstellung* von allgemeinen Zwecklagen, deren Fundus die necessitas oder utilitas publica generalisierend

---

166 C. *Klock*, Qu.-Nr. 102 a, cap. VII nr. 19 f. (S. 164).

167 *Thomas v. Aquin*, Qu.-Nr. 2 c, lib. III cap. 11 (S. 52); J. *Bodin*, Qu.-Nr. 40, liv. VI ch. 2 (S. 877); G. *Luneus*, Qu.-Nr. 46, nr. 18 (fol. 45 v. f.); C. F. *Muti*, Qu.-Nr. 148, nr. 4 (S. 256).

168 *Johannes Friburgensis*, Qu.-Nr. 8, qu. 35 (fol. 61 r.); A. *Thomatus Cuniensis* (Fundstelle und Auszug oben 2.3222 m. Note 161); *Petrus de Aragon*, Qu.-Nr. 31, S. 167; J. *Azorius*, Qu.-Nr. 72, cap. 22 (Sp. 433); L. *Molina*, Qu.-Nr. 66, disp. 667 nr. 4 (Sp. 504); C. *Klock*, Qu.-Nr. 102 b, cap. 80 nr. 28 (S. 791); B. *Fragosus*, Qu.-Nr. 104, Bd. I lib. 3 disp. 8 § 1 nr. 16 (S. 387); J. B. *Multz*, Qu.-Nr. 143 b, cap. XVII nr. 61, 67 (S.535).

169 *Raimundus de Peñaforte*, Qu.-Nr. 3, qu. 4 § 111 (S. 170); J. *Azorius*, Qu.-Nr. 72, cap. 22 (Sp. 433); C. *Besold*, Qu.-Nr. 82 a, cap. IV § II nr. 2 (S. 55) m. w. N.; F. A. *Maull*, Qu.-Nr. 122, nr. 8 (S. 121); ähnlich: J. *Matthiae*, Qu.-Nr. 99, cap. IV nr. 44 (S. 301): „... si ob maleficium aut propria sua culpa captus."

170 J. *Mennoch*, Qu.-Nr. 55 b, nr. 4 (S. 277); P. *Antibolus*, Qu.-Nr. 22, fol. 62 r.; H. *a. Rosenthal*, Qu.-Nr. 56, concl. 77 nr. 1 - 5 (S. 213 ff.); concl. 79 nr. 2 - 5 und glossa (S. 216); C. *Besold*, Qu.-Nr. 82 a, cap. IV § II nr. 2 (S. 56); H. *Bocer*, Qu.-Nr. 86, S. 73 (nr. 24); vgl. S. 90 (nr. 61); F. A. *Maull*, Qu.-Nr. 122, nr. 8 (S. 122); C. *Ziegler*, Qu.-Nr. 136 b, fol. A 3 r. ff.

171 *Thomas v. Aquin*, Qu.-Nr. 2 b, S. 101; *Johannes Friburgensis*, Qu.-Nr. 8, qu. 34 (fol. 61 r.).

172 *Silvester de Priero*, Qu.-Nr. 29, nr. 3 (fol. 210 v.).

173 C. *Klock*, Qu.-Nr. 102 a, cap. VII nr. 98 (S. 192) m. w. N. in nr. 99 (S. 192 f.); B. *Fragosus*, Qu.-Nr. 104, Bd. I lib. 3 disp. 8 § 1 nr. 16 (S. 387); H. *a Collibus*, Princeps a a O Additiones (S. 71).

umreißt. Über den Aussagewert dieses Begriffspaars sind sich alle Quellen einig. Sie benutzen seit der Kameraljurisprudenz solche Termini ohne weitere Erklärung des Inhalts, weshalb es in der Folge schlicht heißt: „... viel under den Rechtslehrern seind der Meynung/Es stehe nicht in eines Herren Willkühr/seine Underthanen mit Schatzungen zu belegen/ sondern es werde hierzu publica neceßitas & utilitas erfordert. Hujus generis sunt incursiones hostium, pontium, & viarum refectiones, & necessaria Patriae defensio: quibus communiter interpretes & Pragmatici, casum militae, redemptionis Domini, ab hostibus capti, transfretationis ultra mare, & filiae elocandae adjicunt[174]." In allgemeiner Wendung sagt man auch nur: „... caveatur, ut nulla collecta populo imponi possit nisi *aliqua* causa Reipublicae utilis aut necessaria, puta famis aut belli *et similis* supervenerit: Princeps tum demum collectas imponere posse dico, quando imineret defensio totius status[175]." Oder: „Causa hic exigitur urgens et publica, quae vel salutem communem totamque Rempublicam respicit et utilitatem vel partem eius[176]."

Über allem steht — auch und vor allem als materiale Dimension — die conservatio societatis als Ausdruck des Erheblichen: „omnia necessaria ad communem conservationem societatis erunt; *hoc autem est in propositio.* Sic et in necessitatibus regni, quod pertinet ad conservationem socialis humanae vitae, rex, qui est artifex architectus dictae societatis, non debet deficere, sed *omnem defectum supplere* cum ipsa societate: et ideo concludendum est, quod isto casu possunt legitime exactiones sive tributa imponi, dummodo non transcendant necessitatis metas"[177].

2.323 *Die gemißbilligte Steuermittelverwendung*

Neben den typischen Veranlassungen, die als Steuerzwecke anerkannt sind, gibt es typische Zwecklagen, denen man Steuergelder der Vielen keinesfalls preisgeben will. Diese gemißbilligten Steuermittelveranstaltungen katalogisiert die Lehre gleichermaßen, um sie als ausgeschlossene Zweckkategorien zu erfassen. Damit werden die Fälle des Steuerfehlgebrauchs, das ist der falsche Steuereinsatz bei an sich richtigen Zwek-

---

[174] G. *Obrecht*, Qu.-Nr. 87, S. 25 (nr. 3); C. *Wintzler*, Qu.-Nr. 70, §§ 22 ff. (S. 88); J. W. *Neumayr v. Ramßla*, Qu.-Nr. 93 a, cap. I (S. 4 f., 5 f., 8 f.); cap. V (S. 224 - 306); C. *Klock*, Qu.-Nr. 102 a, cap. VII nr. 15 (S. 164); E. *Cothmann*, Qu.-Nr. 114, S. 106; J. H. *Boecler*, Qu.-Nr. 126 b, S. 358; D. *Balmaseda*, Qu.-Nr. 144, nr. 8 (S. 6).

[175] C. *Klock*, Qu.-Nr. 102 a, cap. VII nr. 8 f. (S. 163) [Hervorhebung hier]; G. *Botero*, Qu.-Nr. 58, fol. 217 v.; V. L. *v. Seckendorf*, Qu.-Nr. 111, cap. 3.8 § 6 (S. 228).

[176] J. *Bornitz*, Qu.-Nr. 73, S. 60.

[177] *Thomas v. Aquin*, Qu.-Nr. 2 c, lib. III cap. 11 (S. 52) [Hervorhebung hier]; *Johannes Friburgensis*, Qu.-Nr. 8, qu. 29 (fol. 60 v.); J. F. *Pfeffinger*, Qu.-Nr. 155, nr. 62 a (S. 1501).

ken[178], ergänzt durch die Fälle des Steuermißbrauchs in zweckirrationaler Steuermittelaktion.

Als irrationale Aktivität soll gelten, „si Dominus pecunias in Equos, ardes, vestes vel alias delicias superfluas exponens..."[179]. „Exactam pecuniam in publicam utilitatem erogare debet, non per luxum et ignaviam, prodigii, conviviis, ludis &c[180]." „Non vero justa collectandi causa est, si pro se vel fratre honoris et gloriae quaerendae gratia expeditionem militarem suspicere vellit nec privata Domini utilitas, vel fisci vel aerarii ditandi causa[181]."

Die Kategorie verpönter Zwecke zeitigt wiederum verallgemeinerungsfähige Schlüsse: „Unde exigi non possunt... ad usum *sui* vel *familiae*[182]." Vielmehr ist nur aus „Ehrenhaffter Ursache... zu collectieren, dieweil alsdann nicht eines Herrn eigne Noth/oder Nutz/sondern Reipublicae necessitas vorhanden ist"[183]. „Pro justis habentur, ut causa sit non utilitas privata vel necessitas non boni publici, sive cupiditas exhauriendi pecuniam subditorum, sed necessitas publica aut utilitas etiam publica sive aliquid, quod ad bonum publicum valde conducat[184]."

Die ausgeschlossene Steueraktivität kennzeichnet man als „privat" und weiß sie in den „commoda privata principis" namhaft zu machen[185]. Sondernützliche Zwecke stehen den gemeinsamen Bedarfslagen diametral und unvereinbar gegenüber: „Minime enim concedendum est Principum tributa habentium Voluntari liberae permissum esse. Omnes doctores et Interpretibus juris contrarium docent Collectam a Domino non posse pro

[178] J. *de Lugo*, Qu.-Nr. 106, disp. 36 nr. 59 - 63 (S. 511); im übrigen oben 2.3143 - 2.3145.

[179] C. *Besold*, Qu.-Nr. 82 a, cap. IV § II nr. 2 (S. 55); C. *Peller*, Qu.-Nr. 119, S. 511; L. A. *Muratori*, Qu.-Nr. 163 b, S. 87.

[180] C. *Forstner*, Qu.-Nr. 92, S. 403; weitere Quellenbelege unten 3.441, Note 183.

[181] P. *Knipschild*, Qu.-Nr. 139 b, nr. 419 ff. (S. 89); für instruktive Einzelfälle vgl. *ders.*, Qu.-Nr. 139 a, cap. 16 nr. 134 (S. 434).

[182] *Silvester de Priero*, Qu.-Nr. 29, qu. 5 (fol. 210 v.).

[183] G. *Obrecht*, Qu.-Nr. 87, S. 25 (nr. 4); M. A. *Natta*, Qu.-Nr. 39, cons. 150 § 1 (S. 312); J. W. *Neumayr v. Ramßla*, Qu.-Nr. 93 a, cap. V § II (S. 228).

[184] C. *Peller*, Qu.-Nr. 119, S. 511 m. w. N.; vgl. a. oben 1.2121, Note 91.

[185] *Petrus de Aragon*, Qu.-Nr. 31, S. 168: „Non enim imponenda sunt ob principis seu domini privatam utilitatem, quandoquidem non populus propter Regem, sed Rex propter populus est institutus." J. *Driedo*, Qu.-Nr. 32, fol. 61 r.: „... illicita ob defectum finalis causae veluti si imponantur non pro communi bono reipublicae, sed pro privato principum aut magistratum commodo"; vgl. a. fol. 61 v.; C. *Klock*, Qu.-Nr. 102 c, cons. XX art. 2, S. 362: „Gantz ohne/daß angeregte Steuer die Landschafft/und also publicam necessitatem hauptsächlich angehet/besondern wird die Abstattung derselben vielmehr zu der Herren Grafen privat Vortheil und Nutzen fortgesetzet/aus welchem Fundament denn von etlichen bewährten Doctores geschlossen/daß der Herr/wegen seiner eigenen privat Schulden/einige Steuern den Unterthanen nicht aufzusetzen habe." L. A. *Muratori*, Qu.-Nr. 163 b, S. 87; vgl. oben 1.2121, Note 91 und die weiteren Belege unten 3.531 m. Noten 252 - 262.

sua necessitate privata sed tantum pro publica imponi[186]." „... bonum commune ac publicum praeferrendum est bono privato, quando illum privatum bonum non redundat in bonum commune. Quare deberet tunc Princeps ita causam suam privatam procurare, ut tamen bonum suorum, subditorum, quod suo privato praeferre debet, primo loco ante oculos haberet[187]." „Nam vehementer populum irritat, quando tributa non in publicum salutem sed privatorum commodum vertuntur[188]."

Jede Aktion, der ein Bezug auf die gemeinsamen Zwecke fehlt, ist unrichtig[189]. Ihr Verbrauch von Steuern gilt als tyrannischer Eigennutz; das Anfordern gemeinsam aufzubringender Mittel für solche Zwecke ist Despotie[190].

2.324 Die Dimensionen des Steuerzwecks — Zusammenfassung

Die Steuerzwecklehre läuft in unbestimmten Zweckkategorien aus. Steuerzwecke sollen positiv gemeinsame Zwecke sein, negativ dürfen sie nicht Zwecke „privater" Natur, nämlich bestimmter Personen, namentlich des besteuernden Fürsten darstellen. Gemeint sind nur die Zwecke, deren Richtung auf die politische Gruppe als die Vielheit der Kontribuenten weist[191]. Vom Gegenstand her sind dabei Zwecke angesprochen, die Erhaltung und Beförderung der Gruppe in ihrem Bestand und gemeinsam gelebten Leben bedeuten.

2.33 Der Steuerzweck als Steuergrund in der Folgelehre des 18. bis 19. Jahrhunderts

2.331 Die neuere Steuerzwecklehre entbehrt der instrumentalen Gewährleistungsregeln, mit denen noch die kameraljuristische Doktrin alle Erkenntnisse ihrer Zwecklehre in die Steuerwirklichkeit einbringen will.

[186] C. *Klock*, Qu.-Nr. 102 a, cap. VII nr. 94 (S. 192); G. *Obrecht* (Fundstelle und Auszug oben 2.3224, m. Note 174).

[187] C. *Klock*, Qu.-Nr. 102 b, cap. 80 nr. 28 (S. 791); Chr. *Peller*, Annotationes nr. 5 ad cap. 80 zu C. Klock, Qu.-Nr. 102 b, S. 793; *Silvester de Priero*, Qu.-Nr. 29 nr. 3 (fol. 210 v.).

[188] H. *Conring*, G. *Marquart*, Qu.-Nr. 118 d, § XCI (fol. F. 1 v.).

[189] *Thomas v. Aquin*, Qu.-Nr. 2 c, lib. I, cap. 1 (S. 2); lib. III cap. 11 (S. 51 u. 52): „Regnum non est propter regem, sed rex propter regnum, ..., ut regnum regat et gubernet; et hic est finis regiminis. Quod si ad iliud faciunt, in se ipsos commodum retorquendo, sunt tyranni. Rex regit et gubernat non propter se ipsum sed propter nostram salutem ... Item, quod pro bono reipublicae possit exigere ratio est impromptu: rex potest exigere a subditis, quod ad bonum ipsorum requiritur." *Gregor de Valenzia*, Qu.-Nr. 48, Sp. 1196 D: „Ex parte finis erunt iusta tributa, si ... non referantur ad solum luxum principum"; L. *Lessius*, Qu.-Nr. 90, cap. 33 nr. 44 (S. 414); C. *Klock* (Fundstelle und Auszug oben 1.211, Note 83); T. *Hobbes*, Qu.-Nr. 108 a, S. 178 f.; H. *Conring*, G. *Marquart*, Qu.-Nr. 118 d, § XCII (fol. F 2 r.); L. A. *Muratori*, Qu.-Nr. 163 b, S. 88.

[190] J. *de Lugo*, Qu.-Nr. 106, disp. 36 nr. 59 (S. 511): „Tributum sine animo expendendi ad debitos usus acceptum, non est tributum, sed exactio tyrannica." — V. L. *v. Seckendorff*, Qu.-Nr. 111, cap. 3.8 § 1 (S. 222).

[191] Oben 1.212, Note 189.

Den Sicherungsgedanken selbst freilich gibt auch die neuere Lehre nicht preis; er hat sich nur an den neuen Gegebenheiten auszurichten, für die sich die Steuer bewähren soll: die Steuer ist nicht mehr „Zwecksteuer" im herkömmlich verstandenen Sinne, wenngleich die Steuerfunktion eine zweckbezogene und daher zweckbestimmte Einrichtung bleibt[192]; sie dient einem „Finanzzweck" schlechthin[193].

Seine Entdeckung als allgemeiner Steuerzweck ist Ausweis der Moderne, ein Fortschritt, der breits so sehr auf die Rationalität steuerlichen Entfaltens baut, daß die Steuerzwecklehre dem bestimmten Verwendungszweck zu entsagen wagt. Sie gesteht die ordentliche Besteuerung, die ständig fließenden Steuermittel zu.

Folglich unterwirft man alle Steuern mit ihren Vergabewerken nur pauschal dem „gemeinschaftlichen Endzweck"[194]. Sein Bogen spannt sich über die Totalität aller Staatszwecke, die nunmehr regelmäßig in ihrer Ganzheit dem steuerlichen Zweckstreben eröffnet werden. Weder das Ursachenschema, noch das Kondiktionssystem erwähnt man[195], denn es läßt sich nicht einmal theoretisch ins Treffen führen gegen Steuern, die einem allumfassenden Spektrum von Staatsveranstaltungen zugedacht sind und in anonymer Staatswirksamkeit aufgehen[196].

2.332 Das Wissen um den allgemeinen Finanzzweck, das Begreifen seiner Identität mit dem Staatszweck überhaupt, hindert die Lehre aber nicht, diesen einen Zweckhorizont nach altbewährtem Muster in seine Kategorien zu zerlegen. Man will auch hier aus der Summe der Einzelpositionen die Zweckdimension zusammensetzen. Genauso verfährt im übrigen die Staatszwecklehre[197], deren Ableger und Plagiat die Steuerzwecklehre wird[198]. Die Steuerzwecklehre weist sich allenfalls noch in der

---

[192] J. J. *Moser*, Qu.-Nr. 169 b, cap. 3 § 6 (S. 434); T. *Mortimer*, Qu.-Nr. 187, S. 442; M. *Demeunier*, Qu.-Nr. 189, S. 651; M. *Marchesini*, Qu.-Nr. 196, S. 18 f.; L. H. *v. Jakob*, Qu.-Nr. 214, § 453 (S. 366); C. *v. Rotteck*, Qu.-Nr. 225 a, S. 285; F. *Schmitthenner*, Qu.-Nr. 230, S. 356; F. J. *Stahl*, Qu.-Nr. 233, § 160 (S. 576).

[193] J. H. *Böhmer*, C. F. *Tumpelt*, Qu.-Nr. 147 b, S. 8; B. G. *Zahn*, Qu.-Nr. 192, S. 2; H. *Bensen*, Qu.-Nr. 202, S. 227; T. *Schmalz*, Qu.-Nr. 212 a, S. 334; J.-B. *Say*, Qu.-Nr. 219, S. 42 f.

[194] *v. Justi*, Qu.-Nr. 175 a, §§ 6 - 8 (S. 3 f.); § 687 (S. 354); H. G. *Scheidemantel*, Qu.-Nr. 182, S. 374; D. *Krehl*, Qu.-Nr. 209 a, S. 138; C. *v. Rotteck*, Qu.-Nr. 225 a, S. 285; K. S. *Zachariä*, Qu.-Nr. 227, S. 128; M. H. *Baudrillart*, Qu.-Nr. 234, S. 457.

[195] Wohl aber das Steuerverweigerungsrecht; J. J. *Moser*, Qu.-Nr. 169 b, cap. 8 § 4 (S. 626); *ders.*, Qu.-Nr. 169 a, passim.

[196] Oben 1.2212.

[197] Vgl. etwa F. *Murhard*, Zweck des Staates a a O S. 3 ff., 58 ff., 152 ff. und Hans *Hug*, Die Theorien vom Staatszweck, Winterthur 1954, S. 3, 13, 15 ff., 38 ff., 56 ff., 80 ff. und öfter.

[198] Das betont Heinrich *Storch*, Cours d'économie politique ou exposition des principes qui determinent la prospérité des nations — Ouvrage qui a servi à l'instruction de L. A. J. les grandducs Nicolas et Michel, Saint-Pétersbourg 1815, Bd. I, S. 79 ff. (87).

überlieferten Methode aus, die alle Einzelzwecke weiter nach dem Gesichtspunkt ihrer Notwendigkeit oder bloßen Nützlichkeit katalogisiert[199]; dies, um die nur nützlichen und entbehrlichen Ausgabezwecke gelegentlich zu verwerfen[200].

2.3321 Für die ganze Richtung typisch ist die Steuerzwecklehre, wie sie etwa bei Johann Heinrich Gottlob *v. Justi* und Carl Gottlieb *Svarez* bestimmenden Ausdruck findet.

So heißt es bei *v. Justi:* „Ein Staat, das ist eine Gesellschaft von Menschen, die ... sich zu dem Endzwecke ihrer gemeinschaftlichen Glückseligkeit vereiniget, hat zu seiner Selbsterhaltung und zu Erreichung dieses Endzwecks sehr viel Aufwand und Kosten nötig: Er muß 1. seinen Fürsten, oder diejenigen, welche die oberste Gewalt ausüben, in den Stand setzen, daß sie auf eine ihrer Würde anständige Art leben können. Er muß 2. diejenigen, deren man sich zu Verwaltung der Gerechtigkeit und andern Verrichtungen bedienet, mit Unterhalt versehen. 3. Die Einrichtungen und Anstalten zu Vertheidigung des Staats sowohl, als die Anstalten zum gemeinschaftlichen Nutzen und Bequemlichkeit aller Bürger, ..., erfordern gleichfalls sehr viel Kosten; und 4. die Unterhaltung des Zusammenhangs und der Correspondenz mit andern Staaten kann gleichfalls nicht ohne Aufwand geschehen ... Der Satz also, daß kein Staat ohne Aufwand bestehen kann, ist eine ganz unläugbare Wahrheit ... Aber die wahren angezeigten Nothwendigkeiten können sämtlich mit mäßigen Kosten bestritten werden, wenn die bürgerliche Verfassung wohl eingerichtet ist. Allein, so viel ist nicht zu läugnen, daß die Monarchien allemal ungleich mehr Aufwand erfordern, ..., hauptsächlich weil der Eigennutz die Triebfeder der Monarchien ist und Liebe und Eifer vor das gemeinschaftliche Beste nie in ihrer wahren Erstreckung und Wirkung darinnen angetroffen werden. Unterdessen ist dennoch die Pflicht der Monarchen, zu Unterhaltung des Staats keinen andern als notwendigen Aufwand zu machen. Der Endzweck aller dieser Betrachtungen ist demnach, daß wir daraus erwiesen zu haben glauben, man müsse hier als eine Grundregel voraussetzen, daß man den Unterhalt des Staats nicht mit bloß eingebildeten Bedürfnissen vermehren, sondern keine Kosten machen müsse, die nicht wahrhaft notwendig und nützlich sind[201]."

---

[199] Oben 2.3214 und unten 3.43.

[200] Statt vieler: C. G. *Svarez,* Qu.-Nr. 191, S. 106. Kritisch: L. H. *Jakob,* Qu.-Nr. 214, S. 712. — Die Unterscheidung ist der ständischen Steuerbewilligungspraxis nachempfunden und bleibt bedeutsam für eine Verwilligungs-„Pflicht" bei notwendigen Ausgaben (K. H. *Friauf,* Staatshaushaltsplan a a O S. 111 ff., 188 ff.). Jenseits des Bestandsschutzzwecks beginnt der Bereich des nur Nützlichen (oben 2.3214, Note 151), nach A. *v. Kremer* (Qu.-Nr. 213, S. 70) des „Außerwesentlichen", nach *v. Justi* (Qu.-Nr. 175 d, S. 453) und G. *Achenwall,* Staatsklugheit a a O S. 173 des „bloß Nützlichen wie bloß Wohlanständigen".

[201] Qu.-Nr. 175 a, §§ 687 f. (S. 354/6); vgl. auch *Montesquieu,* Qu.-Nr. 162, S. 222 und V. *de Mirabeau,* Qu.-Nr. 171, S. 10.

Carl Gottlieb *Svarez* verpflichtet den Regenten „zu den Staatsbedürfnissen nur dasjenige zu rechnen, was *wirklich* zur Erreichung des Zwecks der bürgerlichen Gesellschaft erforderlich ist, d. h. 1. was nötig ist, um die innere Ruhe und Sicherheit zu erhalten, 2. den Privatwohlstand der Bürger zu befördern, 3. die demselben sich entgegenstellenden Hindernisse aus dem Weg zu räumen, 4. die Würde und das Ansehen des Staats zu behaupten und 5. den Staat gegen auswärtige Feinde zu verteidigen. Was nicht auf einen oder den anderen dieser Zwecke Beziehung hat, ist kein wahres Staatsbedürfnis; der Regent hat also auch kein Recht, Beiträge dazu von den Untertanen zu fordern"[202].

Ähnlich noch die Steuerzwecklehre im 19. Jahrhundert. So sagt etwa Ludwig H. *Jakob:* „Der Materie nach bestehen die Staatszwecke darin: 1. daß das Recht unter den Staatsgenossen herrschend gemacht werde; 2. daß öffentliche Sicherheit und gemeinsame Wohlfahrt sowohl in den inneren als in den äußeren Verhältnissen des Staats vorhanden sey[203]."

J. R. *MacCulloch* meint: "It would be superflous to enter into lengthened arguments to show the utility, or rather necessity, of raising a revenue for the use of the public: It is sufficient to state that good order and tranquility at home, security from foreign invasion and the speedy and impartial administration of justice, are indispensable to the accumulation of wealth, and the well-being of society. — All the subjects of a state should contribute to the sums required to maintain its fleets and armies ... necessary for the defence against hostile agression, for the preservation of internal peace, the promotion of the prosperity, and the protection on every citizen in the undisturbed enjoyment of his property and rights. It is sufficently clear that, so long as taxes imposed for *necessary* and *legitimate purposes* are assessed, their payment cannot reasonably be objected to. Under such circumstances their expenditure seldom fails to secure an adequate return to the contributor[204]."

2.3322 Hier treten dieselben Zweckkategorien abermals hervor, die schon die ältere Steuerlehre erarbeitet. Die Zweckdimension selbst aber denkt man sich nun wieder als eine geschlossene Ebene: Die Zweckkategorien limitieren, weil sie nicht nur die gemeineffiziente Wirkrichtung signalisieren, sondern steuerliches Entfalten im vorhinein beschränken wollen. Der Horizont, unter dem das Richtige aufgefunden werden kann, ist abschließend gezeichnet.

Die benannten Zweckkategorien wollen das wahrhaft Erhebliche selbst benennen, damit man es von den nur eingebildeten Bedürfnissen freihält,

---

[202] Qu.Nr. 191, S. 102 f.; vgl. G. H. *Zincke*, Qu.-Nr. 165, S. 790.

[203] Qu.-Nr. 214, S. 712.

[204] Qu.-Nr. 229, S. 2; F. *Schmitthenner*, Qu.-Nr. 230, S. 356.

die entweder der Gemeinschaft nicht wesentlich oder gar überhaupt nur von Zwecken reflektiert sind, die nicht als gemeinsame Zwecke gelten können. Darin erweist sich die entschiedene Richtung dieser Steuerzwecklehre[205]. Die Äquivalenztheorie, die nunmehr das Wesen der Steuer verdeutlichen soll, belegt es eindringlich: "il faut avoir égard et aux nécessités de l'Etat, et aux nécessités des citoyens. Il ne faut point prendre au peuple sur ses besoins de l'Etat imaginaires"[206].

2.3323 Hat man solche Kategorien nur weit genug gefaßt, kann diese Lösung hingehen, weil dann jede notwendige oder nützliche Steueraktivität innerhalb der gedachten Ebene gemeinsamer Zwecke Raum findet. Doch seit Samuel *v. Pufendorf*[207] und *Montesquieu*[208] gewinnt jene These an Boden, die nur einen Ausschnitt unstreitig gemeinsamer Zwecklagen, den Schutz- und Sicherungszweck, für die steuerliche Aktivität offenhalten will. Wenngleich unter ganz anderem Vorzeichen meint schon Thomas *Hobbes*, daß Steuern der „Preis" des erkauften Friedens sind[209]. Diese Wendung geben nun viele Autoren des vertragsstaatlich-individualistischen Lagers als die maßgebliche Steuer*zweck*dimension aus[210], eine Parole, die starke Verbreitung für sich beanspruchen kann: "Les revenus de l'Etat sont une portion que chaque citoyen donne de son bien pour avoir la sûreté de l'autre[211]."

Damit ist jedenfalls dem allumfassenden Steuerzweck der Kampf angesagt. Hier glaubt die Rechtfertigungslehre offenbar, daß der steuerlichen Wirkdimension selbst innerhalb gemeinsamer Zwecklagen Schranken anzulegen sind, um ihren Horizont auf die unbedingt notwendigen Veranstaltungen zu reduzieren. Sie sollen im weiteren überschaubar sein. Der rechenhafte Austausch von Steuerleistung und Ausgabewerken, das erklärte Ideal dieser Richtung, läßt sich ja nur gewährleisten, wenn man die Kompensation überwachen kann. Der Durchsichtigkeit steuerlichen Strebens als der Gewißheit von seiner Richtigkeit wird so der allumfassende Steuerzweck geopfert; mit ihm der schlagkräftige Steuerverband. Der Staat soll nur defensiv wirken, sofern er sich mit Geldern der Vielen

---

[205] V. *de Mirabeau*, Qu.-Nr. 171, S. 10: "En quoi consistent les besoins du Public? ... aux besoins des Particuliers. Quels sont donc les besoins des Particuliers? C'est l'abondance et la tranquilité au-dedans, la sûreté au dehors."

[206] *Montesquieu*, Qu.-Nr. 162, S. 222; *v. Justi*, Qu.-Nr. 175 a, § 688 (S. 356).

[207] Qu.-Nr. 127 a, lib. 8 cap. 5 § 4 (S. 419), § 6 (S. 423) [Auszug unten 3.321, Note 94].

[208] Qu.-Nr. 162, S. 222.

[209] Qu.-Nr. 108 a, S. 210.

[210] S. v. *Pufendorf*, Qu.-Nr. 127 a, lib. 8 cap. 5 § 4 (S. 419): „Quippe tum tributa intra iustum modum imperata et recte impensa, nihil sint aliud, atque merces, quam singuli pendunt civitati pro defensione salutis ac bonorum suorum, et ad tolerandos, qui heic requiruntur, sumptus"; ferner J. F. *Horn*, Qu.-Nr. 128, nr. 10 f. (S. 370).

[211] *Montesquieu*, Qu.-Nr. 162, S. 222. — Vgl. G. *Botero*, Qu.-Nr. 58 fol. 217 v.

zu entfalten gedenkt. Diese Steuerzwecklehre kommt mit der liberalen „Staatsschutztheorie“ zu Ansehen, die nur defensive Staatszwecke duldet. Sie befindet sich damit selbst in der Offensive, weil das Ideal negativer Staatswirksamkeit gegen ein polizeistaatliches Wohlfahrtsverständnis antritt[212], wie es ausgemachtes Ziel absolutistischer Politik ist.

2.3324 Andere Steuerzwecklehren eröffnen zwar auch positive Wirkweisen. Indes sollen auch diese nur als Ausschnitte aus dem Kreis der Staatszwecke entdeckt und eben deshalb als das richtige Betätigungsfeld steuerlicher Aktion verstanden sein. Die Bezeichnungen schwanken. Doch der Grundtenor mündet immer wieder in denselben Zweckkategorien aus, mögen sie „Verwirklichung des Rechtsgesetzes als einem Interesse persönlicher Sicherheit“[213] heißen oder als „staatliche Garanticanstalten“[214], schließlich als „öffentliche Anstalten“[215] namhaft gemacht werden.

2.333 Die Steuerzwecklehre ist — bei Licht besehen — bereits selbst Auswahl aus dem Kreis gemeinsamer Zwecke, eine Wertung, die man nicht erst der politischen Diagnose anheimstellen will. Der limitierende Zweckrahmen möchte der politischen Sachentscheidung nur im Sektor der unbedingt gemeinerheblichen Zwecke Raum geben; als gemeinerheblichste Veranstaltung gilt der Schutzzweck, der sich positiver Wohllebensbeförderung überhaupt enthalten soll. Ihm eröffnen alle Steuerzwecklehren das Mittel Steuer, während es im übrigen mehr oder weniger umfassende Steuerzweckkataloge gibt, die dem einen oder anderen der gemeinsamen Zwecke vorzugsweise Beförderung zumessen.

Bei allem richtet man die Zweckkategorien gern mit Blick auf eine möglichst breite Mitträgerschaft des Zwecks durch Individuum *und* Gemeinschaft aus. Wo den einzelnen und den Assoziierten zugleich Zwecke eigen sind, läßt sich nämlich um so leichter für die Rechtfertigungsidee behaupten, daß jeder für gewollte Veranstaltungen steuert oder doch seinen Beitrag gibt für einen Zweck, den er bei vernünftiger Wertung zu dem seinen machen würde. Wer unter diesem Aspekt für das Wollen des Zwecks zu gewinnen ist, kann folglich die solcher Zweckbeförderung dienlichen Mittel, die Steuer, nicht mehr gut nicht wollen[216].

[212] Heinrich *Zoepfl*, Grundsätze des allgemeinen und des constitutionell-monarchischen Staatsrechts, Heidelberg 1841, S. 15.

[213] K. S. *Zachariä*, Qu.-Nr. 227, S. 128 f.

[214] W. J. *Behr*, Qu.-Nr. 216, S. 88.

[215] F. *Schmitthenner*, Qu.-Nr. 230, S. 356.

[216] S. *v. Pufendorf*, Qu.-Nr. 127 b, S. 374: „Sic ut valde impudens sit, qui defensione quidem et commoditate Civitatis fini vult, et tamen nihil operae aut rei eandem servandam conferre“; J. H. *Böhmer*, Qu.-Nr. 147 a, lib. II cap. 9 § 3 Note S (S. 545): „Haec conclusio etiam naturalis est, cum qui vult finem, velle etiam debeat media ad finem facienda“; D. *Krehl*, Qu.-Nr. 209 a, S. 138; L. H. *v. Jakob*, Qu.-Nr. 214, S. 365: „... so muß es auch Pflicht seyn, zu wollen, daß der Staat sich in den Besitz aller derjenigen Mittel setze, ohne welche er seine Zwecke nicht erfüllen kann“; W. J. *Behr*, Qu.-Nr. 216, S. 87; R. *v. Mohl*, Qu.-Nr.

2.34 Die Steuerrechtfertigungsidee

Mit der Steuerzwecklehre aller hier zusammengefaßten Epochen und Richtungen tritt die eine, in ihrem Kern einheitliche Steuerrechtfertigungsüberlegung hervor. Sie folgt aus der Steuerfunktion. Die Steuer ist Mittel für gemeinsame Zwecke. Die Gemeinschaft und ihre Finalität bilden den Grund für die steuerliche Erscheinung dieses politischen Gruppenstrebens.

2.341 Der erste Schritt dieser Rechtfertigungsüberlegung schickt einmal voraus, daß ein gemeinschaftliches Gruppenleben im Staate die objektiv richtige Daseinsform der Menschen ist: Vermöge vereinigter Kräfte der Vielen setzt man sich im Staat mit allen Zwecklagen auseinander, die um eines gedeihlichen Lebens derselben Vielheit und ihrer einzelnen Mitglieder willen die Aufmerksamkeit gemeinsamen Strebens beanspruchen. Denn nur in gemeinsamer Anstrengung können diese Zwecke erreicht werden[217], wobei die Bewältigung ihrer Verfassungslagen gerade mit finanziellen Beiträgen[218] der einzelnen Mitträger solcher Zwecke geschehen soll: „Ergo cum collecta imposita fuerit ad commodum et utilitatem omnium, sequitur quod omnes ad collationem faciendam compelli possunt[219].“ „Der Satz selbst bedarf wohl keines Beweises: Alle genießen die Vortheile der bürgerlichen Gesellschaft; sie sind daher auch alle schuldig, zu den Lasten derselben beyzutragen[220].“

Diese Prämisse der Steuertheorie hebt die steuerlegitimierende Lehre ab von einer steuernegierenden Version, die selbst dem Ausgabewerk zu gemeinsamer Wohllebensbeförderung das Mittel Steuer vorenthält. Caspar *Klock* berichtet über diese Auffassung; sie wolle den kranken Körper nicht durch Abschneiden seiner gesunden Glieder heilen. In Wahrheit

---

235, S. 288; *ders.*, Staatsrecht a a O Bd. I S. 626: „... daß die Staatstheilnehmer verbunden sind, die für die Staatszwecke nothwendig erscheinenden Anstalten, als auch, den Zweck einmal vorausgesetzt, die nothwendigen Mittel zu wollen.“

[217] N. *Festasius*, Qu.-Nr. 26, nr. 46 (fol. 180 r.): „... pro omnibus necessatibus in communi, si aliunde provideri nequit ...“; L. *Lessius*, Qu.-Nr. 90, dub. I nr. 5 (S. 408): „Necessitas vel certe magna utilitas boni publici, cui alia ratione subvenire nequit“; J. *Mennoch*, Qu.-Nr. 55 a, cons. 32 nr. 36 (fol. 81 v.); G. *Botero*, Qu.-Nr. 58, fol. 217 v.; J. *Steuart*, Qu.-Nr. 177, S. 226; A. *v. Kremer*, Qu.-Nr. 213, S. 74; L. H. *v. Jakob*, Qu.-Nr. 214, S. 713; Allgemeines bei F. *Murhard*, Zweck des Staats a a O S. 165.

[218] J. G. *Hoffmann*, Qu.-Nr. 226, S. 30: „Der Heller muß in der Hand des Einzelnen bleiben, oder zur Verwendung durch öffentliche Behörden eingezogen werden, je nachdem, ob er dort oder hier das Meiste zur Förderung der Staatszwecke beiträgt“; J. *v. Sonnenfels*, Grundsätze der Finanz Bd. I a a O S. 24.

[219] So bereits M. A. *Natta*, Qu.-Nr. 39, cons. 63 nr. 8 (S. 159) in fast wörtlicher Voraussicht der Formulierung bei *Montesquieu* (Qu.-Nr. 162, S. 222); J. *de Lugo*, Qu.-Nr. 106, disp. 36 nr. 23 (S. 503); J. *Bodin*, Qu.-Nr. 40, liv. VI ch. 2 (S. 879).

[220] C. G. *Svarez*, Qu.-Nr. 191, S. 118; J. B. *Say*, Qu.-Nr. 219, S. 42 f.; G. *Cridis*, Qu.-Nr. 224, S. 83; F. *Schmitthenner*, Qu.-Nr. 230, S. 356; H. *Ahrens*, Qu.-Nr. 247, S. 467.

aber sei die Besteuerung — so der Kameralist — doch nur ein Aderlaß, der dem Körper aus höchster Lebensgefahr verhelfe[221]: „Et sane gravissimas magistratus pro subditorum incoluminate ac salute molestias subire cogitur[222]."

2.3411 Damit ist die wesentliche Erkenntnis ausgesprochen. Fragt man nach dem Rechtsgrund der Steuer und der Legitimation steuerlicher Beschwer der Sozietät, mit ihr jedes einzelnen, so weist alle Überlegung auf die staatliche Gemeinschaft und ihren Daseinszweck wie gleichermaßen auf den einzelnen Standort in dieser Zweckgemeinschaft[223]. Ihre Stellung ist sowohl Mitträgerschaft des Zwecks wie Teilnahme an seinen Effekten. Steuerliches Sein führt dann vor Augen, daß die Gemeinschaft ohne Steuer überhaupt nicht bestehen oder doch nicht zu einem lebenswerten Dasein finden könnte[224]. So besehen ist die Besteuerung, zu der eine Gemeinschaft greift, um sich und ihre Glieder zu erhalten wie zum Wohlleben zu bringen, ein Ausfluß des politischen Zusammenseins in der Gruppe. Im Mittel ist Besteuerung eine der Verpflichtungen, die das politische Zusammenleben auferlegt. Im Zweck aber, der Ausgabewirksamkeit, ist steuerliches Sein eine Gemeinschaftsfunktion entsprechend der Finalität der politischen Gruppe[225]: Besteuerung eröffnet den Weg zu gemeinsamen Werken der Sicherung und tätigen Wohllebensbeförderung der Gruppe und ihrer Glieder.

2.3412 In diesem Sinne weiß die Steuerlehre von allem Anfang die Rechtfertigungsidee in zunächst allgemeiner Wendung vorzutragen: „Von den Gütern/so den Unterthanen zustendig/kann ein Fürst Geld nemmen/ mit Schatzungen oder andern Aufflagen/welche/so es die nothdurfft des gemeinen Regiments begreifft/gebillichet und erlaubet sind. Denn das ist ja billich und recht/als solches niemand leugnet[226]." "It is true, governments cannot be supported without great charge and it is fit everyone who enjoys his share of the protection should pay out of his estate for the maintenance of it[227]." „Quamvis etiam quoad gabellae ... aliaque tributa respectu civium et subditorum ..., qui solvere tenentur, videantur esse

---

[221] Qu.-Nr. 102 b, cap. 80 nr. 28 (S. 791).

[222] *Ders.*, Qu.-Nr. 102 a, cap. I nr. 91 (S. 12). *Thomas v. Aquin*, Qu.-Nr. 2 b, S. 101; *ders.*, Qu.-Nr. 2 c, lib. III cap. 11 (S. 52): „Amputamus enim manum, ut conservetur cor et cerebrum, in quibus principaliter hominis vita consistit." — G. *v. Struensee*, Qu.-Nr. 201, S. 183.

[223] F. J. *Stahl*, Qu.-Nr. 233, S. 578.

[224] P. *Parladorius y Annez*, Qu.-Nr. 57, cap. II nr. 33 (S. 60); J. B. *Multz*, Qu.-Nr. 143 b, cap. XVII nr. 3 (S. 530): „Nervus gerendarum in tributis consistit, sine quibus regna et Respublica quasi sine motu sunt"; vgl. oben 1.2211, Note 99.

[225] Oben 1.22, Note 195.

[226] G. *Botero*, Qu.-Nr. 58, fol. 217 v.; vgl. J. *Bodin*, Qu.-Nr. 40, liv. VI ch. 2 (S. 877 f.); E. F. *Schroeter*, H. *Henniges*, Qu.-Nr. 124, § XXII (fol. B 3 r.).

[227] J. *Locke*, Qu.-Nr. 135, XI § 140 (S. 114).

odiosa, cum tamen non ideo imponantur, ut cives iisdem graventur, sed ut Reipublicae inserviantur, eiusque onera supportentur; hocque intuitu magis favorabilis sint: magisque Reipublicae utilitas et favor, quam privatorum commodum sit attendendum ... cum igitur impositiones huiusmodi principaliter in favorem et utilitatem Reipublicae fiant et secundario civium incommodum et odium condernant, ideoque favorabiles quoque dici posunt, si quidem intentio magis attenditur[228].“ „Pro sumptibus conferendis totum imperium, cujus res agitur, obligatum est[229].“ „Alle Unterthanen sind Mitglieder des gemeinen Wesens und stehen in den engsten Verbindlichkeiten mit denselben. Sie genießen alle den Schutz und diejenigen Wohltaten, die aus der Verfassung einer Republik entstehen und alle haben an der gemeinschaftlichen Glückseligkeit eines Staates ihren Anteil. Sie haben demnach alle auch auf ihre Seiten die Schuldigkeit auf sich, zu der gesamten Wohlfahrt des gemeinen Wesens, worauf ihre eigene Glückseeligkeit ankömmt, und zu dem zu diesem Endzwecke nöthigen Aufwande würklichen Beytrag zu thun[230].“

2.342 Soweit die allgemeine Erkenntnis, die Steuern überhaupt als eine gebotene Modalität finanziellen Seins staatlicher Gemeinschaft einsichtig macht; ihre Daseinsberechtigung drängt aber noch auf weitere Belege ihrer Richtigkeit, die aus der Versicherung der Steuerreproduktionsidee folgen sollen.

Die Steuerreproduktion zeigt, daß die Last jedes einzelnen in den gemeinsamen Ausgabewerken in einen gemeinsamen Vorteil umgesetzt, daß die Steuer reproduziert wird[231]: Die Kontribuentengemeinschaft veranstaltet ein von gemeinsamen Notwendigkeiten diktiertes oder von gemeinsamen Nützlichkeiten angezeigtes Ausgabewerk, darf nur die Überzeugung bestehen, daß allen so besser gedient werde als wenn alle — im weiteren Besitz ihres Steuerbeitrags — dem gemeinsamen Werk entsagten[232]. Denn so verfährt auch der gute Arzt, der überlegt, ob er zum Aderlaß schreiten oder das Blut dem kranken Körper belassen soll[233].

---

[228] P. *Knipschild*, Qu.-Nr. 139 a, cap. 19 nr. 38 (S. 468).

[229] J. B. *Multz*, Qu.-Nr. 143 b, cap. 7 nr. 61 (S. 535).

[230] *v. Justi*, Qu.-Nr. 175 b, S. 78; vgl. C. G. *Svarez*, Qu.-Nr. 191, S. 118.

[231] A. *Thomatus Cuniensis*, Qu.-Nr. 23, nr. 2 (fol. 140 r.): „... ratione utilitatis potest peti subsidium de communi, et collatio ideo refectio de communi sit, quia usum et utilitatem communem habet“; M. Z. *Boxhorn*, Qu.-Nr. 113 b, casus 59 (S. 391): „proposito alicuius tributi subditis minime onerosi sed Reipubl. utilissimi rationem essent inventuri“; V. *d. Mirabeau*, Qu.-Nr. 171, S. 10: "Le tribut... qui n'est autre chose que le service reciproque et respectif du Public et des Particuliers ..."; J. W. *v. d. Lith*, Qu.-Nr. 170 a, S. 59 (Auszug unten 2.3422, S. 179); J. R. *MacCulloch*, Qu.-Nr. 229, S. 2 (Auszug oben 2.3321).

[232] Vgl. die Nachweise oben 1.225, Note 125 (Auszug unten 2.3421); ferner: J. *Steuart*, Qu.-Nr. 177, S. 226 (Auszug unten 2.3422).

[233] C. *Klock*, Qu.-Nr. 102 b, cap. 80 nr. 28 (S. 791).

Der Wertvergleich einer Steuerreproduktionsidee will die Gebrauchmachung von der Steuer noch einmal in jedem Einzelfall als richtig erweisen, damit auch das einzelne Ausgabewerk vor dem Urteil der Vernunft bestehen kann: "The particular rule which ought to be observed in judging of the expendency is, compare the benefit of it with the burthen . . .[234]."

2.3421 Die Scholastiker und Kameraljuristen gehen vom Zweck aus und schließen vom Ausgabewerk auf die Legitimation seiner beschwerenden Mittelbeibringung. In steuerlicher Aktion strebt man dann allen gemeinsamen Notwendigkeiten oder Nützlichkeiten nach, wenn die mit ihnen hervorgetretenen Zwecklagen das einerseits gebieten und die Abhilfemaßnahme andererseits unbedingt vernünftig, nämlich im Verlust der Steuergelder nicht nachteilig ist: „Proportio tributi cum necessitate, vel causa, propter quam exigitur ... sic intelligio, ut non sit majus, cui populus exponitur, et quod patitur ex solutione talis tributi, quam illud, quod timere posset, si ad eam necessitatem ita non contribueret[235]." Diese Version knüpft bei den Staatsnotwendigkeiten an und errichtet der Diagnose konkreten Zweckstrebens eine Grenze, jenseits derer ihre kostenbeschwerte Inobhutnahme ausfallen soll: steuerliches Entfalten muß unterbleiben, wenn das Steueropfer nachteiliger sein würde als der Verzicht auf das gemeinsame Ausgabewerk.

2.3422 Die neuere Steuerlehre, die namentlich schon mit restriktiven Zweckkategorien dem steuerlichen Entfalten Zügel anlegt, läßt diese Einschränkung auch in der Kompensation mitschwingen: "If the money raised be more beneficially employed by the state, than it would have been by those who have contributed it, then I say, the public has gained, in consequence of the burden laid upon individuals; consequently the statesman has done the duty, both in imposing the taxes, and in right expending them[236]." Ihre Version geht von der Beschwer des Mittels, nicht vom Nutzen des Zweckstrebens aus. Sie verlangt mehr als bloße Wertgleichheit, die nach Meinung der älteren Lehre immerhin untere Grenze steuerlichen Aktionsfeldes sein durfte. Diese Grenze setzt man nun zulasten gemeinsamen Zweckstrebens zurück; steuerliche Aktion soll sich gemeinsamer Zwecklagen erst dann annehmen, wenn gewiß ist, daß die Steuer im Ausgabewerk zu einem „Werthquantum" reproduziert wird, das „in der Form eines öffentlichen Gutes ... einen größeren Genuß und Vortheil gewährt, als wenn (der Wert) im Privateigentum

[234] J. *Bentham*, Qu.-Nr. 200, Bd. III S. 75.

[235] J. *de Lugo*, Qu.-Nr. 106, disp. 36 nr. 2 (S. 502).

[236] J. *Steuart*, Qu.-Nr. 177, S. 226; vgl. sect. 41 der Verfassung von Pennsylvania (oben S. 7).

geblieben wäre"[237]. Das ist die Erwartung, die man an steuerliches Entfalten stellt, will es die einzelnen mit seiner Beschwernis überziehen. Die Steuer soll — den Niederschlägen vergleichbar, die von der Erde aufsteigen, um als Vorbedingung blühenden Lebens dorthin zurückzufallen — an den Ort zurückkehren, von dem sie ausgegangen ist[238].

„Die von den Unterthanen über die angeblich allzuhohen Steuern geführten Klagen würden demnach so thöricht, als ungerecht seyn, wann solche Abgaben auf die gezeigte vielfältige Arten angewendet würden ... Das Geld, welches sie zu solchem Ende zinsen, würde mithin ihnen selbst wieder zufließen. Es würde aber auch noch überdieß der Verlust, den sie an ihrem Vermögen erlitten, durch andere aus solchen zu treffenden Veranstaltungen ihnen zuwachsende Vortheile in hohem Grade ersetzt werden[239]."

[237] F. *Schmitthenner*, Qu.-Nr. 230, S. 356; J. R. *MacCulloch*, Qu.-Nr. 229, S. 2 (Auszug oben 2.3321); J. G. *Hoffmann* (Fundstelle und Auszug oben 2.341, Note 218).

[238] François *de la Mothe le Vayer*, Oeuvres, Nouvelle Edition, Paris 1669, Bd. I S. 66 f.: "... la pluspart des levées qu'ils" (scil.: les souverains) "ordonnent sur le peuple, ressemblent à ces vapeurs qui sortent de la terre, et qui après s'estre épaissies en nuées tombent en bas, et retournent au lieu d'où elles estoient parties"; zu diesem Kreislaufmodell der Steuerwirtschaft: Fritz Karl *Mann*, Bemerkungen zur Frühgeschichte der allgemeinen Steuerlehre, in: Schmollers Jb. Bd. 53.2 (1929) S. 957 - 964.

[239] J. W. *v. d. Lith*, Qu.-Nr. 170 a, S. 59; L. *v. Stein*, Finanzwissenschaft Bd. II a a O S. 356 ff.

3 Quellenanalyse

3.1 Quellenanalyse: Methodische Vorbemerkung

„Öffentliches Interesse“ ist als Rechtsbegriff rein äußerlich Vokabel, der Sache nach Idee. An diese Idee denken wir, wo von Öffentlichen Interessen die Rede ist, und der Terminus füllt sich mit Vorstellungsgehalt aus dem Gedanken, dem er Name ist; umgekehrt kann auch das bloße Wort etwas über die Idee sagen, der es treffenden Ausdruck verleihen soll. Daher wird man einerseits die *Quellendiktion* als Hilfsmittel für dogmengeschichtliche Einsichten bemühen. Andererseits kann die *Sachinterpretation* unabhängig von der sprachlichen Gewandung des Gedankens seine Elemente freilegen. Beide Methoden eröffnen den Zugang zur Ideengeschichte[1].

3.11 Die Wortinterpretation

Aus der terminologischen Etikettierung steuerrechtfertigender Thesen wird man sich der quelleneigenen Vorstellung von Öffentlichen Interessen freilich nicht ohne weiteres versichern können: Von Öffentlichen Interessen spricht die Steuerlehre nicht. Eine gemeinschaftliche Interessiertheit der Zensiten an den Ausgabewerken machen die Quellen, wenn sie auf ein gemeinsames Zweckstreben der Vielen im Steuerverband abheben, auch nur höchst vereinzelt und erst seit dem 18. Jahrhundert namhaft[2]. Dann kommt das „Interesse“ ohne jeden Fingerzeig der Attribute „öffentlich“ oder „privat“ ins Spiel.

Claudio *Todeschi* bietet das früheste Beispiel, wenn es heißt: „La forza motrice delle umane volontà è l'interesse ...; tanto piu volentieri esse

---

[1] Vgl. zur Quellendeutung allgemein jetzt vor allem Franz *Wieacker*, Notizen zur rechtshistorischen Hermeneutik, in: Nachrichten der Akademie der Wissenschaften in Göttingen, philologisch-historische Klasse, Jahrg. 1963 Heft 1 (Göttingen 1963) m. w. N. S. 3 Note 1; ferner: Emilio *Betti*, Zur Grundlegung einer allgemeinen Auslegungslehre, in: Festschrift für Rabel, Band II Tübingen 1954, S. 79 ff.; Ernst *Forsthoff*, Recht und Sprache (zuerst in: Schriften der Königsberger gelehrten Gesellschaft, Band XVII [1940/41] Heft 1; jetzt:) Darmstadt 1964, S. 18 ff.

[2] J. *Steuart*, Qu.-Nr. 177, S. 251; H. G. *Scheidemantel*, Qu.-Nr. 182, S. 372; L. H. *v. Jakob*, Qu.-Nr. 214, § 831 (S. 711); C. *v. Rotteck*, Qu.-Nr. 225 a, S. 285 f., 469 f. (Auszug oben 1.141, Note 32); *ders.*, Qu.-Nr. 225 b, S. 81; J. R. *MacCulloch*, Qu.-Nr. 229, S. 19 u. a. — Vgl. anderseits S. *v. Pufendorf*, Qu.-Nr. 127 a, lib. 7 cap. 6 § X (S. 225 f.): „... ut paucorum istorum priuata commoda a bono publicum discrepent, utique adeo ipsi ob *priuatam interesse* non consentiant in salutaria regis destinata“ (Hervorhebung hier).

contribuisse, quanto maggiori vantaggi riceve dal civile governo ..."[3], wobei das Interesse an den Steuererfolgen für das Mittel interessiert machen, nämlich für die Steuer werben soll.

Mit ihren Worten meint die durchgehende Steuerrechtfertigung freilich dasselbe[4], wie ihren Autoren auch kaum entgeht, daß in der Steuerfunktion Gemeinschaftsinteressen am Werk sind, die man für die Steuerlegitimation einspannen kann[5]. Doch die Schriftsteller meiden den Interessenbegriff: „Interesse" als psychische Regung für Nützlichkeiten ist seinem ursprünglichen Wortsinn nach apolitisches *Vokabular*, wenngleich „Interesse ein ursprünglich politisches *Element* (ist)[6]."

3.111 Der Terminus Interesse, mit politischem Vorstellungsgehalt gebraucht, ist eine Entdeckung der Moderne[7]. Von Haus aus bedeutet Interesse einfach Streben nach Vorteil[8], wie ihn etwa der Gläubiger eines Schuldners genießt, wenn Interessen (Zinsen) gezahlt werden[9]. Erst die neuzeitlichen Staatsinteressenlehren transponieren solche Nützlichkeitserwägungen auf eine staatliche Ebene und wissen sie als „Interessen" namhaft zu machen[10]. Verquickt mit der Idee der Staatsräson bewahrt sich aber auch dieser Interessiertheit eine relativistisch-egoistische Konzeption, ein Zug des Partikulärstrebens, das die staatsstragenden Kräfte interessiert[11].

Wenn eine gemeinsame Interessiertheit der Vielen an ihrem Wohlergehen gedacht wird, sprechen die Quellen von diesem gemeinen Wohl

---

[3] Qu.-Nr. 186, S. 135; vgl. auch L. A. *Muratori*, Qu.-Nr. 163 b, S. 88.

[4] A. *Contzen*, Qu.-Nr. 97, § 18 (S. 635): „Fundamentum est, quia tributum non est poena sed verum debitum ad commodum et tranquilitatem omniorum ..." Vgl. oben 1.211, Note 82; 2.342, Note 231.

[5] L. V. *Berliri*, La giusta imposta a a O S. 345 ff.; im übrigen Belege oben 2.341, Noten 219 f.; 2.3412, Noten 226 - 230 und 2.333, Note 216.

[6] Joseph *Kaiser*, Die Repräsentation organisierter Interessen, Berlin 1956, S. 9 (Hervorhebung hier).

[7] G. *Salomon-Delatour*, Moderne Staatslehren a a O S. 558.

[8] C. *Besold*, Qu.-Nr. 82 c, S. 433: „Interesse definiri potest utilitas justa circa rem ipsam, qua de agitur, consistens, quam haberemus ..." — F.-J. *Neumann*, Das öffentliche Interesse a a O S. 367 ff. (m. w. N. S. 368 Noten 1 ff.).

[9] J. H. *Jung*, Qu.-Nr. 193, S. 610 f. Diese Bedeutung hat der Begriff auch für Joachim Georg *Darjes*, Erste Gründe der Cameralwissenschaften, Jena 1756, Theil IV § 102 (S. 640), wenn er fragt, „welches das beste Mittel sey, das fürstliche *Interesse* von dem Reichtume der Unterthanen einzutreiben, die Steuer oder die Accisse"? [Hervorhebung hier].

[10] G. *Salomon-Delatour*, Moderne Staatslehren a a O S. 558 f.; G. *Torriani*, Qu.-Nr. 176, S. 257: „... altro non essere ragion di stato che ragion d'interesse." Im übrigen etwa: (Anonymus) Gatien *des Courtilz de Sandras*, Nouveaux intérêts des Princes de l'Europe, ou l'on traite des Maximes qu'ils doivent observer pour se maintenir dans leur Etats et pour empêcher qu'il ne se forme une Monarchie Universelle, Cologne 1685 und Jean *Rousset*, Les intérêts présens et les prétentions des puissances de l'Europe, Hague 1741.

[11] Friedrich *Meinecke*, Die Idee der Staatsräson in der neueren Geschichte, 3. Aufl. München 1963, S. 245 - 320; 405.

selbst[12], weil man die Idee eines gemeinsamen Nutzens der politischen Gruppe bewußt nicht mit dem herkömmlich am individuellen Vorteil ausgerichteten Interessenbegriff belegen will. Er bleibt den Strebungen vorbehalten, die mit dem gemeinen Besten in Widerstreit liegen[13]. Im Grunde ist Interesse ohne jeden attributiven Zusatz „interesse privatum", so daß „Öffentliches Interesse" dem Verständnis der Zeit als contradictio in adjecto erscheinen müßte, wollte man etwa landesväterlich wohlverstandene Interessen der Regierenden an Kollektivzwecken mit solchem Namen kennzeichnen: „Der moderne Ausdruck öffentliches Interesse würde früher nicht verstanden worden sein[14]."

Wo diese Begriffsverwendung dann doch erscheint — J. J. *Rousseau* bietet ein frühes Beispiel der „intérêt commun, c'est ce qu'il y a de commun dans ces differents intérêts qui forme le lien social"[15] —, geschieht es nicht ohne hinlängliche Vorerinnerung, die den singulärnützlichen Zug des Interessiertseins beiseiteräumen soll[16].

„Interesse" kann die Verbindung mit dem Attribut gemein oder „öffentlich" erst eingehen, wenn sich dem Sprachgebrauch der Wortsinn des Interesses zu einer neutralen Bedeutung des Interessiertseins wandelt: Dann intendiert das Interesse als solches weder den egoistischen noch den gesamthaften Zweck; vielmehr wird es — jetzt erst mit dem Zusatz „öffentlich" oder „privat" — auf die Ebene staatlichen Strebens gehoben oder für den Bereich individueller Entfaltung einzelner auf ihre persönlichen Zwecke gewendet. Wie beim Begriff „bonum" seit je[17], denkt man nun auch Interesse, wenn ihm die Attribute „allgemein" oder „öffentlich" folgen, als Synonymum des Staatszwecks[18], von dem die Steuerlehre ja schon immer als der gemeinsamen Steueranstrengung Endzweck redet[19].

---

[12] J. *Freund*, Du politique a a O S. 652; Richard E. *Flatman*, The public interest, New York - London - Sydney 1966, S. 10 ff.

[13] L. A. *Muratori*, Qu.-Nr. 163 b, S. 88: „Interesse del Principe" — „interesse proprio"; J. H. G. *v. Justi*, Die Grundfeste zu der Macht und Glückseligkeit der Staaten, Bd. I, Königsberg - Leipzig 1760, S. 9; *ders.*, Qu.-Nr. 175 d, S. 53; C. *v. Rotteck* (Fundstelle und Auszug oben 1.2121, Note 91).

[14] R. *Maurenbrecher*, Grundsätze a a O S. 262 Note k.

[15] Du Contrat social ou Principes du droit politique, liv. II chap. 1 (Ed. Garnier, Paris 1962, S. 250).

[16] J.-J. *Rousseau*, Contrat social, liv. I chap. 7 (a a O S. 246); C. *v. Rotteck*, Qu.-Nr. 225 a, S. 285 (Auszug oben 1.2121, Note 91).

[17] C. *Wolff*, Qu.-Nr. 168 b, pars VIII cap. I § 23 (S. 16): „Unde bonum commune civitatis est Bonum publicum, et bonum proprium civis cujusvis est Bonum privatum."

[18] H. G. *Scheidemantel*, Qu.-Nr. 182, S. 372 („Staatsinteresse" = „gemeinschaftlicher Endzwek", S. 374); G. *v. Struensee*, Qu.-Nr. 201, S. 183; C. *v. Rotteck*, Qu.-Nr. 225 a, S. 285.

[19] Oben 1.2121, Note 91; 2.3215, Noten 153 ff.; 2.331, Note 194; 2.3412.

Der *Begriff* Öffentliches Interesse aber ist außerhalb der Steuerrechtfertigungslehre hervorgetreten[20] und von dort — eigentlich erst durch F. J. *Neumann* — auf das *moderne* Steuerwesen übertragen[21]. Erst für seine Finanzfunktion fällt ausdrücklich — und zugleich im terminus technicus gesprochen — die Erkenntnis, daß „öffentliches Interesse", mit diesem auch die Harmonie der Einzelinteressen, „Hauptgrundsatz der Besteuerung" sei — das alles „wie jeder zugeben muß"[22].

3.112 Ist das Wissen um Öffentliche Interessen nicht schon aus der Verwendung einschlägiger Begriffe in der Steuerrechtfertigungslehre aufzudecken, bleibt die Möglichkeit, von der quelleneigenen Sprache auszugehen.

Man mag erwägen, daß mit den Begriffen „necessitas", „utilitas", „salus", die ja jeweils das Attribut „communis", später „publica" bei sich führen[23], bereits das gemeint ist, was moderne Begrifflichkeit mit Öffentlichem Interesse bezeichnet[24]. Was nämlich ein gewandelter Sprachgebrauch mit der Vokabel Interesse ausdrückt, erweist sich als dieselbe, von der ursprünglich egoistischen Komponente einer Interessiertheit befreite Nützlichkeitsüberlegung, die mit den Begriffen gemeinsame Notwendigkeiten, gemeinsamer Nutzen längst ausgesprochen ist[25]: Der moderne Interessenbegriff und die herkömmliche Vorstellung des bonum commune dürfen als inhaltsgleiches Ideengut gelten[26]. Dann bietet sich natürlich an, daß man alle Äußerungen der Steuerlehre über gemeinsame Bedarfslagen und die steuerwirtschaftlichen Abhilfeanstrengungen als etwas nimmt, das „inter-est". Und als Fälle der necessitas publica sive utilitas würden diese Aktionen auch eine Mehrheit, die Kontribuentengemeinschaft, nämlich die „Öffentlichkeit" interessieren: „quod omnes tangit"[27]. Diese Wortinterpretation zugunsten schlicht *gemeinsamer* Interessiertheit an den Steuerwirksamkeiten unterlegt der Recht-

[20] Etwa Lorenz *v. Stein*, Geschichte der sozialen Bewegung in Frankreich von 1789 bis auf unsere Tage, Bd. I, Leipzig 1850, S. 40 ff. (42 f.), 137 f.

[21] Oben 1.225, Note 118.

[22] Vgl. das Zitat oben 1.2121, Note 90 und K. H. *Rau*, Ad. *Wagner*, Finanzwissenschaft a a O S. 342 f.

[23] Oben 1.212, Note 86; 1.2121, Note 91; 2.3215; 2.3224; 2.323, Noten 183 ff., 186 f.; 2.324.

[24] Für diese Methode entscheidet sich G. *Dürig*, Öffentliches Interesse a a O S. 22 ff.; ebenso etwa J. *Freund*, Du politique a a O S. 652 und Anton-Hermann *Chroust*, The corporate idea and the body politic in the middle ages, in: Review of Politics, Bd. IX (1947) S. 423 ff. (439).

[25] Oben 1.212, Note 85; 1.2212, Note 114; 2.3121, Noten 139 - 142; 2.3215, Noten 153 - 155; 2.3224, Noten 174 - 176; 2.33 mit Note 94; 2.333 mit Note 216; 2.341 mit Noten 219 f.; 2.3412.

[26] J. *Dabin*, L'Etat a a O S. 63 (m. w. N.), S. 67 f.: "Les termes ... deviennent interchangeables." J. *Freund*, Du politique a a O S. 652.

[27] F. *Suarez* (Fundstelle und Auszug oben 2.3146, Note 128); vgl. oben 1.225, Note 125; 2.3211; 2.3212; 2.3215; 2.34; 2.3411, Note 224; 2.3412.

fertigungsidee insoweit nur das, was die Quellen selbst entschieden meinen und mit ihrer Sprache hören lassen.

Ein solches Vorgehen sieht sich aber berechtigten Einwendungen ausgesetzt, sobald es die Attribute „communis" und „publicus" mit seiner Methode überzieht. Als Ausdruck des *Öffentlichen* dürfen sie nicht unbesehen aus den älteren Quellen beansprucht und etwa mit demselben Vorstellungswert angenommen werden, den moderner Sprachgebrauch sichtbar macht[28]. Wer Interessen mit dem Attribut öffentlich belegt, will eine wesensmäßige Zuordnung des Interessiertseins und seiner Befriedigungsaktionen in staatliche Obhut einbegreifen[29].

Zwar geben usus modernus und Kameraljurisprudenz eben jene typisierten Steuerveranlassungen, die für die mittelalterliche Scholastik schlicht *gemeinsame* Bedarfslagen der politischen Gruppe sind, stets als *„öffentliche"* Bedürfnisse aus; sie behaupten necessitas publica oder Reipublicae[30], „bisogni o di pace o di guerra *dello Stato*"[31]; die späteren Kameralisten versichern gar, daß nur der Staatszweck den richtigen Steuerzweck ausmache[32]. Doch ihr Wortgebrauch des Öffentlichen versteht sich immer noch als Kennzeichnung des Gemeinsamen. „Publicus" heißt für die überkommene Rechtssprache dasselbe wie „communis"; es bezeichnet *gemeinsame* Angelegenheiten, die eine Mehrheit betreffen und in ihren Wirkweisen allgemeinzugänglich sind[33]. Dabei ist die Wortverwendung necessitas publica sive Reipublicae lediglich eine vereinfachte Diktion der Steuerlehre. Wer zum Ausdruck publicus greift, macht sich in Kürze verständlich, weil er für alle erkennbar die *wesentlich* gemeinsamen Strebungen umreißt und so von einer paraphrasierenden Wiedergabe des überkommenen Zweckkatalogs entbunden ist[34]. Nicht aber ausgesprochen ist hier eine bestimmte Zuordnung an die Respublica mit dem Blick auf spezifische *Folgen dieser Zuweisung*[35]. Sie entbehrt nämlich — als durchgreifende Scheidung in öffentlichrechtliche und private Sphären — solange ihres sachlichen Sinns, als nicht alle Vorausset-

[28] W. *Martens*, Öffentlich a a O S. 31; Otto *Brunner*, Land und Herrschaft, 5. Aufl. Wien 1965, S. 122 - 125.

[29] W. *Martens*, Öffentlich a a O S. 34 f.; J. *Dabin*, L'Etat a a O S. 68.

[30] Oben 2.322 mit 2.3224.

[31] D. *Carafa*, Qu.-Nr. 24, cap. VII § 3 (S. 18) [Hervorhebung hier].

[32] Oben 2.331; 2.3312.

[33] W. *Martens*, Öffentlich a a O S. 24 f., 33 f.; vgl. *Thomas v. Aquin*, Qu.-Nr. 2 a, Prima 108, 8 (Ed. L. Bd. 5 S. 532); Prima Secundae 96, 1 (Ed. L. Bd. 7 S. 180); Secunda Secundae 96, 1 (Ed. L. Bd. 9 S. 330); J. H. *Böhmer*, Qu.-Nr. 147 a, S. 55 ff.; Adam Joseph *Greneck*, Theatrum jurisdictionis, Wien 1752, S. 35 ff.

[34] Oben 2.3222; 2.3234.

[35] Martin *Bullinger*, Öffentliches Recht und Privatrecht, Stuttgart 1968, S. 13 ff., 16 ff. (26 f.), 30 ff., 32 ff. (35 f.); Hildebert *Kirchner*, Beiträge zur Geschichte der Entstehung der Begriffe „öffentlich" und „öffentliches Recht", Diss. (mschr.) Göttingen 1949, S. 32; O. *Brunner*, Land und Herrschaft a a O S. 123 ff.

zungen des neuzeitlichen Souveränitätsbegriffs verwirklicht sind und die „bürgerliche Gesellschaft“ diesem innerlich souveränen Staat gegenübertritt[36].

Allerdings hat auch die historische Steuerlehre vor Augen, daß der beschwerende Teil steuerlicher Sachwaltung die politische Machtapparatur benutzt, Steuern begehrt. Es geschieht durch Steuerautoritäten[37], weshalb Steuern eine Erscheinung der vita politica sind. Daß Steuermittel sodann in „öffentlicher“, nämlich allgemeinwirksamer Aktion verausgabt werden müssen, arbeitet die Lehre selbständig und ganz unabhängig von der machtbewehrten Mittelbeschaffung heraus: steuerliche Erfolge sollen für die Vielen allgemeinzugänglich und im Nutzen allgemein reproduzierbar sein. Aus dieser Generalität des für Steuermittelveranstaltungen richtigen Strebens folgt sodann, daß sich Steueraktivitäten bereits auf der Ebene „öffentlichen“ Handelns bewegen, die den gemeinsamen Zweck beachten und deshalb freibleiben von jedem Rückfall in singulärnützliches Entfalten.

In diesem Sinne verlegt sich die Steuerlehre auf das Öffentliche als Sammelpunkt des Gemeinsamen. Sie zeigt, wie man es zur Geltung bringen kann. Doch mit staatlichen Essentialien rechnet sie nicht, um den staatlichen Wesenszug der Steuerfunktion für eine Öffentlichmachung des Steuerzweckstrebens einzuspannen. Wo der Staat selbst richtig gemacht und das Problem seiner gemeineffizienten Wirkweisen bewältigt werden soll, kann man nicht das spezifisch staatliche Instrumentarium zu seiner eigenen Vergütungsgewährleistung herbeirufen.

Im übrigen ist solche „Öffentlichmachung“ des Steuerwesens, seiner Mittelbeschaffungs- und Vergabeaktionen, bis ins 19. Jahrhundert hinein[38] überhaupt kein Thema der Steuerrechtfertigung. Die Lehre findet ein Steuerwesen vor, das bereits in der Hand staatlicher Autoritäten erwachsen ist, sich nur dort dauerhaft entfaltet hat. Damit ist die Steuerwirksamkeit von vornherein in ihre Obhut gelegt.

Mit diesen Vorerinnerungen zum quelleneigenen Begriff des Öffentlichen ist freilich noch nicht ausgeschlossen, daß Steueraktivitäten in necessitate publica *Öffentliche* Interessen befriedigen, das heißt sich mit gemeinsamen Interessenlagen in essentiell öffentlicher Aktion auseinandersetzen. Seine Verpflichtung gegenüber Öffentlichen Interessen könnte das historische Steuerwesen nämlich selbst dann ausbilden, wenn

---

[36] M. *Bullinger*, Öffentliches Recht a a O S. 9, 32 - 36; O *Brunner*, Land und Herrschaft a a O S. 124.

[37] Oben 2.313; 2.3132; 2.3211.

[38] Vgl. aber L. H. *v. Jakob*, Qu.-Nr. 214, S. 713; Allgemeines bei Sylvester *Jordan*, Versuche über allgemeines Staatsrecht, Marburg 1828, S. 114 f.; Carl *v. Rotteck*, Allgemeine Staatslehre, Stuttgart 1830, § 16 (S. 35); § 17 (S. 37); § 18 (S. 40 f.); im übrigen unten 3.542 - 3.5432.

es Steuerfunktion als privatrechtliche Gestaltung versteht und bedient. Eben deshalb aber wird einer Wortinterpretation der Quellen verborgen bleiben müssen, ob solche Interessensachwaltung in Rede steht, wenn „nicht eines Herren eigene Noth/oder Nutz/sondern Reipublicae necessitas vorhanden ist“[39], wenn „Schoß und Steuer zur wahren Noth und zum wahren Besten des Staats erfordert sind“[40]. Vom Quellenwortlaut her kann man nicht aufdecken, ob hier der öffentliche Wesenszug steuerlicher Interessenwahrnehmung gemeint ist. Vielmehr würde eine terminologische Analyse, die moderne Begriffe vor Augen hat, stets der Gefahr erliegen, ihre Vorstellungen des Öffentlichen in die Ideengeschichte zu transponieren. In der überkommenen Gedankenwelt fehlen aber alle Entsprechungen[41]. Deshalb ist zur Sachinterpretation zu greifen, die jede Begriffsverschiebung meiden muß[42].

3.12 Die Analyse der Steuerreproduktionsidee

Die dogmengeschichtliche Analyse wird vom steuerlegitimierenden Gedanken kollektiver Wirkweisen selbst ausgehen, um seine Bausteine in der steuerrechtfertigenden Überlegung aufzufinden. Dabei hat man sich einmal von allen Begriffen freizumachen. Es ist ganz einfach zu fragen, was die Steuerrechtfertigung selbst an Gesichtspunkten aufbietet, um ihr steuerrechtfertigendes System zusammenzusetzen.

3.121 Steuerlegitimation heißt für die Rechtfertigungslehre Steuerreproduktion: Zwecke, die ein Steueropfer anzeigen, müssen in ihrer Verwirklichung als Ausgleich des Steuerbeitrags in Erscheinung treten[43]. Steuerliche Erfolge sollen auf die Zensitengemeinschaft projiziert, die Steuer im Ausgabewerk reproduziert werden. Dann ist notwendig, daß die Steuermittelvergabe gerade den wahren Bedürfnissen der Gruppe abhilft, damit man das Eigenbedürfnis der Steuerzahler in Höhe ihrer Pflicht mit guten Gründen zurückstellt[44].

3.122 Die hier wirksame Wertung kennt ein Objekt ihrer Nützlichkeitserwägung: den Gegenstand der Steuervorteile; sie zielt weiter auf ein Subjekt: den Destinatär der Steuervorteile[45].

---

[39] Oben 2.323, Note 183.

[40] J. J. *Moser*, Qu.-Nr. 169 c, S. 6; C. *Klock*, Qu.-Nr. 102 a, cap. VII nr. 8 (S. 163).

[41] O. *Brunner*, Land und Herrschaft a a O S. 111 ff. (114, 117 ff., 121 ff.); 251 ff.

[42] Erich *Rothacker*, Logik und Systematik der Geisteswissenschaften, in: Handbuch der Philosophie, München 1927, Beitrag C, S. 124 (jetzt Neudruck Darmstadt 1965); F. *Wieacker*, Hermeneutik a a O S. 7 f., 14; E. *Betti*, Auslegungslehre a a O S. 84 ff.

[43] Oben 1.212, Note 89; 2.3211, Note 135; 2.3412; 2.342; weitere Belege unten 3.31, Noten 87 f.; 3.32 mit Note 93; 3.412 mit Note 156; 3.42, Note 162.

[44] Oben 2.3213; 2.333, Note 216; vgl. F. J. *Neumann*, Das öffentliche Interesse a a O S. 391.

[45] Oben 1.2121.

Gegenstand der Steuererfolge sollen die Steuermittelaktivitäten sein, die ein Wohl der Kontribuentengemeinschaft unter Schutz und Beförderung nehmen. Diesem Objekt ist überhaupt einmal wesentlich seine allgemeinerhebliche Wendung: es ist nicht partiell[46]. Den Inhalt dieses Objekts betreffend geht es um die Frage, was die Gemeinschaft als ihr Wohlergehen fordert, welche Maßnahmen in dem Grade notwendig oder nützlich sind, daß die politische Gruppe — hier im Sinne der Generalität, der abstrakten Gesamtheit aller einzelnen — jeden einzelnen beitragspflichtig machen muß.

Als nutznießendes Subjekt der Steuervorteile werden die beitragenden Steuerbürger eingeführt[47]. Hier geht es um die Vorteilsreproduktion auf die Beschwerten, deren Leistung ihren Ausgleich finden soll. Dabei treten die Konstruktionsprobleme des Destinatärs Gemeinschaft auf: Mögen auch die einzelnen als einzelne steuern, so können sie doch nicht ut singuli, das heißt besonders genießen. Subjekt der Steuermittelveranstaltungen muß die indeterminierte Vielheit der Partizipanten sein, mit der abstrakten Gesamtheit der assoziierten Vielen — diese Vielen als integrierte einzelne: einzelne die nicht besonders sind. Denn Steuermittelaktivität ist nicht irgendwelchen bestimmten einzelnen und bestimmten Gruppen im besonderen zugedacht: „Et generaliter receptum est, quod ea, quae communiter omnibus prosunt, his, quae specialiter quibusdam utilia sunt, praeferri debeant[48]." Dieser Gedanke — er betrifft die Struktur Menge/Gemeinschaft — folgt mit der Notwendigkeit, den Destinatär staatlichen Wirkens aus der Summe an sich besonderer einzelner, der Individuen, zu schöpfen, um als Destinatär die indifferenzierte Größe anonymer einzelner zu entdecken, um die Generalität der beisteuernden Sozietät, am Ende die staatsbürgerliche Allgemeinheit namhaft machen zu können.

3.123 Die beiden gedanklichen Sphären des Objekts und des Subjekts allen Ausgabennutzens werden im weiteren aufeinander zu beziehen sein durch die bewegende Kraft der staatlichen Ordnung: die steuerrechtfertigende Überlegung in die Tat umzusetzen, ist die Autorität der politischen Gruppe berufen. Denn die besteuernde Einrichtung ist der Staat.

---

[46] Etwa: L. H. *v. Jakob*, Qu.-Nr. 214, S. 713: „Schon in der Bestimmung, daß das Wohl, welches der Staat bezweckt, Gemeinwohl, *allgemeine* Glückseligkeit seyn soll, liegt es, daß kein *partielles* Wohl einzelner Stände auf Kosten des Wohls der übrigen damit gemeint seyn könne." Vgl. unten Note 48.

[47] Oben 1.12; 2.3211; 2.3213; 2.341; 2.3412, insbes. mit Noten 228 ff.; 2.342; 2.3422.

[48] C. *Klock*, Qu.-Nr. 102 a, cap. VII nr. 46 (S. 166 f.) m. w. N.; im übrigen oben 1.212. — Zur Terminologie der Analyse: singulär- und partikuläreffizientes Fehlgehen der Ausgabewirksamkeit ist mit Bezug auf das Objekt *partiell*, mit Bezug auf das Subjekt *besonders*.

Unter seiner Obhut will man sich mit allen gemeinsamen Zwecklagen auseinandersetzen. Dieses Streben leiten die Regierenden[49].

3.124 Aus dem inneren Aufbau des Rechtfertigungssystems folgt somit auch der Gang, wie ihn unsere Quellenanalyse einzuschlagen gedenkt: Sie wird aus den reproduzierbaren Gegenständen der Steuermittelaktivität die Beschaffenheit des Objekts ermitteln, um die Objektkategorien der Steuerreproduktion in ihren formalen Dimensionen zu erfassen (3.2); weiter ist — noch immer für den formalen Wirkhorizont der Steueraktivität — das Subjekt des Ausgabennutzens zu betrachten (3.3). Alsdann ist zu sehen, wie die Beziehung dieser Größen unter dem Gesichtspunkt der richtigen Staatsausgabe auch materialiter hergestellt wird (3.4). Diese Überlegungen führen dann im weiteren auf das Postulat rationaler Sachwaltung unter der Obhut besteuernder Autorität (3.5). Aus allem wird schließlich erhellen, ob und wieweit hier mit steuerrechtfertigendem Aspekt Elemente des gemeinsamen Interessiertseins auf politischer Ebene zum Zuge kommen. Sehen wir dabei im Steuerzweck eine gemeinsame Interessiertheit veranschaulicht, so wird alles auf ihre Aussage für den Fragenkreis „gemeinerhebliche Staatsentfaltung" ankommen, wie sie mit dem Institut Öffentliches Interesse gegenwärtig ist (3.6).

---

[49] Oben 2.3211; 2.341, Noten 217 f.

3.2 Quellenanalyse: Das Objekt der Ausgabewirksamkeit

3.21 Anfangs macht die Steuerzwecklehre einen Kreis typisierter Veranstaltungen für steuerliches Wirken zugänglich. Die neuere Lehre eröffnet ganz allgemein Zwecke von gemeinsamer, schließlich öffentlicher Notwendigkeit oder Nützlichkeit. Immer verstehen sich diese Veranlassungen als Gegenstände gemeinsamen Zweckstrebens[50]. Es verlangt Ausgabewerke, die in ihrer Substanz das *Objekt* steuerlichen Wirkens sind.

3.22 Die Zweckkategorien zeichnen die richtige Dimension jener Güter, die eine politische Gruppe mit finanzieller Anstrengung unter Schutz und Beförderung nimmt. Das weist vom Objekt her den formalen Wirkhorizont überhaupt denkbarer Aktivitäten[51].

Stellen wir die allgemeine Erkenntnis voran, die unsere Quellendarstellung aufdrängt: Der Katalog steuerlegitimierender Veranstaltungen könnte die Überschrift tragen „Objekte gemeinsamen Wohllebens". Denn es ist Wohlergehen, das die politische Gruppe anstrebt. Sie will die „bona vita sufficientis"[52] leben.

Wohlergehen verlangt zunächst alles, was die Voraussetzungen des gemeinsamen Wohllebens schafft und fortan bewahrt: das ist der gesicherte Bestand der Gruppe als die Gewährleistung ihres Strebens nach Wohlsein[53]. Sicherheit bezwecken alle Werke des Bestandsschutzes, Aktivitäten also, die vorab auch funktionsfähige Sachwalter gebieten[54]. Erst wenn diese Prämissen des Wohlbefindens erfüllt sind, kann die tätige Bewerkstelligung allgemeinen Wohllebens einsetzen. Wohlsein zu schaffen ist „positives Gemeinwohlstreben", das aktuell wird, wenn die Gruppentätigkeit das „negative Wohl", ihre Sicherheit erreicht hat und zu bewahren vermag[55].

---

[50] Oben 2.3212; 2.3215; 2.322; 2.324; 2.3321; 2.333; 2.341.

[51] Oben 2.3223; 3.122.

[52] C. *Wolff*, Qu.-Nr. 168 a, § 972 (S. 597 f.); *v. Justi*, Qu.-Nr. 175 a (S. 3): „Die gemeinschaftliche Glückseligkeit, der allgemeine Endzweck aller Republiken, zu dessen Erreichung und Bewirkung die oberste Gewalt in den Staaten statt findet ..."

[53] S. *v. Pufendorf*, Qu.-Nr. 127 b, lib. II cap. 15 § 3 (S. 374); G. H. *Zincke*, Qu.-Nr. 165, S. 794; Chr. *Wolff*, Qu.-Nr. 168 a, § 972 (S. 598).

[54] C. *Ziegler*, Qu.-Nr. 136 a, cap. 3 nr. 9 (S. 924).

[55] Zur Scheidung des Gemeinwohlstrebens in negative (Schutz-)Maßnahmen und tätige Föderungszwecke vgl. oben 2.3321; 2.333 und H. *Hug*, Staatszweck a a O S. 32. Die Begriffe gehen auf W. *v. Humboldt*, Qu.-Nr. 194, S. 26 ff. zurück. Ferner: F. *Murhard*, Zweck des Staates a a O S. 83 ff.; H. *Zoepfl*, Grundsätze des Staatsrechts a a O S. 17. — Die Einteilung ist praktisch nützlich, weshalb ihr die Analyse folgt.

3.23 Auf solche Güter kollektiver Lebensäußerungen gewiesen, spiegelt die Steuerrechtfertigungslehre im Ausgabekatalog den Steuerzweck wider.

3.231 Die Anstrengungen zum Bestandsschutz der politischen Gruppe dürfen als erste Voraussetzung der bona vita den wesentlichen Teil der Steuermittelaktivität gefangen halten[56]. Dieser Tätigkeitsbereich zielt, entsprechend dem externen und internen Aspekt des Bestandsschutzes[57], auf Behauptung des Wohllebens nach außen, gegen andere Gruppen, und nach innen, gegen die sprengenden Kräfte, die von einem Standort innerhalb der eigenen Gruppe agieren, um die Wohllebensverwirklichung der anderen zu beeinträchtigen[58]. So besehen besteht die Aktivität der politischen Gruppe ganz wesentlich im Fernhalten aller Angriffe und Störungen auf das Kollektiv und seine Glieder.

3.232 Im weiteren gilt es, die Funktion der Sachwalter zu sichern, die das Wohlergehen der Gruppe ordnend und tätig befördern sollen. Unter diesem Aspekt behandelt die Steuerlehre den Fürstenunterhalt.

Er umfaßt die laufenden Zuwendungen: „Princeps, qui militat utilitati communi, potest de communibus vivere ... per ea quae a singulis coliguntur[59]." Daneben sind außerordentliche Bedarfsfälle zu bestreiten, die — pro honesto statu principis — finanzielle Aufwendungen gebieten[60].

3.233 Ist die politische Gruppe für gemeinsames Wohlergehen durch Sicherheit und funktionsfähige Sachwalter gerüstet, kann man sich ihrer gemeinsamen Wohlfahrt annehmen. Von der Daseinssicherung des Lebens schreitet die Gruppe zur Verbesserung ihrer Lebensumstände: „procurare ea, quae ad beatitatem civilem utilia censentur[61]."

3.24 Fragen wir nun, warum man diesen Zwecken in gemeinsamer Anstrengung, mit Steuergeldern nachlebt, so muß die Art dieser Zwecke Antwort geben.

3.241 Die Qualität der benannten Objektkategorien offenbart ihren Wesenszug: Steuermittelveranstaltungen „negativer" wie „positiver"

[56] Oben 2.3222; 2.3224; 2.3321; 2.3323.

[57] Vgl. etwa V. *de Mirabeau* (Fundstelle und Auszug oben 2.3322, Note 205); *v. Justi; C. G. Svarez; L. H. v. Jakob;* J. R. *MacCulloch* (Fundstellen und Auszug oben 2.3321 mit Noten 201 - 204); ferner: G. *Achenwall*, Staatsklugheit a a O S. 162; J. C. *Hofbauer*, Qu.-Nr. 198, § 407 (S. 206).

[58] H. *v. Segusio*, Qu.-Nr. 4, nr. 10 (fol. 183 r.); *Johannes Friburgensis*, Qu.-Nr. 8, qu. 29 (fol. 60 r.); J. H. *Böhmer*, Qu.-Nr. 147 a, S. 304.

[59] Oben 2.3222 mit Note 164; dort w. N. und F. *Suarez*, Qu.-Nr. 80, cap. XV nr. 5 (S. 306); im übrigen die Belege oben 2.3321, Noten 201 - 203.

[60] Oben 2.322 mit Note 161. Die „Fräuleinsteuer" (C. *Ziegler*, Qu.-Nr. 136 b; Johann A. *Hellfeld*, Elementa juris feudalis, Jenae 1763, § 429, S. 442) erlebt noch das 19. Jahrhundert; vgl. Herbert *Krüger*, Staatslehre a a O S. 176 (mit Belegen), 764.

[61] C. *Ziegler*, Qu.-Nr. 136 a, cap. 3 nr. 9 (S. 924); J. J. *Moser*, Qu.-Nr. 169 b, S. 570 f. (§ 70); im übrigen oben 2.3212, Note 141; 2.3321; 2.3412.

Wirksamkeiten haben den gemeineffizienten Zweck, intendieren die nicht partiellen Güter, „quoniam illi sumptus computantur inter res necessarias Reipublicae"[62].

Die Bedeutung der Aussage erhellt aus dem Gegensatz des gemeinsamen Zweckobjekts zum partiellen Gut. Der partielle Zweck kennt Objekte partieller Effizienz oder stellt Objekte mit allgemeingewendetem Ziel in seinen partiellen Dienst, ein Gebrauch des Objekts, der jedenfalls die Steueraktivität stets verfälscht. Denn Objekt der Ausgabewirksamkeit — so sagt die Steuerrechtfertigung — sind nicht die Objekte eines partiellen Zwecks[63]. Objekte allgemeinbedeutsamer Zielrichtung sollen es sein. Ist mit ihnen die Möglichkeit gegeben, daß man sie zu partieller Effizienz denaturiert, muß dieser Fehlgebrauch verhindert werden.

3.242 Was teilt die Steuerrechtfertigungslehre mit über solche gemeinerheblichen Eigenschaften des Objekts, dem sie Steuermittel widmen möchte?

3.2421 Die Kategorie negativer Gruppenentfaltung, das Objekt Sicherheit, gilt der Steuerlehre als Musterfall eines gemeinsamen Guts. Der gemeingewendete Wesenszug der Objekte Frieden und Ordnung, Inbegriff der Sicherheit, erscheint gar so offenkundig, daß man einen Mißbrauch zu partiellem Nutzen nicht besorgt.

Frieden und Ordnung und das Streben, sie zu erringen, haben starke gruppenbildende Kraft. Sicherheit ist ein politisch zusammenführendes Element[64], dem keiner entsagt: Frieden und Ordnung gehen jeden, der seine Lebensbedingungen in der Gruppe sucht und findet, ausnahmslos an. Allenfalls die Störer wollen sich ausschließen, die von der Unruhe und Zwietracht anderer leben[65]. Jeder vernünftig urteilende Mensch aber wird den Gruppenzweck, der Sicherheit heißt, auch zu dem seinen erklären: Sicherheit ist ein gemeinsames Gut[66].

---

[62] C. *Klock*, Qu.-Nr. 102 a, cap. VII nr. 99 (S. 192); gleichlautend: L. *Molina*, Qu.-Nr. 66, disp. 667 nr. 4 (Sp. 504) m. w. N.

[63] Oben 2.323 mit Noten 179 - 184; 186 f.; 2.3322.

[64] J. *Matthiae*, Qu.-Nr. 99, cap. IV nr. 50 (S. 303): „..., quod animos hominum magis consociet et Reip. compagem firmius contineat"; N. H. *Gundling*, Qu.-Nr. 158, cap. 38 § 1 (S. 519): „Vita civitatis in unitate virium et voluntatum consistit ad verum *finem* securitatem puta." — Im übrigen J. *Freund*, Du politique a a O S. 673.

[65] J. H. *Böhmer*, Qu.-Nr. 147 a, S. 304 Note q: „Securitas publica interna consistit in optima unione inter se"; vgl. oben 3.231, Note 58.

[66] H. *v. Segusio*, Qu.-Nr. 4, nr. 10 (S. 183 r.); J. *Althusius*, Qu.-Nr. 77, cap. XIII nr. 2 (S. 221); cap. XVI nr. 13 (S. 245); F. *Suarez*, Qu.-Nr. 80, cap. XV nr. 3 (S. 306): „Valde communis est bellum" (m. w. N.); J. *Limnaeus*, Qu.-Nr. 100, nr. 58 (S. 84); J. B. *Multz*, Qu.-Nr. 143 b, cap. V nr. 175 (S. 316); cap. VII nr. 154 (S. 541 f.); A. *Smith*, Qu.-Nr. 184, S. 297: "The expense of defending the society ... (is) laid out for the general benefit of the whole society"; A. *v. Kremer*, Qu.-Nr. 213, S. 70.

Wenn Frieden und Ordnung im übrigen auch jenen Lebensäußerungen die Sicherheit spenden, die sich im Bereich der persönlichen Selbstentfaltung einzelner vollziehen, so wird das Objekt Sicherheit nicht partiell. Man täusche sich nicht: die vielen einzelnen sollen sich unter dem Gruppenschutz auch und gerade besonders geben dürfen. Ihrer Seinsweise als besondere Individuen leben die einzelnen indessen nicht unter besonderer Hilfestellung der Gruppe — einer partiellen Zuwendung; sie beanspruchen den allgemeinen Erfolg von Frieden und Ordnung, wie er sich allen eröffnet und nicht nur den besonders eingestimmten Erwartungen mitteilt[67].

3.2422 Als nächste Position der Ausgabenwirksamkeit muß sich der Fürstenunterhalt bestätigen als ein Objekt von nicht partieller Effizienz.

Die Steuerlehre übersieht die Schwierigkeit nicht: es ist zu bedenken, daß finanzielle Leistungen hier sicherlich zuerst den personellen Bedürfnissen des Regenten und seines Hauses abhelfen[68]. Man beeilt sich daher zu der Bemerkung, das Wohlergehen der Regierenden gereiche den Regierten zum Vorteil, so daß der Fürst aus Steuermitteln leben dürfe[69]. Die kritischen Betrachtungen über den Aufwand fürstlicher Häuser[70] zeugen weiter von der Erkenntnis, wie hier die Scheidung von gesamtwirksamem und partiellem Vorteil die Ausgabenlegitimation liefern kann: ein angemessener, von des Landes Würde und Ansehen gebotener Aufwand geht zu aller Vorteil aus, wie etwa Carl Gottlieb *Svarez* im einzelnen zu begründen weiß[71]. Darum folgert er: „Die anständige ... Pracht in der Hofhaltung des Fürsten ist an und für sich eine erlaubte und rechtmäßige Staatsausgabe[72]."

Weil fürstliches Bedürfnis nach Aufwand nicht über partiellen Fehlgebrauch des Objekts erhaben ist, soll gerade die allgemeinerhebliche

---

[67] Vgl. etwa C. G. *Svarez*, Qu.-Nr. 191, S. 126, 463 f., 486 f.

[68] L. H. *v. Jakob*, Qu.-Nr. 214, S. 716: „... Einkommen für seine Individualität ..."

[69] *Thomas v. Aquin*, Qu.-Nr. 2 b, S. 101; *ders.*, Qu.-Nr. 2 c, lib. III cap. 11 (S. 52); *Johannes Friburgensis*, Qu.-Nr. 8, qu. 34 (fol. 61 r.); *Oldradus da Ponte*, Qu.-Nr. 10, nr. 4 fol. 39: „... expensas nobiles, de quibus constat propter provinciae utilitatem et necessitatem ..."; L. *Molina*, Qu.-Nr. 66, disp. 667 nr. 4 (Sp. 504); F. *Suarez*, Qu.-Nr. 80, lib. V. cap. XV nr. 5 (S. 306) m. w. N.; C. *Peller*, Qu.-Nr. 119, S. 511; B. L. *Svendendoerfer*, J. F. *Grabo*, Qu.-Nr. 130, th. 18 (fol. B 3 v.); *v. Justi*, Qu.-Nr. 175 a, § 22 (S. 9); A. *Smith*, Qu.-Nr. 184, S. 297: "The expense ... of supporting the dignity of the chief magistrate ... (is) laid out for the benefit of the whole society"; N. T. *Gönner*, Qu.-Nr. 203, S. 193; A. *v. Kremer*, Qu.-Nr. 213, S. 75.

[70] V. L. *v. Seckendorf*, Qu.-Nr. 111, cap. 3.8 § 6 (S. 228); P. *Knipschild*, Qu.-Nr. 139 a, cap. XVI nr. 132 (S. 434); F. N. *v. Ulmenstein*, Qu.-Nr. 199, S. 140, 142 m. w. N.

[71] Qu.-Nr. 191, S. 106 f.: „... unterstützt die Würde des Regenten und die Achtung der Nation ... vermehrt also auch für die Unterthanen die Summe der Güter zu einem Lebensgenusse."

[72] Ebenda S. 106.

Seite der Landesrepräsentation hier Maß und Ziel geben: „Das Wesen der Republiken und die Absicht bei ihrer Entstehung erfordern, daß der gemeinschaftliche Wohlstand und Glückseligkeit des Staats der Hauptzweck der Republiken und folglich auch aller Maßregeln des Regenten, die Größe, das Ansehen und der Wohlstand des Fürsten und seines Hauses aber nur der Nebenzweck, oder die Folge aus der Erreichung des Hauptzwecks seyn muß[73]." Schon Franciscus *Suarez* faßt diesen unentbehrlichen Gesichtspunkt treffend zusammen[74], wobei er Doctores omnes als Gewährsleute benennt.

Was für den laufenden Fürstenunterhalt gesagt ist, gilt gleichermaßen für alle übrigen Positionen, die man in diesem Zusammenhang erörtert[75]: Die „Kammergutbesserung"[76] hält den Fürsten aktionsfähig; die Ausstattung der Prinzessinnen, die heiraten, die Versorgung des zum Ritter geschlagenen ältesten Fürstensohnes, sind Gebote des Ansehens, das die Würde des Landes behauptet[77]. Weiter entspricht es allgemeinem Bedürfnis, den gefangengenommenen Herren loszukaufen, damit er die Regierungsgeschäfte fortführen kann[78]. Immer stehen gesamterhebliche Aktionen zur Diskussion, die ein gemeinsames Gut unter Schutz und Beförderung nehmen[79]. Im weiteren ist es nur von seinem partiellen Mißbrauch zu sichern, damit man die gesamtbedeutsame Richtung der Steuerwirksamkeit bewahrt.

3.2423 Unter dem Aspekt des nicht partiellen Gegenstandes müssen sich schließlich noch die positiven Wohllebensvorkehrungen der Steuermittelaktivität bewähren. Diese Veranstaltungen leihen Zwecken der

---

[73] *v. Justi*, Qu.-Nr. 175 d, § 36 (S. 56).

[74] Qu.-Nr. 80, lib. V cap. XV nr. 2 (S. 305); gleichlautend L. *Lessius*, Qu.-Nr. 90, dub. I nr. 5 (S. 408): „Ut autem causa sit iusta ... necessarium esse, ut tributum imponatur propter bonum commune, non propter privatum ipsius Principis. Sed in hoc oportet distinguere, unum est id quod debetur Principi ratione sui muneris et laboris, quod dici potest pertinere *ad utilitatem eius*. Aliud est, quod necessarium est ad subveniendum reipublicae in occasionibus necessariis occurentibus. — Addi vero potest, hanc utilitatem Principis non esse omnino privatam, sed communem, quia ipse est persona publica, et sustinere illum et statum illius bonum commune est" (Hervorhebung hier).

[75] Oben 2.3222 mit Note 161; 2.3224 mit Note 174.

[76] Oben 1.2212, Note 111 und C. *Klock* (Fundstelle und Auszug oben 2.323, Note 185).

[77] Belege oben 2.3222, Note 170 und F. W. *v. Ulmenstein*, Qu.-Nr. 199, S. 140.

[78] *Johannes Friburgensis*, Qu.-Nr. 8, qu. 35 (fol. 61 r.); J. *Mennoch*, Qu.-Nr. 55 a, cons. XXXII nr. 36 (fol. 81 v.); C. *Besold*, Qu.-Nr. 82 a, cap. IV § II nr. 2 (S. 55) m. w. N.; H. *Bocer*, Qu.-Nr. 86, S. 72 (nr. 22); J. *Matthiae*, Qu.-Nr. 99, cap. IV nr. 45 (S. 301).

[79] C. *Klock*, Qu.-Nr. 102 a, cap. VII nr. 97 (S. 192): „Item teneri contribuere ad sumptus competentes Principi attenta qualitate ipsius et Reipublicae: quoniam illi sumptus computantur inter res necessarias Reipublicae" m. w. N.; G. *Obrecht* (Fundstelle und Auszug oben 2.323 mit Note 183); T. *Maull*, Qu.-Nr. 76, § 29 (S. 92); L. *Molina*, Qu.-Nr. 66, disp. 667 nr. 4 (Sp. 504); C. *Ziegler*, Qu.-Nr. 136 b, § IX (fol. 4 r.); A. *v. Kremer*, Qu.-Nr. 213, S. 75.

politischen Gruppe nicht nur beschützende Aufmerksamkeit. Hier verlangt man tätige Dienste steuerlichen Wirkens[80]. Ihre Anstrengungen erstreben, daß „singulorum vitae salutem — in Reipublicae salute positam — in commoditatem verti“[81]. Mit diesen Werken ist das komplexe Feld jener kollektiven Lebensäußerungen angesprochen, die bonum commune der Gruppe als Wohlsein ihrer Glieder realisieren: „... ut conjunctis viribus obtineantur, quae domus singulae per se consequi nequeunt ... abundantia eorum, quae ad vitae necessitatem, commoditatem et jucunditatem requiruntur[82].“

Will man das Konzept der Steuerlehre durchhalten, so darf eines nicht übersehen werden: Wie bei den anderen Zweckkategorien, so auch im Streben nach „gemeinsamer Glückseligkeit“, sollen steuerliche Aktionen allen gemeinerheblichen Bedürfnissen abhelfen, weil eben sie nach den Gütern verlangen, welche zu gemeinsamem Vorteil reproduzierbar sind. Nur für die gemeinzugänglichen Objekte der bona vita sufficientis nämlich hat die Gruppe selbst Vorkehrungen mit Gruppenmitteln zu treffen[83]. Insoweit dürfen Maßnahmen auch um tätige Veranstaltungen der Ausgabewirksamkeit besorgt sein, also etwa Hilfsmittel zu der einzelnen Selbstentfaltung vorsehen, oder Dienste bereithalten, die selbst das Wohlleben der Gemeinschafter befördern.

Diese Objektkategorie versammelt Güter, deren Vorteil zuerst die Gemeinschafter erfahren; gerade darin aber stellt er sich alsdann auch für die Gemeinschaft ein. Das unterscheidet die positiven Wohllebensvorkehrungen von den übrigen Positionen. Doch darf es den Blick auf die kollektive Wendung auch dieser Veranstaltungssparte nicht fehlleiten. Die Steuerlehre aber scheint dieser Gefahr zu erliegen. Ihr Verständnis von necessitas und utilitas publica, überhaupt die Modellvorstellungen bonum commune, gemeinsamer Endzweck und allgemeine Glückseligkeit beziehen den Stellenwert immer aus der Gegensätzlichkeit zum singulär- und partikulärgewendeten Effekt. Mit solchen Erwägungen läßt sich die Steuerrechtfertigung hier nun gerade nicht hören; sie unternimmt nichts, was eine partielle Wendung wohllebensbefördernder Werke auszuräumen geeignet wäre, sieht man einmal von dem Bekenntnis der Gemeinwohllehren ab, daß der bona vita mit gemeinsamem Aufwand nachzuleben nur heißt, gemeinsame Wohlfahrtsgüter unter Beförderung zu nehmen[84].

---

[80] Oben 3.233, Note 61.

[81] Oben 2.3222, Note 166; im übrigen J. *Bornitz*, Qu.-Nr. 73, S. 60; C. *Klock*, Qu.-Nr. 102 a, cap. VII nr. 43 (S. 166).

[82] C. *Wolff*, Qu.-Nr. 168 a, § 972 (S. 597 f.) mit Verweis auf § 837 (S. 525).

[83] C. G. *Svarez*, Über den Zweck des Staates, in: Vorträge vor der Mittwochsgesellschaft (Anhang bei Qu.-Nr. 191, S. 640 ff.), S. 643.

[84] *Thomas v. Aquin* (Fundstelle und Auszug oben 2.3212, Note 139); J. *Azorius*, Qu.-Nr. 72, Pars 2 lib. 2 cap. 4 (Sp. 102); H. A. *Rosenthal*, Qu.-Nr. 56, concl. 79

Indes, wenn die Rechtfertigungslehre sich hier verschweigt, so wird sie dennoch nicht jedweden Gütern jeder ungeschiedenen Wohllebensregung — gesamterheblichen und partiellen Objekten — Ausgabewirksamkeit zuwenden wollen. Ihrer Stellungnahme fehlt der Anlaß. Ein komplexes Aufgabenprogramm wohlfahrtspflegender Tätigkeiten, die man von partiellgewendeten Aktivitäten freizuhalten hätte, ist im Einzugsbereich der Steuerlehre noch nicht vorhanden. Gegenstände, die als Objekte des Wohlseins verstanden werden, sind einstweilen eben doch nur die bewahrenden und ordnenden Elemente aller Lebensumstände, die den persönlichen Lebensäußerungen Raum geben. Der Kreis tätiger Wohllebensbeförderung ist von der Kategorie negativer Gruppenentfaltung, dem gesamthaften Schutzgut, nicht weit entfernt: gemeinsames Wohlleben führt man auf das eine Objekt zurück, das im „Lebensgenuß unter Ruhe und Sicherheit" besteht[85]. Das aber ist ein von Haus aus nicht partielles Objekt.

3.25 Soweit die Lehre aus den Steuermittelaktivitäten der Finanzwirklichkeit Schlüsse herzuleiten vermag, ist mit der Steuerlehre festzuhalten: Die Gruppe begehrt für sich und die einzelnen Güter des menschlichen Wohlseins. Diese Güter zeichnet ein unpersönlicher, über- oder transindividueller Wesenszug aus, damit sie für einen gesamteffizienten Genuß zugänglich sind. Die Objekte weisen nicht nur auf diesen oder jenen besonderen einzelnen, diese oder jene partikuläre Gruppe. Sie gelten allen[86]. Die Objekte sind nicht partiell.

Zugleich wird ihr Gegensatz, das sind die partiellen Aktivitäten, bewußt. Solche Gegenüberstellung will der Steuermittelaktivität vom Objekt her die gebotene Richtung weisen. Das errichtet bereits vom Gegenstand her eine formale Schranke. Sie ist mit der Trennlinie zwischen gesamtnützlichen und nur partiellwirksamen Zwecken gezogen.

---

nr. 1 (S. 216); A. *Contzen*, Qu.-Nr. 97, § 4 (S. 631); C. *Klock* (Fundstelle und Auszug oben 2.3212, Note 142; 2.3222, Note 166); S. *v. Pufendorf*, Qu.-Nr. 127 b, lib. II cap. 15 § 3 (S. 374); J. B. *Multz* (oben 2.3213, Note 148); L. A. *Muratori*, Qu.-Nr. 163 b, S. 89; C. *Wolff*, Qu.-Nr. 168 a § 972 (S. 597 f.); *ders.*, Qu.-Nr. 168 b, pars VIII cap. 1 § 23 (S. 16) [Auszug oben 3.111, Note 17]; J. *Steuart*, Qu.-Nr. 177, S. 226.

[85] Oben 2.3146, Note 133; 2.3224, Note 176; 2.3321 mit Noten 201 - 204; 2.3323, Noten 210 f.; A. *Gaill*, Qu.-Nr. 50 b, S. 79; *ders.*, Qu.-Nr. 50 c, S. 263: „... pro salute et tranquilitate patriae"; G. *Mundius*, Qu.-Nr. 107, cap. V nr. 29 (S. 225); E. F. *Schroeter*, H. *Henniges*, Qu.-Nr. 124, fol. B 2 r.; S. *v. Pufendorf*, Qu.-Nr. 127 b, lib. II cap. 15 § 3 (S. 374); C. *Ziegler*, Qu.-Nr. 136 a, cap. 4 nr. 8 (S. 969); C. *Wolff*, Qu.-Nr. 168 a, § 972 (S. 597 f.). Im übrigen unten 3.321, Note 96.

[86] F. *Suarez*, Qu.-Nr. 80, lib. V cap. XV nr. 3 (S. 306); J. C. *Hofbauer*, Qu.-Nr. 198, § 384 (S. 195): „Staatszwecke heißen Angelegenheiten des Staats, als einer Gesellschaft, wenn sie der Staat nicht ausschließend in Beziehung auf einen oder mehrere einzelne Bürger hat"; L. H. *v. Jakob*, Qu.-Nr. 214, S. 713. — Vgl. in diesem Zusammenhang vorab die Zitate unten 3.35, Note 129.

Damit ist das erste Element richtiger Steuermittelveranstaltungen gefunden, denn wir erfahren aus der Steuerlehre, daß die Staatsausgaben, denen ein nicht partielles Objekt wesensmäßig ist, die richtigen sind. Dies jedenfalls, was ihre formale Richtigkeit betrifft, die sich in der Dimension des Ausgabewerks in bezug auf sein Objekt ergibt.

Das richtige Objekt im nicht partiellen Gut namhaft zu machen, läßt freilich nur die erste Erkenntnis gewinnen: Die an sich nicht partiellen Objekte sind regelmäßig dem partiellen (Fehl-)Gebrauch durch besondere Interessenten nicht unzugänglich, sieht man einmal von dem Objekt Sicherheit ab. Es kommt also weiter darauf an, ein richtig verstandenes Subjekt dieser Objekte zu erheben, ein Subjekt, das sowenig wie das Objekt partiell sein darf, besonders zu sein hat.

3.3 Quellenanalyse: Das Subjekt der Ausgabewirksamkeit

3.31 Des Steuerzahlers finanzielle Mitgestaltung der Gruppenaktivität rechtfertigen heißt notwendig, den Kontribuenten diese Wirksamkeit selbst eröffnen, nämlich ihrer Teilnahme am Erfolg dergestalt zugänglich machen, daß jeder Pflichtige kollektive Wirkweisen mitgenießt[87]: „Nam cum onus tributi commune sit, etiam finis, seu *fructus eius* debet esse communis, hoc autem praecipue locum habet in tributis[88]."

Die Steuerreproduktion in Ausgabewerken, namentlich aber die Überlegung, wie man diesen steuerrechtfertigenden Vorgang bewerkstelligen kann, wird wiederum unter dem Aspekt der Steuervorteile zu betrachten sein. Steuervorteile sind das Objekt steuerlicher Aktion, die ein Subjekt haben, für das sie wirken. Mit diesem Blick muß das Subjekt erhoben werden.

Jenes Subjekt in den vielen Steuerzahlern benennen, bedeutet vor allem die Seinsweise der Steuerzahler erkennen, die sie als Destinatäre steuerlicher Aktivität verfaßt. Daß man vorzüglich über diese Verfassung der einzelnen Ausgabenutznießer Klarheit gewinnen muß, erhellt sogleich, wenn die Lehre von Ausgabevorteilen spricht, die sich für den Staat, „respublica" oder „imperium", einstellen und sich damit für die „Gemeinschaft", die „ganze bürgerliche Gesellschaft", „tota communitas", „universitas" abzeichnen[89]. Diese Gebilde begegnen als Ort der Werke, „in quibus versatur communis utilitas"[90]. Die Gruppe ist Veranstalter gemeinsamer Strebung und Sammelstelle der einzelnen Steuerbürger, die als letztendlich Zahlende den Steuermittelwirksamkeiten entgegensehen: „Fruetus redundant in commodum respectu singulorum omniorum de populo"[91]; Ausgaben intendieren Vorteile, die sich zum Segen aller einzelnen im Volk auswirken[92]. Denn sobald man die Steuermittelaktivität auf den Kreis allgemeinreproduzierbarer Werke richtet und einstellt, ist der Ausgabenutzen ein allgemeinzugänglicher Vorteil kollektiver Wirkweisen, den die einzelnen Kostenträger erfahren können.

---

[87] Oben 1.212; 2.3211, Noten 134 f.; 2.3215, Noten 153 - 155.

[88] Zitatbeleg oben 1.212, Note 89; weitere Belege dort Note 91 und oben 2.3211, Noten 134 f.; 2.3421/2.

[89] Oben 2.3215, Note 153; vgl. 3.122.

[90] A. *Thomatus Cuniensis*, Qu.-Nr. 23, nr. 4 (fol. 113 v.); nr. 24 (fol. 118 v.); C. *Klock*, Qu.-Nr. 102 a, cap. VII nr. 49 (S. 169).

[91] L. *Molina*, Qu.-Nr. 66, disp. 667 nr. 1 (Sp. 503); nr. 5 (Sp. 504).

[92] J. *Mennoch*, Qu.-Nr. 55 a, cons. XXXII nr. 36 (fol. 81 v.); J. *Steuart*, Qu.-Nr. 177, S. 226.

3.32 Mit der richtigen Idee ist die richtige Seinsweise des Reproduktionssubjekts freilich noch nicht errungen. Wenn die Steuerleistung jedes einzelnen in der Begünstigung ausgeglichen sein will, die sich die Gruppe zuwendet, so schließt nicht schon die Art allgemeinbezogenen Gruppenwirkens ein, daß es seine Erträgnisse tatsächlich allen Individuen mitteilt. Einerseits soll kein einzelner in der Zensitengemeinschaft in seiner Eigenschaft als besonderer einzelner einer ganz persönlich-singulären Situation besonders berücksichtigt werden, mag er sich auch als besonderes Individuum von den Lasten beansprucht fühlen. Auf der anderen Seite verfehlte die Reproduktionsidee nicht minder, wer sich nur auf die Begünstigung anonymer Größen verlegt und allein den Staat zum Subjekt des Steuervorteils erklärt: „Si tributa vero sint ad damna recompensenda, in eorum commodum redundare debent, qui damnum passi sunt, ut per se constat[93].“ Dann muß alles darauf ankommen, die reproduzierende Gruppe Staat in ihrem Verhältnis zu den Individuen so zu verstehen, daß die einzelnen mit den Vielen an der Gruppenwirksamkeit teilnehmen. In dieser Vorteilsreproduktion zugunsten der assoziierten Vielen tritt die eigentliche Problematik ans Licht, die — mit dem Blick auf das Subjekt — für die Rechtfertigung der vielen einzelnen Beiträge zu gerade nicht einzeleffizienter Wirksamkeit heraufbeschworen ist.

3.321 Ohne daß alle einzelnen eine spezifisch empfangsbereite Seinsweise für kollektives Wirken aktivieren müßten, ist die Steuerreproduktion freilich noch bei jenen Veranstaltungen faßbar, die einmal schon für die anonyme Gemeinschaft erheblich sind, weiter aber auch jedermann in der Sozietät unbedingt berühren. Man denke an friedens- und ordnungsbewahrende Vorkehrungen. Sie veranlassen schon deshalb eines jeden finanzielle Mitwirkung, weil niemand ihrem Erfolg zu entsagen vermag und keiner dem Erfolg entgeht[94]. Subjekt der Steuerreproduktion könnte sowohl die anonyme Vielheit der Gruppe als auch die Summe ihrer Mitglieder-Individuen sein.

Dieser Gleichlaut allgemeinen und individuellen Zweckbewußtseins in der Gruppe ist aber tatsächlich Ausnahme; auch die Gemeinschaft ist regelmäßig nicht in der bloßen Addition ihrer Mitglieder-Individuen existent. Oft werden Steuern nur von solchen Lagen veranlaßt, für solche Wirksamkeiten eingesetzt, die zwar für die assoziierten Vielen essentiell wichtig sind, denen aber irgendwelche einzelnen Gemeinschafter durchaus entsagen können oder wollen: „Hat ein Unterthan von dem Zwecke,

---

[93] F. *Suarez*, Qu.-Nr. 80, lib. V cap. XV nr. 9 (S. 306); Begründung: oben 2.3211, Note 135.

[94] Belege oben 3.2421, Note 64 und etwa S. *v. Pufendorf*, Qu.-Nr. 127 a, lib. 8 cap. 5 § 6 (S. 423): „Ex cum id, quod a civibus in publicum confertur nihil aliud sit praeter emptae pacis pretium, rationis est ut qui aeque de pace participant, aequas partes soluant pecunias aut operas Reipublicae contribuendo“; vgl. K. H. *Rau*, A. *Wagner*, Finanzwissenschaft a a O S. 336, 340, insbes. S. 349.

zu welchem eine Abgabe auferlegt ist, gar keinen oder nur geringen Vortheil, er muß dennoch zu der Abgabe beitragen[95]." Man darf also nicht, wie es die Steuerlehre gelegentlich will, stets uneingeschränkte Identität von Gemeinschaft und Gemeinschafter-Individuen unterstellen. Von einem so uniformen Reproduktionssubjekt kann keine Rede sein[96].

Mögen zwar manche Vertreter der Äquivalenzlehre mit dieser Tatsache nur schwer ins Reine kommen, die überwiegenden Stimmen der Steuerrechtfertigungstheorie bescheiden sich mit einer hypothetisch individuellwirksamen Steuerkompensation. Auch die Modellvorstellung des aufklärerischen Gruppenverständnisses erklärt nicht die jeweilige Inanspruchnahme gemeinerheblicher Werke zum eigentlichen Steuergrund. Hier genügt zur Rechtfertigung eines jeden Steuerbeitrags der in Staatstätigkeit herbeigeführte Gesamteffekt: „Der Grund der Steuerpflichtigkeit liegt in der dadurch begründeten Möglichkeit des Fortbestehens des Staatsverbandes, also zunächst im Genuß der Staatsanstalten, entfernt in der Tauglichkeit, an demselben Theil zu haben[97]."

3.322 Diese Auffassung ist nicht ohne Kunstgriff zu erringen, der an das Selbstverständnis der Vielen Hand anlegt. Gemeinschaftsbezogenes Bewußtsein wendet die einzelnen auf die Vielen der Gruppe hin, um ihnen allen den Mitgenuß der Gruppenwirksamkeit zu erschließen[98]. Deshalb zeigen die Mitglieder-Individuen eine zweckgemeinsame Gestimmtheit als die dem Gruppenleben aufgeschlossene Seinsweise[99]. Nicht als besonderer einzelner, der allen ganz persönlichen Regungen ausschließlich folgt, tritt jeder einzelne Partizipant mit Ansprüchen an die Gruppenwirksamkeit auf; als Subjekt der Steuermittelaktivität bewegen ihn Erwartungen des sich allgemein verstehenden einzelnen[100], das sind Ansprüche, denen die Steuerreproduktion gerecht werden kann.

3.323 Wieder macht sich die Scheidung in gemeingewendete und singulärgerichtete Strebungen als Gegensatz geltend, dieses Mal mit Blick auf das Subjekt, das gemeinbezogene und besondere Regungen kennt. Daran knüpft auch die Steuerrechtfertigung an.

Daß sie sich dieser Einsicht stellen muß, ist eine Notwendigkeit, die ihr das Wissen um ein bonum commune längst offenbart[101]; doch in der

---

[95] K. S. *Zachariä*, Qu.-Nr. 227, S. 129.

[96] S. *v. Pufendorf*, Qu.-Nr. 127 b, lib. II cap. 6 § 10 (S. 302) m. w. N.: „... civitas definitur, quod sit persona moralis composita, cujus voluntas ex plurimis pactis implicita et unita pro voluntate omnia *habetur*, ut singulorum viribus et facultatibus ad pacem et securitatem communem uti possit."

[97] A. *v. Kremer*, Qu.-Nr. 213, S. 77 f.

[98] Oben 3.122.

[99] J. H. G. *v. Justi*, Qu.-Nr. 175 d, § 30 (S. 45).

[100] Vgl. R. E. *Flatman*, Public interest aaO S. 43 ff.; Robert M. *MacIver*, Community, a sociological study, 3. Aufl. London 1924, S. 105 ff., 108 ff., 116 ff.

[101] Oben 2.3146 mit Note 26; 2.3212 mit Note 141; 2.3215 mit Noten 154 f.;

Steuerlegitimation will solche Erkenntnis weitgehend neu errungen sein. Der beschwerende Steuerzugriff auf die einzelnen verdunkelt dabei so sehr wie er erhellt, wo man — angesichts dieser gravierenden Äußerung des Gemeinwohlstrebens — sich nicht bescheiden mag mit einem metaphysischen Gemeinwohlverständnis.

3.33 Was weiß die Steuerlehre unter solchem Aspekt über das Subjekt der Ausgabewirksamkeit mitzuteilen? Eine ausdrückliche Würdigung dieses Subjekts gibt die Lehre von der Steuerreproduktion nicht. Sie läßt zwar verlauten, daß die einzelnen steuern müssen, weil sie an den gemeineffizienten Nützlichkeiten teilhaben[102]; die umgekehrte Überlegung besagt jedoch nur, daß Vorteile, „spectans ad sumptus communes“[103], derselben Vielheit von Steuerpflichtigen gelten, die jene Werke bezahlen. Wie solche Vielheit verfaßt sein muß, jedes ihrer Glieder sich zu verstehen hat, um in den Genuß der Staatswirksamkeiten zu kommen, erörtert die Steuerlehre nicht.

Das Problem ist für die Steuerrechtfertigung ganz einfach mit der Idee kollektiver Bedürfnisbefriedigung gelöst, ohne daß die Lehre kollektive Bedürfnisse und ihr steuerliches Abhilfeinstrumentarium in einen ausdrücklichen Zusamenhang mit den Gemeinschaftslehren bringt. Es bewendet dabei, daß man die Steuerfunktion auf der Gruppenebene ansiedelt. Das Wirken kollektiver Dienste zu registrieren, heißt aber noch nicht, die Problematik sozialer Wirkweisen aufgelöst zu haben. Im Gegenteil: das Problem tritt, sichtbar gemacht, überhaupt erst deutlich hervor.

3.331 Erklärt man Bedürfnisse einer Gemeinschaft zum Maß und Ziel der Steueraktivitäten — und die Lehre betont die Notwendigkeit unermüdlich —, so ist eine wesentliche Auffassung von dieser Sozietät unentbehrliches Requisit für ein richtiges Steuerverständnis. Die hier brauchbare Idee der Gemeinschaftsstruktur dienen die Staatstheorien der Steuerrechtfertigung an; die Gemeinschaftslehre wird regelmäßig stillschweigend unterstellt, gelegentlich auch ausdrücklich übernommen. Damit zieht sich die Steuerlehre auf die allgemein verbreiteten Anschauungen zurück, die menschliche Gemeinschaft als politische Gruppe darstellen[104].

3.332 Die allgemeinen Lehren von Individuum und Gemeinschaft kennen entweder ein „gesamthaft“ verstandenes oder ein vom Indi-

---

3.111; im übrigen: *Thomas v. Aquin*, Qu.-Nr. 2 a, Prima Secundae 96, 1 (Ed. L. Bd. 7 S. 180): „Bonum autem commune constat ex multis. Et ideo opportet, quod ad multa respiciat; constititur enim communitas civitatis ex multis personis; et eius bonum procuratur“; Christian *Wildvogel*, Johann D. *Gihnlein*, Bonum publicum, an et quomodo bonum publicum bonis privatorum praeferre debeat, Jenae 1695, S. 4, 9; C. *Wolff*, Qu.-Nr. 168 a, § 837 (S. 525).

[102] Oben 2.3213; 2.341, Noten 219 f.; 2.342.

[103] F. *Suarez*, Qu.-Nr. 80, lib. V cap. XV nr. 3 (S. 306).

[104] Vgl. W. *Gerloff*, Rechtfertigung der Besteuerung (Schanz-Festgabe) a a O S. 142 f.

viduum ausgehendes, später als „atomistisch“ verurteiltes Gemeinschaftskonzept[105]. Beide Auffassungen vertritt auch die Steuerrechtfertigung. Aus beiden Konstruktionen kann man das Wesen der Steuer als Kollektivdienst entwickeln.

3.3321 Lehren mit individualistischer Komponente setzen die Menge zur Gemeinschaft aus den einzelnen Partizipanten zusammen. Personales Eigenleben soll die Gemeinschaft prägen. Die politische Gruppe ist demnach von Haus aus individuell-gestimmte Verbindung mit der Aufgabe gegenseitiger Förderung, namentlich der gemeinsamen Schutzvorkehrungen zugunsten eines jeden persönlicher Selbstentfaltung[106]. — Allerdings ist zu erinnern: die Gruppe hält hier der eine, von allen geteilte Zweck zusammen, der Streben nach Frieden und Ordnung heißt[107]. Auf diese gemeinsamen Güter beziehen sich die einzelnen Mitglieder-Individuen dann fraglos als allgemeingestimmte einzelne, da sie ihr Streben hier nicht unterscheiden. Insoweit gibt sich jeder undifferenziert, während er seiner besonderen Natur im übrigen lebt.

3.3322 Die gesamthaft konzipierte Gemeinschaft dagegen entdeckt für sich ein primär gemeinschaftbestimmtes Leben. Es soll von einem gemeinsamen, über das Einzelschicksal hinausgreifenden Zweck regiert und darin entscheidend gestaltet werden[108]. Dieser Zweck, Ziel des kollektiven Strebens einer Mehrzahl von einzelnen, bewirkt hier, daß dieselben einzelnen einen Teil ihrer selbst der Gruppenaktivität unterstellen; sie bringen sich, soweit das für die Verwirklichung des Gruppenzwecks nötig ist, in die Gruppe ein; sie widmen sich dem Gruppendienst und werden zugleich des von der Gruppe verfolgten Zweckstrebens teilhaftig. — Außerhalb der gemeinsamen Zwecke nehmen die einzelnen freilich gleichermaßen ihre individuellen Zwecke wahr, wie sie überhaupt wegen ihrer Hinwendung mit einem Teil ihres Seins auf die Gruppe nicht das Wesen und die Persönlichkeit des Individuums verlieren.

---

[105] Oben 2.132; vgl. im übrigen die Darstellung der historischen Gemeinschaftslehren bei R. M. *MacIver*, Community a a O S. 69 - 97 und 98 ff. und etwa E. *Welty*, Gemeinschaft und Einzelmensch a a O S. 202 ff.

[106] Jaques *Maritain*, La personne et le bien commun, Paris 1947, S. 55 ff.; im übrigen etwa: Th. *Hobbes*, Qu.-Nr. 108 a, Vorwort an den Leser und Kap. 5 §§ 6 ff. (S. 67 f. und 128 ff.); N. H. *Gundling*, Qu.-Nr. 158, cap. I § 23 (S. 10); J. H. G. *v. Justi*, Qu.-Nr. 175 a, S. 1 f.; F. *Murhard*, Der Zweck des Staates a a O S. 25 f.

[107] Oben 2.3323; 2.333; 3.2421, Noten 62 ff.; 3.321.

[108] Richtungsweisend: *Thomas v. Aquin*, Qu.-Nr. 2 c, lib. I cap. 2 (S. 3 f.); weitere Nachweise bei L. *Schütz*, Thomas-Lexicon a a O, Stichwort „societas“, S. 758 f.; „multitudo“, S. 504; Ch. *de Koninck*, De la primauté du bien commun contre les perponalistes, Québec - Montréal 1943, S. 33 f. und öfter: Otto *Schilling*, Die Staats- und Soziallehre des hl. Thomas v. Aquin, München 1930, S. 238 ff., 329, 337. — Vgl. jedoch Th. *Eschmann*, Studies on the notion of society in St. Thomas Aquinas, in: Mediaeval Studies, Bd. 8 (1946) S. 1 ff.

3.333 So verschieden der jeweilige Ausgangspunkt beider Gemeinschaftslehren die Komposition Sozialgruppe hervorbringt, die existent gemachte Größe Gemeinschaft — ob im gesamthaft sehenden Bildungsprozeß oder im individualistisch orientierten Produktionsverfahren theoretisch verdeutlicht — zeitigt für die Steuerrechtfertigung keine konträren Versionen[109]. Immer ist es die Einstellung der Individuen in ihrer auf die Gemeinschaft gewendeten Seite, die ein im gemeinsamen Zweck wesentlich eigenes Konzept Gemeinschaft erlaubt: mögen die Individuen ihrer Natur nach auch differenziert sein, als Ganzes geben sie sich undifferenziert; im Gruppenstreben verhalten sich die einzelnen so, daß man sie nicht unterscheidet[110].

3.3331 In der aristotelisch-scholastisch gestimmten Steuerlehre des Mittelalters, später des usus modernus und der römischrechtlich geschulten Kameraljurisprudenz herrscht die gesamthafte Gruppenauffassung. Danach ist jeder einzelne, soweit er an der steuerlichen Wirkweise beteiligt ist, Integrand eines Ganzen von eigener, gegenüber der Summe der einzelnen verselbständigter Wesenheit[111]: „Etenim subditi reipublicae cuius sunt partes, subvenire tenentur ... quandum bonum ac necessitas publica id ita efflagitat[112]." Die Zwecke, für die zu steuern jeder einzelne gehalten sein soll, bestehen für die Gemeinschaft als Ganzes, weshalb man primär dieses Ganze zum Bezugspunkt der Steuerreproduktion erklärt.

Mit dem Ganzen der Gemeinschaft erfahren auch die einzelnen Zensiten den Nutzen des Steuerverbandes: „singulorum vitae salutem in Reip. salute positam, Reip. vero in singulorum ope, sine illa salvam fieri non posse ...[113]." „... Schatzungen sind in der unterthanen bestes gestellt"[114], Vorteile, die freilich erst in einer weiteren intellektuellen Operation auch den Gliedern ersichtlich werden. „Causa hic igitur est

[109] Oben 2.132.

[110] N. *Causinus*, Qu.-Nr. 109, Diss. 36 (S. 143: „... aequissimi sint omnes in communem utilitatem.") — H. G. *v. Justi*, Qu.-Nr. 175 d, § 30 (S. 45): „Die Vereinigung vieler Willen in einem einzigen Willen ist der erste moralische Grund der Republiken, und dasjenige, was hauptsächlich den bürgerlichen Stand ausmacht: Wenn viele Willen in einem einzigen Willen vereiniget werden sollen; so müssen sie alle eine und eben dieselbe Sache hauptsächlich wollen"; vgl. *ders.*, Qu.-Nr. 175 a, § 5 (S. 3).

[111] *Thomas v. Aquin*, Qu.-Nr. 2 a, Prima Secundae 96, 4 (Ed. L. Bd. 7, S. 183); 100, 5 (ebenda S. 211): „... in civilibus omnes homines, qui sunt unius communitatis, reputantur quasi unum corpus, et tota communitas quasi unus homo; Secunda Secundae 58, 5 und 58, 7 (DThA Bd. 18 S. 33 und 40); *ders.*, Qu.-Nr. 2 c, lib. I, cap. 1 (S. 2 f.); D. *Carafa*, Qu.-Nr. 24, cap. VII § 3 (S. 18); J. *Bornitz*, Qu.-Nr. 73, S. 60; C. *Klock*, Qu.-Nr. 102 a, cap. VII nr. 43 - 46 (S. 166) und öfter.

[112] L. *Molina*, Qu.-Nr. 66, disp. 667 nr. 1 (Sp. 502).

[113] C. *Klock*, Qu.-Nr. 102 a, cap. VII nr. 19 (S. 164); vgl. F. *Suarez*, Qu.-Nr. 80, lib. V cap. XV nr. 3 (S. 306).

[114] J. *Matthiae*, Qu.-Nr. 99, cap. III nr. 185 (S. 116).

publica, quae vel salutem communem totamque Rempublicam respicit vel partem eius et utilitatem[115]." Dabei „sufficit autem, ut utilitas publica *principaliter* interveniat, licet aliquando privati, qui gravantur, nullum commodum inde percipiant: nulla commoda omnibus est"[116].

3.3332 Die individualistische Gemeinschaftsauffassung dagegen bezieht die Steuervorteile im selben Atemzuge auf die Gemeinschaft und die einzelnen Gemeinschafter, die sie komponieren. Gerade aus der Sicht dieser einzelnen fragt man dann weiter, ob die assoziierten Vielen Steuerleistungen jedes einzelnen beanspruchen dürfen[117]. — Daß solche Betrachtungsweise mit dem Vertragsstaatsverständnis harmoniert[118], daß auch die Staatsverneinung das geringste Moment nicht gewesen sein mag[119], ist augenfällig. Wenn die Gegner der Staatsräson sich um die Lehre versammeln, die die Aufklärer verkünden, so bringt diese Strömung gerade das individualistische Gemeinschaftsbild der Sophisten wieder in Ruf. Man will den Wert des Personalen, mit ihm der einzelnen als letztendlichem Subjekt des Ausgabenutzens einsichtiger herausstellen. — Hier leitet die Absicht, die dem einzelnen das Erlebnis eines Subjekts kollektiven Wirkens vermitteln will, ein Verständnis, für das auch die Gruppe ihre Wirkrichtung kennen muß. Mit diesem Vorzeichen sichert Adam *Smith* der individualistischen Steuerversion starke Verbreitung[120]. Die Lehre tritt gegen das in metaphysischen Organologien verborgene, in anonymer Staatstätigkeit oft übergangene Subjekt Gemeinschaft an, um das Individuum in den Vordergrund zu rücken[121]. — Wie gegen die kameraljuristische Steuerlehre des 17. und 18. Jahrhunderts etwa schon mit Thomas *Hobbes*[122], Samuel *v. Pufendorf*[123] und *Montesquieu*[124] zu

[115] J. *Bornitz*, Qu.-Nr. 73, S. 60.

[116] C. *Klock*, Qu.-Nr. 102 a, cap. VII nr. 43 (S. 166) [Hervorhebung hier]; weitere Belege oben 2.3213, Note 148; 3.321, Note 95, Note 97.

[117] Oben 2.3422.

[118] J. C. *Hofbauer*, Qu.-Nr. 198, §§ 395 ff. (S. 201 ff.), insbes. §§ 406 (S. 205 f.).

[119] Dazu oben 1.2212. — Es sind indes zwei Motivationen des Individualismus auseinanderzuhalten: Personales Denken ist sowohl Ersatzhandlung versuchten Selbstverständnisses staatlicher Gruppe bei unterentwickelter Staatsidee als umgekehrt ein Hemmschuh übersteigerter Staatsidee. Und diese zweite Richtung propagiert die aufklärerische Steuerlehre. Ihr Individualismus entspringt dem Bemühen, eine schlagkräftige Staatsgewalt zu mäßigen, wenn sie sich nur mit willkürlicher Besteuerung aktionsfähig hält und nicht von ihrer Richtigkeit überzeugt; vgl. Wilhelm *Hasbach*, Die allgemeinen philosophischen Grundlagen der von F. Quesnay und A. Smith begründeten politischen Ökonomie, Leipzig 1890, S. 54; C. B. *MacPherson*, The political theory of possessive individualism, Oxford 1962, S. 197 ff.

[120] Qu.-Nr. 184, S. 307. Die Folgelehren weisen K. H. *Rau*, Ad. *Wagner*, Finanzwissenschaft a a O S. 336 f. Note 1 umfassend nach.

[121] Giorgio *del Vecchio*, Individuo, Stato e corporazione, in: Saggi allo Stato, Roma 1935, S. 87 ff.

[122] Oben 2.3323, Note 209.

[123] Oben 2.3323, Noten 207, 210.

[124] Oben 2.3323, Noten 208 und 211.

allgemeiner Kenntnis gebracht[125], wird das Steuerwesen nun als rechenhaft veranstaltetes Austauschverhältnis betrachtet[126]. Doch gleichermaßen denkt man nur an die solidarischen Vorteile, die, von allen geteilt, auch dem Individuum gelten. Das steht mit den zu allgemeiner Reproduktion geeigneten und bestimmten Objekten außer Frage[127], wie ja alles darum geht, dieser existentialen Güter wirklich gemeinsam teilhaftig zu werden.

3.34 Indes darf man mit den Ausgangsprämissen beider Gemeinschaftsversionen — sie sind pointiert übersteigerte Ausprägungen gegensätzlicher Gemeinschaftskonzeptionen — keinem Fehlschluß unterliegen. Denn weder die ausschließlich gesamthafte Blickrichtung noch eine zergliedernde Sicht der Individualkonzeption werden dem Steuergedanken allseitig gerecht, nimmt man jeweils den Gesichtspunkt ihres ersten Einstiegs in das Gruppenphänomen mit voller Tragweite beim Wort: Subjekt ist so wenig die ihrer Mitglieder-Individuen entkleidete Gruppe, wie Subjekt eine lediglich summierte, von der Größe Gemeinschaft ferngehaltene Menge der Vielen sein kann. Aus diesem Grunde korrigiert auch die durchgängig behauptete Steuerrechtfertigungsidee die beiden Gemeinschaftsbilder zu einem Kompositum von gruppenorientierten und individualbetonten Gesichtspunkten, die in die Steuerreproduktion hineinspielen[128]. Kollektivistisches Denken soll keine Absage an das Individuum sein, wie umgekehrt die individualistische Auffassung noch nicht die ausschließlich gemeinschaftssprengende Wirkung egoistischer Selbstentfaltung impliziert. Deshalb stellt man stets auf Strebungen von gemeinerheblicher Effizienz ab, deren Zwecke den vielen Assoziierten gelten. Darin wissen sich beide Auffassungen einig: Gesamthaft und individualistisch ausgerichtete Lehren vom Grund und Wesen der Steuer dimensionieren den Ausgabezweck im Bereich der Zwecke von Gruppe und Mitglieder-Individuen. Und mehr noch: Für beide Anschauungen sind ein Gesamtzweck und die Zwecke der vielen einzelnen, soweit ihnen Gruppenstreben gebührt, für den Bereich der Ausgabewirksamkeit *solidarisch,* nämlich übereinstimmend in dem überhaupt in Gruppenaktivität aufzunehmenden Zweckstreben. Das wird für die gesamthafte Gemeinschaftsauffassung gegenwärtig, berücksichtigt man, daß Wohlsein als Ziel der einzelnen Menschen Wohl als Zweck der Gemeinschaft bedeutet, wie Gemeinwohl nur Wohlsein der Vielen ist. Ausgabenutzen intendiert daher diesen solidarischen Vorteil, für den sich die einzelnen

---

[125] Vgl. etwa *v. Justi,* Qu.-Nr. 175 a, Zueignung S. X f., § 708 (S. 370 f.); §§ 709 ff. (S. 375 ff.).

[126] Oben 2.3323 mit Beispielen in den Noten; Einzelheiten bei R. *Meyer,* Principien der gerechten Besteuerung a a O S. 6 ff.; 83 ff.

[127] Vgl. oben 2.3321; 2.333 und 3.321, Note 94.

[128] F. J. *Neumann,* Die Steuer nach der Steuerfähigkeit I a a O S. 576; II a a O S. 455 Note 2.

der Gruppe zuwenden. Diesem Zweck bringen sie dann auch steuerliche Opfer. Umgekehrt ist das von Gemeinschafts wegen beförderte, durch Steuern erkaufte und im Steuernutzen reproduzierte Wohlsein der Individuen als Gemeinzweck auf jene allgemeinerheblichen Strebungen beschränkt, die mit dem Gruppenzweck in Verbindung stehen und deshalb von der Gruppe in Obhut genommen werden. Diese Erkenntnis leitet auch das individualistische Gemeinschaftsverständnis. Denn für die Steuerreproduktion stehen nicht jede individuelle Entfaltung der einzelnen, nicht ihre ganz persönlichen Begehrlichkeiten zur Diskussion. Gemeint sind jene Regungen der vielen einzelnen aus ihrer Verbundenheit mit den anderen Mitgliedern der Gruppe. Die hier aktuellen Empfindungen sind deshalb von gemeinschaftlicher Gesinnung und soweit von allen egoistischen Komponenten befreit, wie es die Strebung der Gruppe gebietet.

Solchermaßen mit dem Gruppenverständnis theoretisch gerüstet, ist der Steuerlehre folgender Ausgangspunkt gegenwärtig: Schon mit dem Blick auf das Subjekt der Steuerreproduktion gesehen, wird das *Objekt* des Ausgabenutzens bewußt in seiner Gegensätzlichkeit zum *partiellen* Zweckstreben gemeinschädlicher Wirkung; mit Bezug auf das *Subjekt* wird der Ausgabenutzen nunmehr erkannt in seinem Gegensatz zum *besonderen*, der Vielheit nachteiligen Zweckstreben der einzelnen in der Vielheit. Positiv gesprochen sind es die allgemeinbedeutsamen Zwecke und alle auf diese gemeinsamen Güter gerichteten Wirkweisen, die der Steuermittelvergabe anstehen. Sie sehen als unmittelbares Subjekt die assoziierten Vielen; die bestimmten Individuen aber, diese oder jene bestimmte Gruppe dürfen sie nicht kennen, soweit die einzelnen besonders sein wollen.

3.35 Von diesem Gegensatz zum partiellen Vorteil der Ausgabewirksamkeit her — Kontur ihres Objekts — geht die Steuerrechtfertigungslehre daran, das Problem des richtig verstandenen Subjekts aufzulösen. Gesamthaft konzipierte und aufklärerisch-individualistische Versionen stimmen überein, daß Subjekt des gemeinsamen Vorteils die nicht besonderen, nämlich gemeingestimmten einzelnen Steuerzahler sind. Mit dem Blick auf das Ganze ist Subjekt der Ausgabewirksamkeit die Generalität der Gruppe in ihrer anonymen Zusammensetzung; auf der Suche nach dem einzelnen Destinatär der Steuerreproduktion begegnen die anonymen einzelnen, welche man in der Generalität findet; sie sind nicht besonders, weil sie sich als allgemeingewendete Individuen gleichen, wo alle an gemeinsamen Wirksamkeiten solidarischer Zwecke teilnehmen[129].

---

[129] L. *Molina*, Qu.-Nr. 66, disp. 668, nr. 1 (Sp. 506): „... aequum esse unumquemque contribuere, attento statu reipublicae, intelligendum est, quando tributum ob commune bonum quod *aeque ad omnes spectat*, exigitur" (Hervorhebung hier); S. *v. Pufendorf* (Fundstelle und Auszug oben 3.321, Note 94);

3.351 Natürlich sind es die vielen einzelnen als einzelne Menschen, die sich der Vorteile steuerlicher Aktion versichern wollen. Man sieht sie jedoch nicht in ihrer singulären Situation. Man nimmt sie als Mitglieder-Assoziierte. Das sind die einzelnen sehr wohl als einzelne, jedoch in zweckgemeinsamer Gestimmtheit. Wenn diese Individuen besonders, also individuell geartet sind — und das sind die einzelnen im übrigen hauptsächlich — so wird ihre Individualität nämlich nicht Zielpunkt irgendeiner Ausgabenveranstaltung: alles gemeinsame Wirken hat die nicht partiellen Güter im Blick, deren man in nicht besonderem Genuß teilhaftig wird. Deshalb ist das besondere Eigenleben, die persönliche Selbstentfaltung jedes einzelnen mit seinen privaten Zwecken, der Gruppenkompetenz entzogen.

Aus diesem Grunde muß man in allgemeinbedeutsame Strebungen scheiden, die als solidarische Zwecke im Gruppenzweck aufgehen, und in individuell belangvolle Regungen sondern, denen das Gruppenverhalten keine Aufmerksamkeit leiht: „Tributa imponuntur propter occasiones et causas, et de his verum est causam esse debere non commodum Principis *neque alicuius personae privatae, sed communitatis bonum*[130]." — „... ut causa sit non utilitas privata vel necessitas non boni publici sive cupiditas, sed necessitas publica[131]."

3.352 Die Schranken, die man dem Streben errichtet, entsprechen den Grenzen, die den Erwartungen der Subjekte an die Steuermittelaktivität gezogen sind: Reproduziert werden soll ein allgemeiner Nutzen der nicht besonderen Vielen[132]. Die Steuerrechtfertigungsidee besagt, in ihrem Kern freigelegt, daß der Steuerzugriff als Schmälerung des individuellen Eigenstrebens einzelner überall angängig ist, wo die Gruppenwirksamkeit für gemeinsame Zwecke diese Beschwer so sehr gebietet wie ihr Gebot gemeinsamer Notwendigkeiten das Opfer wettmacht[133]. Die Besteuerung ist den einzelnen kein Verlust. Denn mit den Ausgabewerken geht man gemeinbedeutsamem Streben nach, das den einzelnen ebenso eigen ist wie die besonderen Regungen, denen sie sonst mit ihrem Geld nachgelebt hätten. Jetzt kommt der entscheidende Gesichtspunkt der Reproduktion: Die ausgleichende Zuwendung gemeinsamer Güter an jeden einzelnen ist im gebotenen Umfang nur möglich, wenn nicht be-

---

vgl. oben 3.333, Note 110; C. *Klock*, Qu.-Nr. 102 a, cap. I nr. 89 (S. 11): „... ab aequitate profiscitur, cujus nihil magis est proprium, quam *pari jure vivere in multitudine.*" In diesem Zusammenhang auch oben 3.25, m. Note 86.

130 F. *Suarez*, Qu.-Nr. 80, lib. V cap. XV nr. 2 (S. 305 f.) [Hervorhebung hier].

131 C. *Peller*, Qu.-Nr. 119, S. 511 m. w. N.; M. *Faust*, Qu.-Nr. 103, cons. 78 (S. 832); J. *Althusius*, Qu.-Nr. 77, cap. XIII nr. 2 (S. 221): „... totam rempublicam concernente, non bona et res privatorum" (zahlreiche Belege).

132 Oben 1.212, Noten 89, 91; 3.122.

133 Oben 2.341, m. Noten 219 f.; 2.3412, Noten 231 ff., 234; 2.3421/2; 3.11, Note 5; weitere Belege unten 3.412, Note 156; 3.42, Noten 162, 164.

stimmte einzelne *besonders* bedacht und gefördert werden; denn jeder Sondernutzen anderer einzelner verringert die Effizienz gemeinnützlicher Werke, die die Summe der Einzelbeiträge in sich auf alle einzelnen reproduzieren sollen. "Raising money by taxes must always be burdensome, less or more, to those who pay it; and the advantage resulting from taxes can only proceed from the right application of the money when raised. When individuals only make a profit of the inconvenience of taxes, the public loses, no doubt, because they are paid for the advantage of the public, not for that of private people[134]."

Man sieht, daß es der Sondernutzen bestimmter einzelner Partizipanten ist, der die Steuerreproduktion verfälscht, wenn nicht gar überhaupt vereitelt. Sondernutzen ist der partielle Vorteil eines besonderen Nutznießers. Gegen diese Wendung auf einen singulär- oder partikulärnützlichen Erfolg sind Steuermittelveranstaltungen zu verteidigen. Dies gegen alle Prätendenten eines Vorteils, die besonders sein wollen und zu bewerkstelligen wissen, daß sie ihre Besonderheiten in die Steuermittelaktivität einschleusen.

3.353 Abermals stellt man die Scheidung von singulärnützlicher und allgemeinerheblicher Zweckbeförderung — Kautel der richtigen Zwecke — heraus; dieses Mal in Gestalt des Gegensatzes von besonderem und allgemeinerheblichem Zweckstreben seiner Subjekte. Und wiederum unübersehbar ist diese Scheidung zu begreifen als Prämisse richtiger Steuerwirksamkeit[135].

3.36 Auf das Richtige schließt die Steuerlehre auch hier aus seinem Gegensatz zum Unrichtigen. Sie will einen Begriff vom richtigen Subjekt machen, indem sie immer wider erklärt, wie ein recht verstandenes Subjekt nicht aufgefaßt werden soll: als besonderes Subjekt partieller Vorteile.

3.361 Will man erfahren, welche Subjekte in ihren besonderen Neigungen Gefahr für die richtige Steuerwirksamkeit sind, so lenkt die Lehre den ersten Blick vor allem auf die Regierenden[136]. Gerade sie sind mit weiteren starken Interessenten als potentielle Subjekte des Sondernutzens verdächtig, „die Unterthanen als dienstbare Werkzeuge für die Leidenschaften der Regenten zu halten“[137].

---

[134] J. *Steuart*, Qu.-Nr. 177, S. 226; F. *Suarez* (Fundstelle und Auszug oben 1.212, Note 87).

[135] Oben 1.2121, Note 91; 2.3123, Note 61; 2.313, m. Noten 63 f.; 2.314, Note 78; 2.3144, Note 95; 2.3144, Note 106; 2.3215; 2.3224, m. Note 176; 2.323, m. Noten 179 - 189; 2.3412.

[136] Oben 1.2121, Note 91; 2.3144, m. Noten 97 f., 99 f., 113; 2.3145, m. Noten 116, 124; 2.3146, Note 133; 2.323, insbes. m. Noten 185 - 190; 2.3321.

[137] J. H. G. *v. Justi*, Qu.-Nr. 175 a, Zueignung S. X.

3.362 Daß jeder einzelne Zensit dieselbe, zuvörderst einmal den Regierenden abverlangte Einstellung des nicht besonderen Destinatärs gewinnen müßte, will er die Rechtfertigung seines Steuerbeitrags erfassen, erwähnt die Steuerlehre dagegen nicht. Das ist, wie ins Auge fällt, keine Frage, auf die man in der Steuerlehre Worte verwendet.

3.3621 Steuerrechtfertigungslehren, die im Ergebnis allein dem Sondernutzen der Regierenden entgegenzutreten wüßten, hätten zwar viel, doch nicht alles gewonnen: Sie mäßigen die gefährlichste Kraft besonderer Begehrlichkeit, vergessen dabei aber, daß auch die Menge besonders agierender Individuen mit eines jeden disparaten Ansprüchen sich selbst Gefahr ist[138], die man entmachten muß.

Bei richtigem Zusehen gibt die Lehre ihr Wissen um die notwendig gemeineffiziente Steueraktivität, das bereits am Objekt der Ausgabewerke gewonnen ist, keineswegs preis, wenn das Subjekt mit den Vielen zur Sprache kommt. Den gemeingewendeten Standort dieser Vielen in der reproduzierenden Gruppe will die Rechtfertigungslehre indes nicht dadurch sichern, daß sie auch den einzelnen, den Regierenden gleich, das Selbstverständnis des nicht besonderen einpflanzt. Die Lehre glaubt, dem singulären oder partikulären Ausgabeerfolg zugunsten bestimmter Regierter schon dadurch hinlänglich zu wehren, daß sie die Steuerdisponenten über den richtigen Finanzvollzug wachen läßt: dabei soll die Regierung, den Gemeinzweck vor Augen, das gemeingestimmte Streben der von ihr verwalteten Aktivität erringen und gleichermaßen für die Erwartungen aller einzelnen hervorbringen[139]. Nur die Person der Regierenden wird zum erklärten Austragungsort für die notwendige Erkenntnis, daß kein partieller Zweck besonderer Interessenten Ziel der Steuermittelveranstaltungen sein darf. Wie die Steuerlehre glauben macht, kann die Inobhutnahme des Steuerwesens durch verantwortungsbewußte Regierende den Finanzvollzug sowohl von persönlichen Begehrlichkeiten der Sachwalter wie von besonderen Begehrlichkeiten der regierten Vielen freihalten[140]. Dann wird die Steuerwirksamkeit in ihrem reproduktiven Kreislauf vor jedem Angriff auf ihre Richtigkeit geschützt.

[138] Frédéric *Bastiat*, Oeuvres complètes, 5. Aufl. Bd. IV Paris 1884 S. 333: „L'Etat, c'est la grande fiction à travers laquelle tout le monde s'efforce de vivre aux dépens de tout le monde."

[139] Grundlegend *Thomas v. Aquin*, Qu.-Nr. 2 a, Prima Secundae, 100, 6 (Ed. L. Bd. 7 S. 213; 111, 5.1 [S. 322]); Secunda Secundae, 26, 2 (Ed. L. Bd. 8 S. 210). Dazu m. w. N. Franz *Faller*, Die rechtsphilosophische Begründung der gesellschaftlichen und staatlichen Autorität bei Th. v. A., Heidelberg 1954, S. 68 ff.; 70 ff. und öfter. — Diese Lehre übernimmt die Steuerrechtfertigung; vgl. M. *Tympius*, Qu.-Nr. 85, S. 991; weitere Belege oben 2.3213, Note 148; 2.3222, Note 166; 3.122, m. Noten 48 f.

[140] J. H. G. *v. Justi*, Qu.-Nr. 175 a, § 5 (S. 3): „Und damit die einzelnen Willen ihres besonderen Vortheils halber die gemeinschaftliche Glückseligkeit nicht außer Augen setzen, so müssen die besonderen einzelnen Willen einem gesamten oder vereinigten Willen gehorchen, der unaufhörlich zur Absicht hat, die

3.3622 Mit solcher Sicht ist für die Steuerlehre die Frage erledigt, wie sich jeder einzelne in der Gruppe *selbst* zu begreifen hat. Denn nicht das Selbstverständnis der einzelnen soll es sein, was die Ausgabewirksamkeit vor ihrer sondernützlichen Wendung bewahrt.

Ein mangelndes Verständnis der regierten Gruppe als die Vielzahl allgemeiner einzelner — auf die Länge gesehen: als Allgemeinheit — kann man freilich so noch nicht ausräumen. Diese Fehlhaltung, die notwendig jedem einzelnen den steuerrechtfertigenden Zusammenhang verdunkelt, nimmt die Steuerlehre jedoch eher hin als ein Fehlverständnis der Regierenden. Deshalb ruft die Aufgabe, mit der Steueridee das richtige Gruppenverständnis zu befördern, die Steuerlehre nicht auf den Plan, soweit ein solcher Dienst an der Gemeinschaftsidee am Bewußtsein der Gruppe selbst geleistet werden müßte. Denn was hier unbesorgt bleibt, gefährdet die allgemeinwirksame Ausgabeaktivität jedenfalls nicht, weiß man nur ihre Handhabung mit dem Ziel gemeinerheblicher Entfaltung gerade den Sachwaltern zu überlassen, die für diese Wirkrichtung garantieren.

Die solchermaßen eingeschränkte Sicht der Steuerlehre — richtiger ein Blick, der sich den Sachwaltern konzentriert zuwendet — ist zu verstehen, kennt man die Mission der Steuerlehre. Sie ist zwar Theorie. Doch will sie nicht staatsphilosophische Spekulationen um alles bieten als vielmehr Maximen der Staatsklugheit vortragen. Sie ist Lehre, die „in den Bedienungen des Staats brauchbar seyn" soll[141]. Und darin spricht die Steuerrechtfertigungslehre überhaupt nur zu den Steuerautoritäten. Die Steuerrechtfertigungsmaximen empfehlen sich ihrer Beachtung im Finanzgebaren an, so daß die Steuerrechtfertigung nicht auch den Kontribuenten das Wesen der Steuer verdeutlichen muß[142].

3.363 Indes, die richtige Einsicht steht nun einmal im Raum. Sie kommt durch das Medium des Finanzdisponenten dergestalt zum Zuge, daß Steuern weder dem persönlichen Vorteil des Fürsten und seiner steuerbewilligenden Stände, noch den besonderen Angelegenheiten irgendwelcher anderen Personen dienstbar sein sollen; Steuern sind den gemeinsamen Zwecken erdacht. Damit aktiviert man eine Gestimmtheit, die jedenfalls die Regierenden auf gemeinerhebliche Wirkweisen einschwört[143]. Mit dieser Wirksamkeit zeigen die Sachwalter ein Zweck-

---

besondern und einzeln Vortheile und Glückseligkeiten mit dem gemeinschaftlichen Vortheile und einer allgemeinen Glückseligkeit in genaues Verhältniß und Übereinstimmung zu setzen"; C. *Klock*, Qu.-Nr. 102 a, cap. I nr. 89 (S. 11).

[141] J. H. G. *v. Justi*, Staatswirthschaft a a O Vorrede S. XXIV.

[142] Vgl. die Ausnahmen oben 2.3146, Note 129 und etwa *v. Justi* (Auszug und Fundstelle oben 1.2212, m. Note 114).

[143] J. *Steuart*, Qu.-Nr. 177, S. 246: „... the ignorant and unrighteous statesman may restrain the liberty of individuals in order to promote the common good. Raising money by taxes restrains the liberty of most of the individuals and the

streben, für das sich am Ende auch die einzelnen als Subjekt kollektiver Aktion, nämlich als nicht besondere Interessenten werden verstehen lernen müssen[144].

3.37 Fassen wir zusammen, was für die beisteuernde Sozietät theoretisch gewonnen ist, so weiß man mit der Steuerrechtfertigungslehre immerhin so viel vom Subjekt der Ausgabewerke: Die Steuerlehre scheidet zwischen dem partiellen Nutzen besonderer Interessenten und allgemeinbezogenem Vorteil der sich nicht besonders verstehenden Interessenten. Über die Seinsweise des Subjekts der Ausgabewirksamkeit erfahren wir, daß Subjekt sein kann, wer wie die Vielen, „qui ad communem utilitatem intendunt", nicht besonders ist; nicht besonders ist, wer mit den Vielen die allgemeinen Zwecke anstrebt und daher gleich allen in der Vielheit nicht mehr von besonderen Begehren weg auf den allgemeinen Zweck eingestimmt zu werden braucht. Subjekt ist, wer mit den Vielen strukturell in das Gemeinzweckstreben eingegliedert ist, „ergo non oportet ut ad bonum commune *specialiter* ordinentur"[145].

Damit ist das zweite Element richtiger Steuermittelveranstaltungen aufgedeckt. Auch hier steht mit der Steuerlehre fest, daß nun, wo Ausgabewerke die allgemein reproduzierbaren Güter nicht nur in Obhut nehmen, sondern tatsächlich für die Vielen erschließen, die daran gewendeten Ausgaben die richtigen sind. Wiederum betrifft dieser Aspekt der Richtigkeit noch die Richtung der Aktivität; er reflektiert formal die Dimension der Erfolgsebene, hier mit Bezug auf das Subjekt.

---

advantage of the inconveniance of taxes ought to appear not to be the profit of some individuals." Näheres zu diesem Thema unten 3.522, 3.533, 3.535.

[144] Dazu unten 3.652 - 3.653.

[145] F. *Suarez*, Qu.-Nr. 80, lib. V cap. XV nr. 3 (S. 306) [Hervorhebung hier]; vgl. mit diesem Aspekt die Zitate oben 3.333, Note 110 und 3.35, Note 127 im Kontext der Quellen.

3.4 Quellenanalyse:

Die gegenständlich richtige Ausgabe und die zweckrationalistische Bestimmung des richtigen Ausgabewerks — Die Zweck-Mittel-Relation —

3.41 Eine Steuermittelvergabe, mit der die Besteuerung ihre Legitimation erfahren soll, verlangt richtige Finanzveranstaltungen. — Diesen Gedanken haben wir bisher in die Beziehung von einem richtigen Objekt zu einem richtigen Subjekt der Ausgabewirksamkeit zerlegt. Mit der im Zweck zentrierten Relation kennt man die grundsätzliche Richtung, in die jede Steuermitteldisposition ihre Effekte wenden muß. Damit sind die *formalen* Dimensionen steuerlicher Aktion bestimmt und erledigt. — Dieser Horizont der Ausgabewirksamkeit will auch inhaltlich ausgefüllt sein. Das leitet zur *material-normativen* Modalität der Steuerreproduktionsidee, zum richtigen Inhalt des Ausgabewerks über. Sachlich richtige Veranstaltungen sind mit der Forderung nach richtigem Steuergebaren in richtigen Ausgabewerken ebenso dringlich gemeint wie die formale Wirkrichtung des Reproduktionsunternehmens Steuer[146]. Denn steuerlegitimierender Wertkreislauf heißt insgesamt, dem richtigen Subjekt — der kostenbeschwerten Vielheit — die richtigen Objekte — gemeinsame Güter, die man begehrt — zum Genuß in *sachlich richtigen Ausgabewerken* zugänglich machen[147].

3.411 Man muß wiederum mit den Augen der Steuerlehre sehen: Die materiale Richtigkeit einer Steuermittelveranstaltung will hier entdeckt sein aus den Dimensionen, die vom Wirkhorizont der Steuerreproduktionsidee her angesprochen sind[148]: „Ex ... (w. N.) causam finalem esse

---

[146] Oben 2.3123, Noten 60 f.; 2.3214; 2.3223.

[147] T. *de Vio Cajetan*, Qu.-Nr. 28, S. 645; C. *Klock*, Qu.-Nr. 102 a, cap. VII nr. 9 (S. 163); J. *Steuart*, Qu.-Nr. 177, S. 226: „... and the advantage resulting from taxes can only proceed from the right application of the money when raised"; weitere Quellenbelege oben 2.3214, Note 150; 2.3223, Noten 167 - 172. Zum Kreislaufmodell F. *de la Mothe le Vayer* (Fundstelle und Auszug oben 2.3422, Note 238) und die oben 1.225, Note 125 Genannten.

[148] *Thomas v. Aquin*, Qu.-Nr. 2 c, lib. III cap. 11 (S. 51 f.) [Auszug oben 2.323, Note 189]; G. *Botero*, Qu.-Nr. 58, fol. 217 v.; G. *Buxtorf*, Qu.-Nr. 75 b, S. 25; C. *Klock*, Qu.-Nr. 102 a, cap. VIII nr. 1 (S. 183); P. *Knipschild*, Qu.-Nr. 139 a, cap. 19 nr. 38 (S. 468); *v. Justi*, C. G. *Svarez* (Auszug und Fundstellen oben 2.3321, Noten 201 f.); V. *de Mirabeau*, Qu.-Nr. 171, S. 10; C. *v. Rotteck*, Qu.-Nr. 225 a, S. 285 f. und 469 f.

primam in consideratione disponentis, et causam finalem esse primum principium intentionis et ultimum excecutionis[149]."

Freilich machen die Objektkategorien schon in ihrer Eigenschaft als formaler Bestandteil des steuerlichen Wirkkreises bewußt, wie wenig sie dem Inhalt von Ausgabewerken *konkrete* Größen liefern könnten. Ihr Wert als abstrakter Zweckrahmen ist erschöpft, sobald sie dem normativen Gehalt einer bestimmten Finanzentschließung die richtigen Dimensionen reflektiert haben. Denn was bei seiner häufigen Notwendigkeit üblich ist, was in seiner Nützlichkeit dem Erwarten der Vielen entspricht, bietet nur rahmenziehende Kriterien für die materiale Richtigkeit[150]. Mit diesen wird eine jede Ausgabeentscheidung ihre konkrete Richtigkeit allerdings notwendig beurteilen müssen. Doch das muß sie selbst abwägen, wobei ihr die formal dimensionierten Kriterien allein nicht reichen, um auch das konkrete Ausgabewerk auf das sachlich Richtige abzustellen.

3.412 Gleichwohl will die Lehre die Objektkategorien als Richtschnur auch des material Gebotenen in die Sachentscheidung selbst einbringen. Sie spannt die gerade bei Steuern typische Komponente der Kostenlast als dienstbares Hilfsmittel ein. Ihre Überlegung bedenkt, daß jenes Objekt, das im Ausgabewerk inhaltlich verifiziert werden soll, als Vorteil erscheint, wobei das Subjekt einerseits von diesen Nützlichkeiten angesprochen, andererseits aber von den Lasten betroffen wird. Da Ausgaben sich auch noch unter diesem Aspekt bewähren müssen[151], kreist die Steuerlästigkeit den Gegenstand des Ausgabewerks inhaltlich ein[152]: Das Junktim der Kostenlast weist auf das Verhältnis von Zweck und Mittel. Das Mittel Steuer muß dem Zweck Ausgabewerk adäquat sein[153]: Nicht jedes Gut, das die Gruppe überhaupt für sich begehrt und vor allem dann haben will, wenn es umsonst erhältlich ist, wird man mit Opfern unter Schutz und Beförderung nehmen. Der Ausgabenutzen, so sagt die Steuerlehre, muß den Vielen als seinem Subjekt selbst dann noch frommen,

---

[149] J. *Gutierez*, Qu.-Nr. 81, § 108 (S. 125); C. *Klock* (Fundstelle und Auszug oben 2.3123, Note 61) m. w. N.; weitere Quellenbelege unten 3.442, Noten 190, 192.

[150] *Oldradus da Ponte*, Qu.-Nr. 10, nr. 3: „Si unus tenetur ad munera, quae fiunt causa utilitatis vel necessitatis, tenetur praestare munera, quae fiunt causa necessitatis in habitu, licet non in actu."

[151] L. *Cencius*, Qu.-Nr. 95 b, dec. 447 nr. 5 (S. 326); A. *Contzen* (Fundstelle und Auszug oben 3.11, Note 4); P. *Knipschild* (Fundstelle und Auszug oben 2.3412, Note 228); *v. Justi*, Qu.-Nr. 175 a, § 675 (S. 348).

[152] L. *Lessius*, Qu.-Nr. 90, lib. II cap. 33 dub. 1 nr. 5 (S. 408); dub. 6 nr. 49 (S. 414); C. *Klock*, Qu.-Nr. 102 b, cap. 80 nr. 28 (S. 791). J. *de Lugo*, Qu.-Nr. 106, disp. 36 nr. 2 (S. 502); L. A. *Muratori*, Qu.-Nr. 163 b, S. 88; J. *Steuart*, Qu.-Nr. 177, S. 226; P. *Verri*, Qu.-Nr. 181, S. 259; C. *Todeschi*, Qu.-Nr. 186, S. 135; C. G. *Svarez*, Qu.-Nr. 191, S. 105; C. *v. Rotteck*, Qu.-Nr. 225 a, S. 469 f.; F. *Schmitthenner*, Qu.-Nr. 230, S. 356.

[153] C. *Klock*, Qu.-Nr. 102 b, cap. 147 nr. 5 (S. 1080); vgl. oben 2.342.

wenn die Maßnahme mit Steuern der Vielen erkauft wird. Dann nimmt die intendierte Nützlichkeit eine gegenständliche Verdichtung an; sie wird auf das wahrhaft Erhebliche beschränkt[154]. Die Ausgabewirksamkeit gewinnt also noch eine neue, nämlich materiale Seite, die sie als wahren Vorteil vernehmen läßt, obwohl die nützlichen Werke bezahlt sein wollen[155]: „Populus solum ad hoc tenetur, quando in his circumstantiis id futurum censetur in utilitatem publicam, quae compenset damnum publicum, quod tributum secum affert[156]."

Die Beschwer zu überdenken, heißt das Finanzgebaren, also die kostenbeschwerte Aktivität selbst, besonders eindringlich in ihrem Wert erwägen. Dazu zwingt ursprünglich schon die subsidiäre Natur der Steuer[157]: „Principes suum marsurpium ante omnia excutere debent, nec ad placitum collectas exigere possunt[158]." Soll es zu einer Besteuerung kommen, müssen die Bedarfslagen eine necessitas urgens, extrema, stringens, immensa usw.[159] anzeigen; die Ausgabewerke sind in diesem Fall „aliquid, quod ad bonum publicum *valde* conducat"[160]. Ihre Nützlichkeit ist „evident"[161].

3.42 Hier kommt ein zusätzlicher Wertungsprozeß der Rechenhaftigkeit ins Spiel. Er macht das rechte Verhältnis von Aufwand und Wirkung bewußt. „Ad causam etiam iusti tributi imponendi spectat iusta compensatio lucri cum damno[162]."

Diesem Verhältnis genügt nicht schon ein bloß rechnerischer Gleichwert, wie ihn Steuerrechtfertigungsthesen jeder Spielart als Minimal-

---

[154] Oben 1.221; 2.3224, mit Note 177; 2.3222; 2.333; 2.3412, mit Noten 226 - 229 und etwa: P. *Parladorius y Annez*, Qu.-Nr. 57, cap. II nr. 33 (S. 60); C. *Klock*, Qu.-Nr. 102 b, cap. 80 nr. 28 (S. 791); C. *Peller*, Qu.-Nr. 119, S. 511; J. T. *Sprengler*, Qu.-Nr. 123, § de vectigalibus nr. 2 (S. 88); J. B. *Multz*, Qu.-Nr. 143 b, cap. XVII nr. 3 (S. 530).

[155] J. *Driedo*, Qu.-Nr. 32, fol. 61 r.; F. *Claperis*, Qu.-Nr. 49, qu. 1 nr. 27 (S. 163); G. *Obrecht*, Qu.-Nr. 87, S. 31 (nr. 18); C. *Besold*, Qu.-Nr. 82 a, § II nr. 2 (S. 55) m. w. N.; F. *Suarez*, Qu.-Nr. 80, lib. I cap. XXIX nr. 13 (S. 161) und lib. V cap. XVI nr. 1 (S.307); L. *Cencius*, Qu.-Nr. 95 a, qu. 27 nr. 6 (S. 51); *Conring, Marquart*, Qu.-Nr. 118 d, § 13 (fol. A 3 v.); *Engelbrecht, Hühnerbein*, Qu.-Nr. 132, fol. A 3 v. (unter Berufung auf Caspar Klock).

[156] J. *de Lugo*, Qu.-Nr. 106, disp. 36 nr. 61 (S. 511); oben 2.342, Note 231; 23421/2; aus der neueren Lehre: C. *v. Rotteck* (Fundstellen und Auszüge oben 1.141, Note 32); dort w. N.

[157] Oben 1.1312, Note 157, Note 165 f., Note 170.

[158] C. *Klock*, Qu.-Nr. 102 a, cap. VII nr. 60 (S. 167); das Zitat: Summaria I nr. 60 (S. 161); H. *a Rosenthal*, Qu.-Nr. 56, concl. 79 nr. 1 (S. 216); F. A. *Maull*, Qu.-Nr. 122, S. 120 (nr. 3). — Grundsätzliches oben 1.2212.

[159] Oben 2.3144, Note 110; 2.3214, Note 151; 2.322, Note 156; 2.3224; 2.333; und etwa J. *Bodin*, Qu.-Nr. 40, S. 877; F. A. *Maull*, Qu.-Nr. 122, S. 120 (nr. 2).

[160] C. *Peller* (Fundstelle und Auszug oben 2.323, Note 184).

[161] Louis IX (Auszug oben S. 7).

[162] J. *de Lugo*, Qu.-Nr. 106, disp. 36 nr. 22 (S. 502); J. *Bentham* (Fundstelle und Auszug oben 2.342, mit Note 234); vgl. oben 2.3211, Note 135.

anspruch an das Verhältnis von Mittel und Zweck beachtet wissen möchten. Ein solcher Ausgleich besagte nur, daß der mit Abgaben der Summe aller Privatwirtschaften entgehende Wert und der in Staatstätigkeit bewirkte Nutzen gleich groß sein sollen[163], will man überhaupt von einer Kompensation der Steuerlast sprechen. Denn „tributum non conceditur cum eius impositio non sit in bonum, sed in damnum publicum"[164]. Das Steuerwesen soll mehr leisten als die rechnerische Umschichtung der Finanzmittel: mit der Staatstätigkeit bezweckt es eine Verbesserung der Lebensumstände. Steuern befördern Wohlleben, das der einzelne mit seinem Steuerbeitrag sich selbst nicht verschaffen könnte, das die vielen einzelnen, wenn jeder für sich finanziell agierte, sich nicht zu bescheren vermöchten[165]. Die Transaktion, die ja mit Steuerzwang zu Werke geht, wird also — über die quantitative Bezugsgröße hinaus — erst in der Qualität ihrer Ergebnisse gerechtfertigt[166]. Und das bestimmt den Inhalt der Ausgabewerke.

3.43 Ungleich mehr als die quantitative Wertadäquanz von Steueropfer und Staatswirksamkeit bewegt sich der qualitative Vergleich im Bereich der schwer faßlichen Werte. Was zwar den gesamthaften Sicherungszweck betrifft, mag die qualitative Kompensation fraglos zugunsten des besteuernden Staates sprechen: selbst eine kraftlose Regierung, „the worst and most inefficient government affords its subjects a more effectual protection than they could obtain by their individual and unaided exertions"[167]. Über den Friedens- und Ordnungszweck hinaus aber sind Werke angesprochen, deren werthierarchischer Standort nicht ausgefüllt und festgelegt ist[168].

Das weiß die Steuerlehre, weshalb sie das „objektiv Richtige" der politischen Gruppe bestimmen will[169]. Sie versucht den qualitativen Wertvergleich regelmäßig mit Abstraktionen zu bewältigen[170]. Dann bewendet

---

[163] C. *Peller*, Qu.-Nr. 119, S. 510: „Pro conditione contractuum inter cives initiorum imponantur, ita ut non majora onera respective inopes quam divites ... subeant"; W. *Petty*, Taxes and Contributions aaO S. 32; C. G. *Svarez*, Qu.-Nr. 191, S. 103; K. *Murhard*, Besteuerung aaO S. 541: „Gerecht kann eine öffentliche Abgabe nur dann sein, wenn sie die Steuerpflichtigen in derselben relativen Vermögenslage beläßt, worin solche bereits vor Einführung der Abgabe sich befunden haben." — Dazu F. K. *Mann*, Steuerpolitische Ideale aaO S. 88 ff. m. w. N.

[164] J. *de Lugo*, Qu.-Nr. 106, disp. 36 nr. 61 (S. 511); A. *Contzen*, Qu.-Nr. 97, § 18 (S. 635); H. *a Collibus*, Princeps a a O cap. III Additiones (S. 71).

[165] Oben 2.341, mit Noten 217 f.

[166] C. *Henel*, Qu.-Nr. 74, S. 111; J. *Althusius*, Qu.-Nr. 77, cap. XIII nr. 15 (S. 226): „... collationes exigunt ... quod non damnandum, modo id faciant ex probabili causa necessitas"; C. *Ziegler*, Qu.-Nr. 136 a, cap. 4 nr. 8 (S. 969).

[167] P. *Senior*, Qu.-Nr. 231, S. 87.

[168] Oben 2.3214; 2.332, Note 200.

[169] Oben 1.2122; 1.2211.

[170] Oben 2.3221; 2.3224; 2.323, m. Noten 183 f.

es bei generellen Maximen, die der Steueridee pointierten Ausdruck verleihen[171]. Andere Stimmen wieder erheben den Anspruch, das Richtige allgemeingültig und dennoch bestimmt vorhersagen zu können[172], indem sie versuchen, den allgemeingültigen Obersatz in der Reduzierung auf einzelne Anwendungsfälle zu verifizieren. Mit ihren konkreten Bestimmungsgrößen ist die Lehre von den limitierten Zwecken angesprochen, während der generalisierende Wertvergleich zuerst auf die spätscholastische Steuerlehre[173] und die Kameraljurisprudenz[174] weist. Beide Strömungen setzen sich mit dem qualitativen Wertvergleich dergestalt auseinander, daß sie den im vorhinein nicht greifbaren Punkt objektiv richtiger Staatsentfaltung mit Hilfsstationen einkreisen. Einmal ist ein Zweckkatalog bestimmter Aktivitäten das immer wiederkehrende Instrumentarium. Zum anderen soll es dieselbe, mit der Steuerreproduktion aber allgemeingültig verkündete Idee gemeineffizienter Wirkweisen sein, die im Verein mit der Mitteladäquanz das objektiv Richtige aufsuchen hilft.

Wer der Steuermittelaktivität allein abschließend festgelegte Ziele eröffnen will, übersieht, daß man sich mit wandelbaren Lagen auseinanderzusetzen hat. Ist steuerliches Wirken solchermaßen auf eindeutig gemeinerhebliche Zwecke festgelegt, verfällt der Staat zwar den mit Sicherheit sachwidrigen Aktionen nicht; er erliegt jedoch der Gefahr irrationaler Zweckunterschreitung[175]. Damit entbehren schon einmal alle limitierenden Zweckprogramme der Tauglichkeit.

Wo die politischen Ziele steuerlichen Wirkens generalisierend erfaßt und der mögliche Inhalt von Ausgabeentschließungen abstrakt registriert werden, ist zu bedenken, daß man den gemeinerheblichen Werten mannigfache Konturen abgewinnen und so Finanzentscheidungen die verschiedensten Inhalte geben kann. Damit läuft jede Umschreibung des materialen Gehalts doch wieder in unbestimmte, am Ende nur formal gedachte Operationen aus. Sie münden in Thesen ein, die beliebig ersetzbar durch ebenso unbestimmte, demselben Ideenmagazin politischen Denkens entstammende Begriffe sind: man spricht von der allgemeinen oder des Landes Wohlfahrt, vom Gemeinzweck, „Staatszweck", „der Gemeinschaft und des Volkes Besten"[176], ohne die Sachfrage abschließend

---

[171] Oben 2.342; 2.3421.

[172] Oben 2.3221, Note 158; 2.3321, mit Note 202; 2.3222; 2.3223.

[173] J. *de Lugo* (Fundstelle und Auszug oben 2.3421, mit Note 235); weitere Belege oben 1.225, Note 125.

[174] Oben 1.225, m. Note 125. — Parallele Ansätze schon bei J. *Mennoch*, Qu.-Nr. 55 a, cons. XXXI nr. 36 (fol. 81 v.); J. W. *Neumayr v. Ramßla*, Qu.-Nr. 93 a, S. 240 f.

[175] Oben 2.3323; 2.333.

[176] Oben 1.2121, Note 91; 1.2211, Note 98; 1.2212, m. Note 114; 2.313, m. Noten 63 f.; 2.3146, m. Note 131; 2.3212, Note 139; 2.3215; 2.3221; 2.3224, m. Noten 174 ff.; 2.323, m. Note 184; 2.3321.

zu beantworten, was nun der richtigen Staatsausgabe des Einzelfalls zu solchem Wohlsein wesentlich ist.

So sehr die Steuerlehre um diese Antwort ringt, man muß sie notwendig schuldig bleiben. Unter dem Aspekt der lebensverbessernden Wirksamkeiten könnte man keine sowohl umfassend konzipierten als für jeden Einzelfall ausschließlich maßgebende Normen gewinnen. Auch angebliche Konkretisierungen, wie sie mit der bona vita sufficientis herausgeschält sind[177], mißlingen. Das sind Wendungen, die von ihrem Inhalt einen Begriff machen wollen, indem sie die Gerechtigkeit, das menschenwürdige Dasein herbeirufen, und damit die Abstraktionshöhe der Gemeinwohlidee nicht verlassen. Es ist nicht zu bewerkstelligen, daß man allgemeingültig und zugleich konkret mit Wirkung für jede einzelne Anforderung des Wohllebens das Richtige vorwegnimmt. Alle Normen, die unter solchem Aspekt den Inhalt einzelner Ausgabewerke festlegen wollen, sind notwendig allgemein. Sie können zwar gegenüber dem Finanzvollzug bestimmte Verhaltenserwartungen für jedweden Einzelfall ausdrücken; sie bleiben dennoch material unbestimmte Begriffe.

3.44 Die Wertvorstellungen dieser Aussagen im Einzelfall auszufüllen, ist auch keine Sache der Theorie. Die Wertung ist nicht ausschließlich Erkenntnisakt der unpolitischen Sachvernunft[178]; sie wird weitgehend in politischer Entscheidung verifiziert[179]. Deshalb entwickelt die Rechtfertigungslehre „Regeln, deren nähere Anwendungen Staats- und Regierungskunst und der eigenen Einsicht und Überlegung des Regenten anheim gestellt bleiben muß“[180]. Den politischen Sachentscheidungen können, wie die Spekulation nicht leugnet, nur allgemeingültige Leitlinien anempfohlen werden.

3.441 Dazu gehört die Steuerteleologie als eine auch *materiale* Formel, die insbesondere partikuläreffizienten Gebrauch der Finanzfunktion verhindern will. Mit ihr erhebt die Steuerlehre zur verbindlichen Regel, daß man das objektiv Richtige der politischen Gruppe jedenfalls jenseits der einzel- und partikulärnützlichen Wirksamkeiten und persönlichen Begehrungen, insbesondere der regierenden Kräfte aufsuchen muß: Die Lehre wird nicht müde zu betonen, „daß Schatzungen auff den eigen nutzen nicht gerichtet seyn/sondern alles in der unterthanen bestes gestellt“[181]. „Cogi possunt contribuere quantum et quamdium postulant publica necessitas ac bonum: exigente id communi publicoque bono non

[177] Oben 3.22, Note 52.

[178] So aber noch Joseph *Held*, System des Verfassungsrechts der monarchischen Staaten Deutschlands mit besonderer Rücksicht auf den Constitutionalismus, Theil II Würzburg 1857, S. 531.

[179] Vgl. oben 1.12.

[180] C. G. *Svarez*, Qu.-Nr. 191, S. 107.

[181] Oben 1.212, Note 86.

possit aliter commodum subveniri ...[182]." „... Populus non tenetur subvenire muneribus in causas vanas et inutiles[183]."

Man sucht abermals Zuflucht in den *negativen* Kriterien[184], die selbst für den *Inhalt in concreto* eine gewisse, wenn auch aus dem Gegensatz zum Richtigen gewonnene Aussage gestatten. Mag im übrigen kontrovers bleiben, ob und in welchem Grade ein Ausgabewerk den Steuerzahlern Vorteile eröffnet, in Fällen des singulärgewendeten Gebrauchs, des Mißbrauchs nämlich, läßt sich doch beurteilen, daß die Veranstaltung den Vielen nicht zum Nutzen gereicht[185].

Jenseits dieses Extrems, dem die Steuerlehre so viel Worte widmet, liegt aber die ganze Bandbreite von Verhaltensweisen, denen mit negativem Maß nicht beizukommen ist[186]. Man könnte ihren Werken so wenig den singulär- oder partikulärnützlichen, nämlich reproduktionsunergiebigen Erfolg nachsagen, wie man ihren Erträgnissen zu bescheinigen wüßte, ob und wie sehr sie von allgemeinem Nutzen sind. Dies noch ganz unabhängig davon, daß der Wert mancher Aktivität erst im nachhinein offenbar wird.

3.442 Deshalb findet die Frage, was *positiv* die richtige, nämlich überhaupt zweckmäßige und im weiteren so gemeinerhebliche Veranstaltung sei, daß sie bei zweckrationaler Würdigung selbst Steuern unabweislich gebietet, eine generelle Antwort der Lehre nicht[187]. Und so fragt Johannes *de Lugo*, ohne selbst anderen Rat zu wissen, als die Vernunft herbeizu-

---

[182] L. *Molina*, Qu.-Nr. 66, disp. 667 nr. 1 (Sp. 503).

[183] N. *Causinus*, Qu.-Nr. 109, Diss. 36 (S. 142); A. C. *de Arcanis*, Qu.-Nr. 71, S. 223; C. *Besold*, Qu.-Nr. 82 a, cap. IV § II nr. 3 (S. 59); M. *Tympius*, Qu.-Nr. 85, S. 990; H. *Bocer*, Qu.-Nr. 86, S. 7 (nr. 4) m. w. N.; L. *Lessius* (Fundstelle und Auszug oben 1.212, Note 86); C. *Klock*, Qu.-Nr. 102 b, cap. 80 nr. 28 a. E. (S. 792); B. *Fragosus*, Qu.-Nr. 104, Bd. I lib. 3 disp. 8 nr. 17 (S. 387); J. B. *Multz*, Qu.-Nr. 143 a, § 1 nr. 13 (S. 530); weitere Belege oben 2.323, Noten 179 f.

[184] C. *Ziegler*, Qu.-Nr. 136 a, cap. 3 nr. 52 (S. 954): „... non alio utitur fundamento quam retinendi cupiditate."

[185] Oben 2.3145, Noten 117 - 125; A. *Thomatus Cuniensis*, Qu.-Nr. 23, nr. 1 (fol. 140 r.); J. B. *Multz*, Qu.-Nr. 143 a, § 1 nr. 96 (S. 538); C. *Ziegler*, Qu.-Nr. 136 a, cap. 4 nr. 6 (S. 968); C. G. *Svarez*, Qu.-Nr. 191, S. 104: „Fordert der Regent mehr, als der Staat wirklich braucht, verschwendet er die Abgaben zur Befriedigung seines Stolzes und seiner Eitelkeit, zu unnützen bloß aus Eroberungssucht geführten Kriegen, zur Bereicherung seiner Maitressen und Favoriten, so handelt er ungerecht." Vgl. oben 2.3223, m. Noten 171 ff.; 2.323, m. Noten 179 - 184, 186 - 189.

[186] Die vor das Reichskammergericht gebrachten Streitigkeiten in Steuersachen legen davon Zeugnis ab; vgl. etwa A. *Gaill*, D. *Meisner*, Qu.-Nr. 50 d, dec. 51 (S. 602 ff.); ferner etwa: *Consilia Argentoratensia*, Qu.-Nr. 105, cons. XII (S. 220 ff.) und C. *Klock*, Qu.-Nr. 102 c, Bd. I cons. XX art. 2 (S. 362).

[187] Wenn J. *Althusius* (Qu.-Nr. 77, cap. XI nr. 25 S. 240) etwa glauben macht: „quae vero sit talis necessitas et utilitas, latius exponit Rosenthal" (Qu.-Nr. 56, concl. 76 ff., 208 ff.) „ut omnes incolae et regnicolae intelligant", so überschätzt er die Fertigkeiten der Theorie; vgl. C. *Ziegler*, Qu.-Nr. 136 a, cap. 3 nr. 9 (S. 924).

rufen: „Qui sciebat, necessitatem in eo gradu esse, ut ad hoc faciendum ius datum est[188]?"

Die Antwort ist in der Idee beschlossen, die das Etikett „Sachlichkeit" tragen könnte. Mit ihr verlegt sich die Rechtfertigungslehre auf die Ermahnung, Steuern als Opfer der besteuerten Bürger zu betrachten[189]. Über den finanzpolitischen Effekt der Sparsamkeit hinausgreifend möchte die wohlverstandene Rechenhaftigkeit vor allem leichtfertige Dispositionen abwehren und Entschließungen anregen, die den sachlichen Zweck beachten: „Es verdienet hierbey bemerket zu werden, daß je weniger zu den *wirklichen* Endzwecken angewendet wird, desto mehr die Bedürfnisse des Staats auf allen Seiten wachsen und daher die Unterthanen immer höher mit Abgaben bedrücket werden[190]." Den sachlich gebotenen, deshalb an sich richtigen Zweck zu beachten, verlangt nämlich zugleich, mit dem erlaubten Zweck seinen Wert überdenken: „Arbitrari decet prudente et rationabilis communi bono necessario, aut rationabile ac utile; tunc subditi tenentur contribuere ob sumptus necessarios ad sufficientem conservationem ac defensionem rei publicae, quid rationes postulent[191]." Dann mag die Zweck-Mittel-Relation dem Finanzgebaren jedes Einzelfalls kritische Maßstäbe eingeben, die das sachlich Richtige auffinden helfen. Das sachlich Richtige selbst bestimmen sie nicht. „Die Philosophie des Staatsrechts kann nichts tun, als den Regenten ständig erinnern, daß er von dem Vermögen der Untertanen nur zu solchen Kosten, die wirklich mit dem Zwecke des Staates in Verbindung stehen, Abgaben fordern könne[192]." Diese Zwecke aus den gegebenen Lagen zu erheben und sodann das Richtige bei der Auseinandersetzung mit ihnen zu diagnostizieren, ist nur die Vernunft im Verein mit politischem Kalkül imstande. Dabei ist es der Sachverstand, der bei jeder Ausgabeentschließung walten und die politische Beurteilung der tatsächlichen Gegebenheiten leiten soll. „Non poterit iuste imponere vel exigere tributum nisi constet iustam causam, vel *probabilibus rationibus*, vel fide digna, auctoritate et iudicia suorum consiliorum[193]": Die Finanzdisposition muß rational sein[194].

---

188 Qu.-Nr. 106, disp. 36 nr. 35 (S. 505).

189 L. *Molina*, Qu.-Nr. 66, disp. 667 nr. 5 (Sp. 505): „Ne tributa populos vexent, non solum debent attendere quod Reges sua prodiguunt, sed simul animadvertere debent, quod se iniuste ea ratione exponunt periculo gravandi populos"; weitere Quellenbelege aus der Scholastik oben 1.225, Note 125; ferner: C. *Peller*, Qu.-Nr. 119, S. 511; *v. Justi*, Qu.-Nr. 175 a, § 675 (S. 348).

190 J. H. G. *v. Justi*, Qu.-Nr. 175 a, § 12 (S. 5).

191 *Petrus de Aragon*, Qu.-Nr. 31, S. 167; R. *a Valle*, Qu.-Nr. 37, cons. 91 nr. 25 (S. 326): „... non sunt imponendas nisi cum rationali causa"; J. *Gutierrez*, Qu.-Nr. 81, § 107 (S. 125); H. *Doverinus*, Qu.-Nr. 91, S. 109: „... soll die Obrigkeit fürsichtig handeln" — w. N. oben 1.2212, Note 114; 2.3146, m. Noten 130 ff.

192 C. G. *Svarez*, Qu.-Nr. 191, S. 106.

193 F. *Suarez*, Qu.-Nr. 80, lib. V cap. XV nr. 1 (S. 305) [Hervorhebung hier]; vgl. nr. 7 (S. 306); weitere Belege oben 2.3146, Noten 131 f.

194 Oben 2.314, Note 78; 2.3144, Note 111; 2.3211, Note 136.

3.443 Die Lehre rechnet auf das Vernunftsprinzip. Sie baut auf das Einsichtsvermögen, mit dem richtige Wertungen zu gewinnen sind. Sie vertraut auf die Einsichtsbereitschaft, die sich der Macht des Vernünftigen beugt und das Richtige erringen will. Dann setzt die Vernunft selbst die Grenze, die den Aktionsradius sachlich motivierter Willensbildung vom Feld des Unvernünftigen absteckt. Die Grenze trennt gleichermaßen, als im wesentlichen eindeutige Scheidung, in Recht- und Unrechtverhalten.

Wie die Steuerrechtfertigungslehre meint, gibt es hier eine unüberschreitbare Linie: sie verläuft zwischen dem allgemeinbedeutsamen und partikulärnützlichen Zweckstreben, wobei die dem Sondernutzen zugehörenden Aktivitäten in den Bereich des sowohl Unvernünftigen wie Unrichtigen weisen[195]. Sie tragen den Stempel des Unrechts. Motiv und Effekt der Ausgabeentschließung dürfen das von dieser Trennlinie abgeteilte Gebiet nicht betreten[196], wollen sie das Odium des Despotismus nicht auf sich ziehen[197].

3.45 Als drittes Element der richtigen Steuermittelveranstaltung steht damit das Gebot der Sachlichkeit im Raum. Mit dieser Kautele, die jede Konkretisierung des Richtigen den Normen der Vernunft unterwerfen will und anheimgeben muß, steht die Richtigkeit auf der vagen Basis allgemeiner, material offener Begriffe. Die Begriffe sind insgesamt zum Gemeinwohlaspekt vereinigt. Mit diesem drängen sie darauf, inhaltlich ausgefüllt, nämlich konkretisiert zu werden.

Die Kostenlast der Pflichtigen reduziert die möglichen Einzelinhalte von überhaupt möglichen Ausgabewerken auf Gegenstände unbedingter Erheblichkeit für den Einzelfall.

Weiter aber bewährt sich die Objekt/Subjekt-Relation hier weniger in ihrer auf materiale Erkenntnis des sachlich Richtigen gewendeten Note; für die inhaltliche Konkretisierung des Abstraktums Richtigkeit behauptet sie ihre Wirkung durch die schon formal errichteten Grenzen, die mit dem partiellnützlichen Zweck besonderer Subjekte das Unrichtige hemmen. Das spielt in den Prozeß hinein, der das sachlich Richtige erhebt, indem die formalen Dimensionen aller grundsätzlich offenstehenden Möglichkeiten des Richtigen seine Konkretisierung regulativ beeinflussen. Dies freilich nur, wenn der Konkretisierungsprozeß jenen Horizont im Blick hat, der mit den Dimensionen des Richtigen gewiesen ist.

Aus allem erhellt dann notwendig, daß man das sachlich Richtige nur mit dem richtigen Konkretisierungsprozeß auffinden kann. Das Konkretisierungsverfahren und seine Instanzen müssen auf die formalen Dimensionen des Sachlichen eingestimmt werden; das heißt, die Finanzdisponenten strukturell und institutionell unter den hier angesprochenen Wirkhorizont zu zwingen.

---

[195] Oben 2.323, Noten 179 - 184, 186 - 189.

[196] L. *Molina*, Qu.-Nr. 66, disp. 667 nr. 1 (Sp. 503).

[197] Oben 2.323, Note 190.

3.5 Quellenanalyse:

Die Ausgabeentscheidungskompetenz — ihre Verortung und staatliche Inobhutnahme der Steuerfunktion

3.51 Die Fragestellung

Wer das ius imponendi ausübt, muß das Steueraufkommen zweckgerecht verwenden[198]. Dabei kann nur das richtige Ausgabewerk Steuern legitimieren[199]. „Et si succedit Regula: qui non facit, quod debet, non potest ... postulare[200].“ „Tributum non imponatur valide, nisi postea bene expendatur[201].“ Besteuerungsrecht und Vergabedisposition, Entschließungskompetenz für die Mittelbeschaffung wie für die Mittelverwendung gehören zusammen. Sie sind in der einen Wirksamkeit Steuerfunktion vereint.

3.511 Alle Befugnisse der Steuerfunktion weisen auf die Regierenden[202]. Sie sind es, „quorum regere terram interest“[203], so daß sie auch die Steueraktivität disponieren.

Mit den steuerrechtfertigenden Lehren erkennt man, wie gerade die Steuerbefugnis beitragen soll, daß der Steuerrechtfertigungsgedanke ohne Abstriche an seiner Idee in die Finanzwirklichkeit transponiert,

---

[198] Oben 2.3122; 2.3123, Note 61; 2.313, m. Noten 63 f.; 2.314 (insbes. 2.3144, m. Noten 94 f., Note 99, Noten 105 ff.; 2.3145, m. Noten 116 - 119, Noten 124 f.; 2.3146, m. Noten 129 - 131); 2.3212, Note 139; 2.3222, Note 161; 2.3223; 2.323; 2.3321; 2.3322, m. Note 206; 2.3422, m. Note 239; 3.41, m. Note 149.

[199] Oben 3.41, m. Note 147; 3.412, m. Noten 156, 159 f.; 3.42, m. Noten 162, 164, 167; 3.441, m. Note 183; 3.442, m. Note 191.

[200] C. *Klock*, Qu.-Nr. 102 a, cap. VII nr. 89 (S. 171).

[201] J. *de Lugo*, Qu.-Nr. 106, disp. 36 nr. 61 (S. 511); ebenso J. *Driedo*, Qu.-Nr. 32, lib. I cap. V nr. 1 (fol. 61 r.); L. *Molina*, Qu.-Nr. 66, disp. 667 nr. 2 (Sp. 503); J. *Steuart*, Qu.-Nr. 177, S. 226; C. G. *Svarez*, Qu.-Nr. 191, S. 118; Sanktionen der Lehre: oben 2.3141, Noten 82 f.; 2.3142, m. Noten 84 - 90; 2.3144, m. Noten 94 - 104; 2.3145, m. Noten 117 - 122; 2.331, Note 195.

[202] Oben S. 15; 1.212, Note 85; 1.2121, Note 91; 2.3131; 2.3132, m. Noten 69, 73 f. und *Thomas v. Aquin*, Qu.-Nr. 2 c, lib. III cap. 11 (S. 51 f.); *Gregor de Valenzia*, Qu.-Nr. 48, Sp. 1196; Th. *Hobbes*, Qu.-Nr. 108 a, S. 178 f., 211; V. L. *v. Seckendorff*, Qu.-Nr. 111, cap. 3.8 § 1 (S. 222); § 5 (S. 228); J. F. *Pfeffinger*, Qu.-Nr. 155, nr. 62 (S. 1500); L. A. *Muratori*, Qu.-Nr. 163 b, S. 86 f; *v. Justi*, Qu.-Nr. 175 a, § 675, S. 348; C. G. *Svarez*, Qu.-Nr. 191, S. 125: „... unter dem Landesherrlichen Rechte der Finanzen begriffene Hauptbefugnis besteht in dem Rechte des Regenten, die Erhebung und Einziehung, die Verwaltung und Verwendung anzuordnen“; J. J. *Moser*, Qu.-Nr. 169 b, S. 438 ff.

[203] *Albertus Magnus*, Qu.-Nr. 1, S. 638.

nämlich zu seiner vollen Entfaltung in die Ausgabewirksamkeit eingebracht werde: Es müssen die richtigen Disponenten zum Zuge kommen.

3.5111 Mit diesem Ziel vor Augen meint die ältere Lehre sogar in die Finanzwirklichkeit selbst eingreifen zu dürfen. Man will das Besteuerungsrecht rein spekulativ bei solchen Autoritäten ansiedeln, die nach den Gesichtspunkten der Richtigkeit Steuermacht haben sollten[204]: „Primo ut tale tributum sit vel probabiliter censendum impositum ab his qui potuerunt instituere, si est antiquum; ... si sit novum institutum a principe iusta de causa; vel creditum institutum esse a quibus, qui *rationabiliter instituere* possent[205].“ Die causa finalis, der Steuerzweck, bestimmt hier, wo die causa efficiens, die Finanzfunktion, verortet werden müßte[206].

3.5112 Usus modernus, Spätscholastik und Kameraljurisprudenz bemerken dann, daß einer Sachlage, bei der die Finanzwirklichkeit das entscheidende Wort spricht, so nicht beizukommen ist. Darum finden sich die Schriftsteller mit der inzwischen zutage getretenen Besteuerungsmacht des Landesherrn und seiner ständischen Helfer ab und beruhigen sich dabei, daß hier auch die Ausgabeentscheidungen fallen[207]. Jetzt soll der Steuerzweck nicht mehr den Ort der Besteuerungsbefugnis signalisieren; die Parole heißt nunmehr, daß der Steuerzweck die Beschaffenheit der Befugnis, die Seinsweise ihres Trägers reflektiere: Die zweckgestimmte Verfassung des Steuerdisponenten wird aktiviert, um den vorgegebenen Sachwalter zu einem richtigen Sachwalter aufzubessern[208].

3.512 Beide Methoden arbeiten am selben Ziel: Wo am Ende des ganzen Rechtfertigungssystems mit dem Finanzdisponenten die konkrete Richtigkeit jedes einzelnen Ausgabewerks zum Spruch kommt[209], müssen alle Prämissen der Richtigkeit in die Aufgabe eingehen, die eine Steuerautorität mit dem Verlangen nach Steuern in Obhut nimmt. Daraus erhält Gewicht, was die Lehre über die Besteuerungskompetenz zu bemerken weiß. Mit derselben Sicht wird auch die Quellenanalyse aufzusuchen haben, was die schlichte Feststellung einbegreift, daß jemand das ius imponendi gebraucht: „Princeps male gubernans, tributa accipere non potest[210].“

---

[204] Oben 2.3131.

[205] *Silvester de Priero*, Qu.-Nr. 29, nr. 3 (fol. 210 v.) [Hervorhebung hier].

[206] F. *Suarez*, Qu.-Nr. 80, lib. V cap. XIV nr. 2 (S. 302): „... videtur, quia potestas agentis debet esse proportionata fini; finis autem tributorum est commune bonum reipubl.“ — J. *de Lugo*, Qu.-Nr. 106, disp. 36 nr. 63 (S. 511) in Verb. m. nr. 1 ff. (S. 499 f.).

[207] Oben 2.313; 2.3132.

[208] Louis IX; J. C. Gerson (oben S. 7); 1.2211, m. Note 83; 1.2212, Note 114; 2.3224, m. Note 177; 2.323, m. Noten 186 ff.; 2.3321; 3.44, m. Note 180; vgl. unten 3.5322; 3.5332; 3.5333; 3.535.

[209] Oben 3.44.

[210] A.*Contzen*, Qu.-Nr. 97, § 20 (S. 636); vgl. oben 2.3144, m. Noten 95 - 102; 2.3145, m. Note 116; 2.3146, m. Note 133; 2. 323.

3.52 Die Steuerdisposition nach der mittelalterlichen Lehre

Besteuerungsbefugnis will man schon im Mittelalter als eine Obliegenheit zu richtiger Ausgabefertigkeit verstanden wissen. Die Lehre von der causa efficiens bekundet eindringlich, daß die Macht zu steuern gerade denen gebührt, die Steuerzwecke wahrnehmen. Wer sich die Beförderung von Zwecken angelegen sein läßt, die typisierte Steuerzwecke darstellen, soll es auch mit Hilfe von Steuermitteln tun[211]. Umgekehrt ist die Theorie keineswegs bereit, das ius imponendi schon allen Kräften zuzugestehen, die sich nur mit dem Steuerverlangen durchsetzen könnten. Darüber handelt man unter dem Thema angemaßter Steuermacht[212], die das Mittel will, den Zweck jedoch nicht erreichen kann[213].

3.521 Unter diesem Aspekt wird bedeutend, was die Quellendarstellung bisher nur in den Raum stellte: Nach den scholastischen Steuerlehren des Mittelalters und manchen Juristen des usus modernus sieht es so aus, als ob nur der Kaiser und die Könige des Westens Steuern aus eigenem Recht erheben[214]. Anderen Königen dagegen will die Lehre nur bestimmte Abgaben, namentlich Zölle, aus eigener Erhebungsmacht zugestehen, während im weiteren auch diesen Gewalten, wie jeder Autorität niederen Ranges überhaupt, das Recht auf Subsidien nur durch Verleihung anwachsen soll[215]: „Nemo possit imponere tributum nisi Imperator et Reges vel qui ab eis habuerit facultatem. Qui autem imponit tributa ex vi consuetudinis, non praesumit illa imponere sine auctoritate Imperatoris vel Regum: sed allegat et praesumit talem consuetudinem in auctoritate Imperatioris vel Regum esse fundatam[216].“ „Exactiones reprobatae sint,

---

[211] *Albertus Magnus*, Qu.-Nr. 1, S. 638; *Thomas v. Aquin*, Qu.-Nr. 2 c, lib. III cap. 11 (S. 52) [Auszug oben 2.323, Note 189].

[212] *Thomas v. Aquin*, Qu.-Nr. 2 a, Secunda Secundae 66, 8 (DThA Bd. 18 S. 214): „In societate autem hominum nullus habet coactionem nisi per publicam potestatem. Et ideo quicumque per violentiam aliquid alteri aufert, si sit privata persona non utens publica potestate, illicite agit et rapinam committit“; vgl. oben 2.3144, Note 102.

[213] *Antonius de Butrio*, Qu.-Nr. 11, fol. 23 r.; *Silvester de Priero*, Qu.-Nr. 29, nr. 2 § 2 (fol. 210 r.); nr. 3 § 3 (fol. 210 v.); J. *Driedo*, Qu.-Nr. 32, fol. 61 v.; *Roland a Valle*, Qu.-Nr. 37, cons. 91 nr. 34 (S. 326); vgl. J. *Matthiae*, Qu.-Nr. 99, cap. IV nr. 3 (S. 274).

[214] *Thomas v. Aquin*, Qu.-Nr. 2 d, Lectio I. 6 (S. 426); *Raimundus de Penaforte*, Qu.-Nr. 3, qu. 3 nr. 10 (S. 168) [Spanien/Portugal, Italien]; H. *v. Segusio*, Qu.-Nr. 4, nr. 3 (fol. 182 r.) [Spanien]; A. *Geilhoven*, Qu.-Nr. 5, qu. 8 (S. 102) [Italien]; *Ricardus de Media Villa*, Qu.-Nr. 6, fol. 115 r. (England); *Antonius Archiepiscopus*, Summa, o. O. o. J. (Incunabel; UB Heidelberg Q 7888 1/1) pars 2, tit. 1, cap. 13, nr. 6 (Italien); *Johannis Friburgensis*, Qu.-Nr. 8, qu. 29 (fol. 60 r.) [Reich Deutscher Nation]; *Antonius de Butrio*, Qu.-Nr. 11, fol. 23 r. (Italien); *Baptista de Salis*, Qu.-Nr. 13, Summa Rosella, fol. 186 v.; Summa Baptistiana, fol. G 8 v. (Italien); *Bartolus de Saxoferrato*, Qu.-Nr. 15 b, § de publicanis et vectigalibus (fol. 50 r.) [Italien]; vgl. oben 2.3132, Note 66.

[215] Oben 2.3132; vgl. P. *Kehl*, Die Steuer a a O S. 110 ff.

[216] *Bartolus de Saxoferrato*, Qu.-Nr. 15 a, fol. 128 v.; vgl. *Baptista de Salis*,

nisi ab imperatore vel rege sunt concesse ...[217]." „... quod de *consensu* eorum, quorum regere interest, et ex consensu principis ponantur[218]."

3.5211 Um das Vorhaben einer solchen Behauptung auszuloten, muß man bedenken, daß die Finanzwirklichkeit der Zeit anders aussieht. Wie die Steuergeschichte lehrt, geht die Entwicklung der im Mittelalter belebten Steuern gerade von Herren niederer Funktion aus[219].

Im Gesichtskreis der mittelalterlichen Steuerlehre besitzen weder der Kaiser von Reichs wegen, noch die Könige im Westen als oberste Autoritäten eigene Steuerbefugnis, noch nehmen im deutschen Raum die zur Territorialherrschaft bestimmten Grafen-Könige in dieser Eigenschaft ein eigenes Steuerrecht wahr. Doch sie alle besteuern. Und neben ihnen besteuert eine bunte Vielzahl von niederen Herren[220]. Aber jeder besteuert nur die ihm persönlich Verpflichteten, und dies kraft Recht des Schutzherrn und in *dieser* Eigenschaft[221].

Wie die nunmehr gültige Steuergeschichtsinterpretation darlegt[222], wurzelt die Übung zu steuern in persönlichen Schutzverhältnissen zu Eigenleuten und Schutzhörigen. Das belegen Adolf *Waas*[223] und mit weiterführenden Ergebnissen Otto *Brunner*[224]: von irgendeiner Ableitung des Besteuerungsrechts, von derivativen Wurzeln, kann keine Rede sein[225].

Qu.-Nr. 13, nr. 2 (fol. 186 v.); G. *Biel*, Qu.-Nr. 27, Dist. 15 qu. 5, art. 2, concl. 2 lit. F (fol. O II v.); Thomas *de Vio Cajetan*, Qu.-Nr. 28, S. 643; *Silvester de Priero*, Qu.-Nr. 29, nr. 1 (fol. 210 r.); nr. 3 § 3 (fol. 210 v.); J. *Lainius*, Qu.-Nr. 59, S. 385.

217 H. *v. Segusio*, Qu.-Nr. 4, nr. 10 (fol. 183 r.).

218 *Albertus Magnus*, Qu.-Nr. 1, S. 638 (Hervorhebung hier).

219 Th. *Mayer*, Geschichte der Finanzwirtschaft a a O S. 236 ff. m. w. N.

220 Vgl. die Zusammenstellung bei Karl *Zeumer*, Die deutschen Städtesteuern im 12. und 13. Jahrhundert, in: Staats- und socialwissenschaftliche Forschungen, hrsg. v. G. Schmoller, Bd. I, 2 (1878), S. 1 ff., hier S. 6 - 17.

221 O. *Brunner*, Land und Herrschaft a a O S. 295 ff.; Th. *Mayer*, Geschichte der Finanzwirtschaft a a O S. 242; W. *Lotz*, Finanzwissenschaft a a O S. 26 f.; aus den Quellen etwa: F. *Suarez*, Qu.-Nr. 80, lib. V cap. XIV nr. 2 (S. 302).

222 Einen Überblick gibt Th. *Mayer*, Geschichte der Finanzwirtschaft a a O S. 248 - 250; Nachweisungen neuen Schrifttums bei O. *Brunner*, Land und Herrschaft a a O S. 273 ff.

223 Vogtei und Bede in der deutschen Kaiserzeit, Teil 2, Berlin 1923, S. 75 ff., hier S. 127 ff., 135.

224 Land und Herrschaft a a O S. 291 - 297.

225 Man hat zwar vorübergehend annehmen wollen, daß der Ursprung nachmaliger Landbeden doch in einst abgeleiteten, dann vereinnahmten Verwaltungsbefugnissen der Reichsgewalt, nämlich der Hochgerichtsbarkeit zu suchen sei. (Vgl. Alfons *Dopsch*, Finanzwissenschaft, insbesondere die historische Entwicklung der Finanzwirtschaft, in: Verfassungs- und Wirtschaftsgeschichte des Mittelalters, Wien 1928, S. 359 ff., hier S. 365 f.; Horst *Jecht*, Wesen und Formen der Finanzwirtschaft, Jena 1928, S. 114 f.; Georg *v. Below*, Der Ursprung der Landeshoheit, in: Territorium und Stadt, 2. Aufl. München - Leipzig 1923, S. 1 ff., 18 ff., 22, 47.) Dies freilich mit dem Vorzeichen, das subsidium communis necessitatis von privaten, dinglich radizierten Besitztiteln freistellen zu müssen (Vgl. G. *v. Below*, Landeshoheit a a O S. 27; *ders.*, Probleme der Wirtschaftsgeschichte,

Die partikulären Kräfte machen eigene Steuergeschichte. Die Schirmherrschaft des Kaisers als princeps terrae seiner Erblande[226], die Eigenschaft der Könige wie gleichermaßen die der adligen Landgenossen als Schutzherrn bringt eines jeden Anspruch auf „Beden" originär hervor. Der königlichen Funktion nachmaliger Landesherrn und im Westen der französischen und iberischen Könige, wird sich umgekehrt das Besteuerungsrecht erst mitteilen; das geschieht, wo das Recht als königliche oder landesherrliche Befugnis über den Kreis der herkömmlich eigenen Pflichtigen hinauswächst und die breite Einwohnerschaft erfaßt. Diese Landsässigen zu tangieren, vermitteln die Landstände, was die Repartierung als Besteuerungsverfahren erfinden läßt[227]. Die maiores et meliores terrae begeben sich, soweit der princeps die landständisch angestammten Steuerquellen ausschöpfen will, ihrer eigenen Zugriffsmöglichkeit im Tausch gegen das ständische Bewilligungsrecht wie überhaupt der Landesvertretung und der örtlichen Verwaltung. Der Kaiser aber wird außer dem gemeinen Pfennig, den erst das 15. Jahrhundert als Türkenhilfe erlebt, keine nachhaltige Reichssteuer gewinnen[228].

3.5212 Die Vorstellung der scholastischen These des Mittelalters zeichnet der bedeutende Spätscholastiker Franciscus *Suarez* und gibt so den Blick auf die Intention frei, die für die ältere Steuerlehre leitend war: „Finis tributorum commune bonum est; et ideo potestas imperandi illa ei tantum data est, qui supremam curam habet totius reipublicae. Item haec potestas per se primo, et ex natura rei erat in republica. Haec potestas erat in Rege Romanorum et in Regibus, qui in suprema potestate

2. Aufl. Tübingen 1926, S. 627 ff.; so schon K. *Zeumer*, Städtesteuern a a O S. 36 ff. gegen Karl D. *Hüllmann*, Deutsche Finanzgeschichte des Mittelalters, Berlin 1805, S. 115 ff.; Karl F. *Eichhorn*, Deutsche Staats- und Rechtsgeschichte, Bd. II 4. Aufl. Göttingen 1835, S. 471 ff., hier S. 477, und Karl *Lamprecht*, Deutsches Wirtschaftsleben im Mittelalter, Bd. I, 1, Leipzig 1886, S. 301). Ersitzung des Steuerrechts mit obrigkeitlichen Rechten des Gerichtsherrn läßt sich zwar mit der weiterhin gültigen Ansicht vom Ursprung der Landesherrschaft vereinbaren (Wiedergabe der gängigen Deutung bei Walter *Schlesinger*, Die Entstehung der Landesherrschaft, Dresden 1941, jetzt Neudruck Darmstadt 1964, S. 2 ff.): Landesherrschaft geht regelmäßig aus dem Grafenamt hervor (Kritisch Theodor *Mayer*, Die Ausbildung der Grundlagen des modernen deutschen Staates im hohen Mittelalter, in HZ 159 [1939] S. 457 ff.; jetzt in: Herrschaft und Staat im Mittelalter, hrsg. v. H. Kämpf, Darmstadt 1964, S. 284 ff., hier S. 307 f.). Doch nicht alle Steuerautoritäten sind Gerichtsherrn, und Subsidien sind keine Grafen*amts*steuern (O. *Brunner*, Land und Herrschaft a a O S. 275 m. w. N.).

226 G. *v. Below*, Wirtschaftsgeschichte a a O S. 644 f. und Th. *Mayer*, Geschichte der Finanzwirtschaft a a O S. 242. — Damit haben sich die von Karl *Zeumer*, Zur Geschichte der Reichssteuern im Frühen Mittelalter [zuerst in HZ 81 (1898)], jetzt Darmstadt 1965, S. 8 und passim, dem Reich zugeschriebenen Abgaben *als Reichssteuern* erledigt.

227 C. G. *Svarez*, Qu.-Nr. 191, S. 116, 118; J. S. *Pütter*, Qu.-Nr. 174, S. 504; eine Beschreibung aus der Zeit bietet G. A. *Carocius*, Qu.-Nr. 146, passim.

228 Oben 2.3132.

aequiparantur Imperatorem. Unde illae respublicae, quae nunc sunt supremae, illam potestatem in se retinent, quia inter Reges et Principes commutantur: ergo ubi respublica transtulit suam potestatem in Principem, solum invenitur haec potestas in illo Principe, qua supremam reipublicae potestatem habet[229]."

Die mittelalterliche Steuerlehre bedient sich eines Kunstgriffs, der bei der Staatsidee der Antike, mit dieser bei der Finanzfunktion des römischen Kaiserreichs Anleihen macht: um befugte Steuererhebung von ungerechtfertigten Anmaßungen abzugrenzen, wie sie jene Herren stellen, die nicht schon von Hause aus als Sachwalter überpersonellen Zweckstrebens erscheinen, will die Lehre das Begehren solcher Steuerprätendenten nur gutheißen, wo man die Befugnis von einer mit Gesamtzweckstreben betrauten Gewalt herleiten kann. Das lenkt den Blick auf die oberste Gewalt römischen Vorbilds[230], den Kaiser als imperator und Beherrscher des Erdenkreises und die Könige des Westens[231], sowie ihre „Delegatare". Denn besteuern sollen nur, die in ihrer Funktion „imperatorem aequiparantur", also selbst die suprema potestas besitzen oder doch Aufgaben dieser Gewalt wahrnehmen[232].

Das Motiv der Lehre ist einzusehen: Die Delegation — mag sie auch nur aus Unvordenklichkeit vermutet sein[233] — führt nicht nur das Recht auf Steuern zu; vor allem ist dieser Befugnis die Pflicht zu übergeordnetem Zweckstreben beigegeben[234], wie es der Kaiser verkörpert[235]. Bevor die Territorialherren und Könige des Westens etabliert sind, erscheint der Kaiser als der Garant „zu der welt wolfart"[236]. Hat die Steuerlehre alle niederen Herrschaftsansprüche auf „adiutorium communis utilitas", „hulfe des gemeinen nutzis"[237] von jenem verantwortlichen Gemein-

---

[229] Qu.-Nr. 80, lib. V cap. XIV nr. 2 (S. 302); vgl. J. *Lainius*, Qu.-Nr. 59, S. 385: „Reliqui principes praescripserunt jara imperatoris." — H. *a Rosenthal*, Qu.-Nr. 56, cap. V concl. 74 nr. 1 ff. (S. 209 f.) m. w. N.; J. *Azorius*, Qu.-Nr. 72, cap. 18 (Sp. 414).

[230] J. *Azorius*, Qu.-Nr. 72, cap. 18 (Sp. 413); vgl. P. *Kehl*, Die Steuer a a O S. 110.

[231] Heinrich *v. Segusio*, Qu.-Nr. 4, fol. 182 r. (nr. 5).

[232] Vgl. Note 229.

[233] Oben 2.3132, Note 68 f.

[234] L. *Molina*, Qu.-Nr. 66, disp. 667 nr. 2 (Sp. 503).

[235] Mit ausführlicher Begründung *Dante Alighieri*, De Monarchia, lib. I, cap. 14 (Ed. B. J. Herold, Von der Monarchey, Basel 1559, Neudruck Basel - Stuttgart 1965, S. 51 ff. und S. 54 f.); *Thomas v. Aquin*, Expositio in 8 politicorum libros cum textu eiusdem interprete Leonardo Aretino, lib. III cap. 5 (Ed. Venetiis 1500, fol. 66 v.): „Respublica nihil est aliud quam ordinatio civitatis quantum ad omnes principatus, qui sunt in civitate, sed praecipue quantum ad maximum principatum, qui dominatur omnibus aliis principatibus"; vgl. Ernst Hartwig *Kantorowicz*, The King's two bodies, Princeton 1957, S. 96.

[236] *Dante*, De Monarchia a a O S. 54; vgl. *Ricardus de Media Villa*, Qu.-Nr. 6, fol. 115 r.

[237] Das Keyserrecht nach der Handschrift von 1372, Buch II cap. 74 nr. 113, Ed. H. E. Endemann, Cassel, 1846, S. 113.

zweckrepräsentanten abgeleitet, so weiß man zugleich den disponierenden Delegatar mit derselben Pflichtigkeit des Amtes zu versehen[238]. Damit versteht es die Steuertheorie, Steuermacht ausschließlich bei den Autoritäten anzusiedeln, die ihr als Verwirklicher der gesamterheblichen Zwecke begegnen. Das sind der Kaiser und solche Herren, die dem Kaiser zu tätiger Wohlfahrtsbeförderung verpflichtet sind. Hier liegt der Schlüssel zu dieser Spekulation[239], die das Recht auf Steuern bewußt, wenngleich tatsächlich fehlsam, als Verstattung des Reichs und der Könige des Westens konstruiert[240].

3.522 Die Absicht der Lehre reflektiert, wie sehr es der Theorie darum geht, die Finanzdisposition — eine nicht ungefährliche Befugnis[241] — gerade bei solchen Trägern zu suchen, die optimal gewährleisten, daß sie richtig disponieren, die weiter verbürgen, daß sie kollektive Angelegenheiten ins Werk setzen[242], also die richtigen Steuerzwecke erfüllen werden. Nur diese Disponenten nehmen dem Verlangen nach Steuern manche Gefährlichkeit für die Steuerzahler, weshalb man den Anspruch auf Subsidien bei den richtigen Trägern monopolisiert.

Die „Verleihung" der Befugnis sichert diese Konstruktion. Und wo eine verpflichtende Delegation nicht zu belegen ist, muß jede Autorität, die sich der Steuerbefugnis berühmt, seit unvordenklicher Zeit in der Pflege richtiger Ausgabewerke bewährt sein, bevor ihr die Lehre das faktische Steuerverlangen ex vi consuetudinis zuspricht[243].

Hier sieht man die praktische Wirkung dieser Spekulation. Die Lehre drängt auf die Inobhutnahme des Steuerzwecks, auf Entfaltung jener

[238] *Antonius de Butrio*, Qu.-Nr. 11, fol. 23 r.: „... non possunt accipi *nisi ordinarentur* ut defenderent ..."; J. *Lainius*, Qu.-Nr. 59, S. 385.

[239] Wie fest dieses Denken verwurzelt ist, belegt noch J. J. *Moser;* er begreift Staatsrecht als die Wechselbeziehung von Rechten und Pflichten zwischen den Gliedern (Kürzere Einleitung in das Teutsche Staatsrecht, Frankfurt - Leipzig 1753, S. 1) und stellt staatliche Herrschaft durchweg als Rechte des Kaisers dar (Kürzere Einleitung a a O S. 34 ff.; Teutsches Staatsrecht, Nürnberg 1737 ff., Theil III S. 176 ff.; Theil IV S. 1 ff., Theil V S. 1 ff.). — Allgemeines bei M. J. *Wilks*, The problem of sovereignty in the later middle ages, Cambridge 1963, S. 421 ff., 428 ff., 433 und Otto *Gierke*, Das deutsche Genossenschaftsrecht, Bd. III, Berlin 1891, S. 562 f.

[240] Noch im 15. Jahrhundert redet etwa der Tübinger G. *Biel* allein der Kaisersteuer im Reich das Wort, Qu.-Nr. 27, dist. 15 qu. 5 art. 2 concl. 2 lit. F (fol. F O II v.).

[241] F. *Suarez*, Qu.-Nr. 80, lib. V cap. XVII nr. 2 (S. 310): „ius tam ardua, quam est tributorum impositio". — *Roland a Valle*, Qu.-Nr. 37, cons. 91 nr. 29 (S. 326).

[242] *Baptista de Salis*, Qu.-Nr. 13, nr. 4 (fol. 186 v.); *Silvester de Priero*, Qu.-Nr. 29, nr. 3 (fol. 210 v.); *Gregor de Valenzia*, Qu.-Nr. 48, Sp. 1197 A; dazu: L. *Molina*, Qu.-Nr. 66, disp. 667 nr. 6 (Sp. 505).

[243] H. *v. Segusio*, Qu.-Nr. 4, nr. 10 (fol. 183 r.); *Bartolus de Saxoferrato*, Qu.-Nr. 15 b, § de expensis publicis (fol. 33 r.); G. *Biel*, Qu.-Nr. 27, qu. 5, art. 2, concl. 2 lit. F (fol. O II v.); J. *Concenatus*, Qu.-Nr. 35, S. 566; w. N. oben 2.3132, Noten 68 f.

Aktivität, um deretwillen man Steuern erheben kann. Mit der Pflichtigkeit zu diesen Werken wird deshalb das Recht auf subsidium verbunden[244]. Daraus folgt dann sowohl, daß jedes Steuerverlangen gemeinsamen Notwendigkeiten abhelfen und gemeinsame Nützlichkeiten befördern muß, wie umgekehrt, daß diejenigen Steuern beanspruchen, nämlich kraft Funktion einfordern dürfen, die sich solcher Werke richtig annehmen. Und der usus modernus spricht aus, wozu die Theologen der mittelalterlichen Scholastik sich regelmäßig nicht erklären[245]. Sein maßgeblicher Vertreter *Bartolus* stellt klar, daß absque permissu principis begehrte adiuvaria necessitatis reipublicae rechtmäßig werden *in usum necessarium*[246]. Diese Wende wird für die Folgelehre verbindlich[247] und durchzieht sie als immer wieder paraphrasiertes Dogma[248].

3.523 Das Monopol der Steuerbefugnis, mit dem die Lehre das vor- und frühstaatliche Gefüge personenverbandlicher und flächenstaatlicher Gruppenschichtung spekulativ überzieht, projiziert die antike Staatsidee in das Mittelalter. Tatsächlich findet das großräumige Denken der antiken Staatslehre keine Entsprechung[249]. Denn es behauptet sich ein Gefüge von lehnsrechtlicher Pflicht im Verein mit den Befugnissen, die eines jeden Besitzstand gewährt. Diesen zersplitterten Kräften will die Steuerlehre Machtkonzentration verordnen. Angesprochen ist das Monopol der Macht mit dem obersten Herrn zu der Welt Wohlfahrt und mit ihm in allen weiteren Kräften, die diesem Werk verpflichtet sind. Dann bedeutet die spekulative Monopolisierung des Steuerrecht bereits, daß man theoretisch diejenigen Kräfte zum Zuge bringt, denen für überpersonelle und — nach römischem Vorbild — wirklich großräumige Anstalten der Friedensfunk-

[244] So bemerkt C. *Klock* (Qu.-Nr. 102 a, cap. I nr. 64, S. 10) über die Entstehung des Steuerwesens später zutreffend: „Cui debetur collecta Schatzung/is etiam debet praestare protectionem Schutz und Schirm. Sunt enim correlativa Schatzung und Schutz, ut docent ..." (m. w. N.); gleichlautend J. C. *Falckner*, D. W. *Matthiae*, Qu.-Nr. 125, S. 7.

[245] Ausnahmen: *Guido de Baysio*, Qu.-Nr. 7 (fol. G 8 r.); *Berthold*, Qu.-Nr. 9, fol. T V: „Zoll kann man machen und setzen von rechter und redlicher Nothsach wegen ... (Beispiele). Und wer Zoll *nymbt und thut* davon/*was Recht ist* darumb sy gemacht seynd allezeit ..." (Hervorhebung hier); *Antonius de Butrio*, Qu.-Nr. 11 (fol. 23 r.); *Baptista de Salis*, Qu.-Nr. 13, nr. 4 fol. 186 v.; *Silvester de Priero*, Qu.-Nr. 29, nr. 3 § 3 (fol. 210 v.): „Si non extat memoria in contrarium: tunc si est cum iusta causa impositum, si faciat, propter quod est institutum, etiam si tunc nondum faceret expensas dictas, sed expensas ad tenendam patriae securam, *consuetudo habet vim tituli*" (Hervorhebung hier).

[246] Fundstelle Note 243.

[247] G. *Biel*, Qu.-Nr. 27, qu. 5 art. 2, concl. 2, lit. F a. E. (fol. O II v.) „consuetudo enim habet vim tituli". — B. *Bonius*, Qu.-Nr. 30, fol. 170 v.; J. *Concenatus*, Qu.-Nr. 35, qu. XXI nr. 10 (S. 566).

[248] Vgl. P. *Kehl*, Die Steuer a a O S. 116 ff.; F. W. *v. Ulmenstein*, Qu.-Nr. 199, S. 70, 74.

[249] Th. *Mayer*, Grundlagen des modernen Staates a a O S. 302; O. *Brunner*, Land und Herrschaft a a O S. 165 ff., 188; vgl. im übrigen Carl J. *Friedrich*, Der Verfassungsstaat der Neuzeit, Berlin - Göttingen - Heidelberg 1953, S. 17 f.

tion der Zweck necessitas vel utilitas communis das Mittel Steuer zuführen muß[250].

Indes, hier spricht Theorie, und sie antizipiert, was noch nicht vorhanden ist. Doch man nimmt nur die Entwicklung vorweg, die sich unter den Augen der mittelalterlichen Steuerlehre bereits anbahnt. Die nachmaligen principes terrae vereinnahmen mit der Hinwendung zum Modernen Staat der Neuzeit die Steuerbefugnis zum ausschließlichen Gebrauch[251]. Gerade die Aneignung dieses Titels gegen niedere Gewalten bringt mit dem Modernen Staat das wesentlich Politische der Steuer zum Vorschein; dem Mittelalter ist es allenfalls in der machtbewehrten Methode bewußt, mit der jede Besteuerung zu Werke geht.

3.524 Einzigkeit der Macht als staatlichen Wesenszug der Steuerfunktion will die mittelalterliche Steuerlehre freilich am wenigsten proklamieren. Ihr geht es nicht um die Entmachtung der nichtstaatlichen Machtträger im Prozeß staatlicher Konzentration. Hier herrscht die Absicht, die nicht richtigen Prätendenten auszuschalten, jedes Steuerverlangen zu hemmen, das wohl das Mittel erstrebt, nicht aber den Zweck erreicht. Und dabei bleibt der Ruf nach Staatlichkeit des Finanzwesens überhaupt aus; die Größe Staatlichkeit spielt in der mittelalterlichen Steuerlehre keine Rolle, wenngleich auch für ihre Begriffswelt respublica, ein Gemeinwesen, Szene des Steuergeschehens ist, für das man einen „populus" verpflichtet. Anstelle von Staatlichkeit ruft die Lehre jene Sachwalter herbei, die als die wahren Beförderer des gemeinen Zweckstrebens gelten können. Die Steuerlehre fordert, daß die Besteuerung mit der Ausgabedisposition in die Obhut der Gemeinzweckrepräsentanten zu bringen ist.

3.53 Die Steuerdisposition nach den modernen Steuerlehren

In der Steuerlehre beginnt die Moderne[252], wenn das „ius imponendi sive collectandi" als „potestas authoris ad imponenda tributa et vectigalia"[253] aufsteigt zu einem Hoheitsrecht[254] territorialen Fürstentums.

[250] *Thomas v. Aquin*, Qu.-Nr. 2 b, S. 101: „... iustum est ut subditi exhibeant unde possit communis eorum utilitas procurari." — Vgl. die oben 3.522 in Note 245 Genannten.

[251] Oben 2.3132, m. Note 69.

[252] Auch hier gilt selbstverständlich, daß geistesgeschichtliche Epochen so wenig wie die historischen Zeiträume einander ablösen; sie überlagern sich mannigfach (vgl. oben 2.134).

[253] C. *Peller*, Qu.-Nr. 119, S. 510; C. *Klock*, Qu.-Nr. 102 b, cap. 80 nr. 27 (S. 791); L. *Lessius*, Qu.-Nr. 90, cap. 33 nr. 42 (S. 413); L. *Molina*, Qu.-Nr. 66, disp. 666 nr. 1 (Sp. 500).

[254] C. G. *Svarez*, Qu.-Nr. 191, S. 117; im übrigen: Heinrich O. *Meisner*, Staats- und Regierungsformen in Deutschland seit dem 16. Jahrhundert, in AöR 38 (1951/52) S. 225 ff. (227 ff.). — Die „Steuerhoheit" bleibt freilich noch als „pouvoir finançier" begrifflich gesondert (oben 1.1311, Note 22). Erst wenn das 19. Jahrhundert die Steuerauflage als gesetzgebenden Akt qualifiziert, kommt

„Hodie domini territorium et magistratus a subditis suis collationes exigunt[255]."

Damit stehen die Disponenten des Steueraufkommens fest. Und in dieser Eigenschaft des Ausgabesachwalters beschäftigen sie die Steuerlehre: „Atque in his omnibus desideramus modos iustos acquirendi et expendendi pecunias[256]."

3.531 Mit welchen Anforderungen belegt die Steuerlehre jene Träger besteuernder potestas, damit die Steuerdisponenten als die richtigen Steuerautoritäten begegnen[257]?

Die Quellen äußern sich so: „Neque enim populus propter Principem, sed e contrario, Princeps est propter populum, cui est praepositus in bonum ac commoditatem illius: eaque de causa tributa non ad voluntatem et utilitatem Principis sunt admetienda, sed ad utilitatem ac necessitatem eius communitatis, *cui bono* Princeps tamquam *administer, defensor, custos ac rector est constitutus*[258]." — „Si vero loquamur de tributis imponentis ad opera communia reipublicae, de his clarum est debere expendi in talia opera; si in hoc deficiat, iniuste accipit et retinebit haec tributa, *quae propter oficium dantur,* quam iniuste accipit, qui non laborat ... et iniustitia potius est in acceptione et retentione illius quam in impositione[259]." — „Aerarium publicum non est proprie principis patrimonium, nec pleno iure eo potest uti, nisi ad usum publicum[260]." — „Princeps ... est enim *curator subditorum,* quorum nomine tributum acceptat[261]." — „Der Landesherr kann sich bloß als den *Verwalter der öffentlichen Einkünfte* betrachten, die er bloß nach dem Zwecke derselben, nämlich zur Bestreitung wahrer und wirklicher Staatsbedürfnisse, zu verwenden berechtigt ist. Sein Reich ist kein Landgut, welches sein Eigentümer, so gut er kann und will, zu seiner Bereicherung nutzen mag: Die Abgaben sind kein Privateigentum, sondern sie sind das Eigentum der ganzen bürgerlichen Gesellschaft[262]."

---

eine wahrhafte, die „nochmals gesteigerte innere Souveränität" des Regenten hervor (E. W. *Böckenförde,* Gesetz und gesetzgebende Gewalt aaO S. 73 Note 8).

[255] J. *Althusius,* Qu.-Nr. 77, cap. XIII nr. 15 (S. 226); vgl. oben 2.3132, Note 69.

[256] P. G. *Tholosan,* Qu.-Nr. 64 b, cap. II nr. 9 (S. 43) und C. *Klock,* Qu.-Nr. 102 a, cap. VII nr. 26 (S. 165); w. N. oben 1.1312, Note 177; 2.3145, m. Note 116; 2.3146, m. Noten 127, 132; 3.51, Note 199.

[257] Zu dieser Fragestellung vgl. oben 3.5112.

[258] L. *Molina,* Qu.-Nr. 66, Disp. 667 nr. 1 (Sp. 503) [Hervorhebung hier]; vgl. oben 2.323, Noten 185, 189; w. N. oben 1.12, Note 91.

[259] F. *Suarez,* Qu.-Nr. 80, lib. V cap. XV nr. 5 (S. 306) [Hervorhebung hier]; C. *Klock* (Fundstelle und Auszug oben 1.2212, Note 114).

[260] A. *Contzen,* Qu.-Nr. 97, lib. VIII cap. VII § 7 (S. 632).

[261] J. *de Lugo,* Qu.-Nr. 106, disp. 36 nr. 21 (S. 502); L. A. *Muratori,* Qu.-Nr. 163 b, S. 87 (Hervorhebung hier).

[262] C. G. *Svarez,* Qu.-Nr. 191, S. 126 (Hervorhebung hier). Weitere Belege oben 2.323, m. Noten 185 - 188.

3.532 Solche Aussprüche formuliert man schon angesichts des „patrimonialen“ Dominats absolutistischer Fürstenstaatlichkeit[263]; unverändert trägt sie die Lehre hinüber in die Auseinandersetzung mit dem aufgeklärt absoluten Landesherrn; und völlig gleichlautend werden dieselben Thesen letztendlich eingebracht in die Konfrontation von Regent und Volk der konstitutionellen Ära.

Wenn die Quellen bei recht verschiedenen Ausprägungen neuzeitlicher Staatswerdung zu allen Zeiten dasselbe vortragen, so ist dieser Gleichlaut mit dem immer gleichen Thema erklärt: Es ist der Ruf nach richtigem Staatsvollzug, dem gemeinerheblichen Entfalten staatlichen Seins. Dabei registriert man nicht, wie der jeweils gegenwärtige Staat für diese Anforderung beschaffen ist; vielmehr läßt sich die Lehre ganz von der Absicht leiten, den optimalen Staat herauszuarbeiten, damit er in seiner allseitigen Richtigkeit durchgesetzt werde. Die Richtigkeit des idealisierend vorausgedachten Staates steht fest. Das Postulat gesamterheblicher Wirkweisen des Steuerverbandes, mit der Steueridee von allem Anfang richtig erkannt, signalisiert sie, so daß man diese Richtigkeit für den jeweils errungenen Status des Modernen Staates mobilisieren kann. Soweit das Vorhaben, für das die Lehre auch mit schneidenden Antithesen zur Staatswirklichkeit nicht sparsam umgeht.

3.5321 Dies vor Augen, will es zunächst den Anschein haben, als ob die Steuerrechtfertigung sich sofort mit einer ganz modern gewendeten Auffassung vernehmen läßt: man könnte meinen, daß die Steuerlehre bereits im 17. Jahrhundert ein wesentliches Verständnis vom repräsentierenden Staat erringt, eine richtige Auffassung von seinen Repräsentationsfiguren befördert, ja überhaupt den Staat antizipiert, der seinen polulus als die steuerzahlende Vielheit, seine communitas als staatsbürgerliche Allgemeinheit repräsentiert[264].

So ist es nicht. — „Christique nomen gerunt ideoque eius ministri sunt, qui diu noctuque suis laboribus pro toto orbe terrarum laborant, cui salutis bonique causa facti sunt[265].“ Die Regierenden sind zwar dem

---

[263] D. *Carafa*, Qu.-Nr. 24, cap. I § 2 (S. 2); J. *Althusius*, Qu.-Nr. 77, cap. VII nr. 28 f. (S. 112 f.); C. *Klock*, Qu.-Nr. 102 a, cap. I nr. 68 - 70 (S. 10), nr. 69 (S. 12) und Qu.-Nr. 102 b, cap. 80 nr. 28 (S. 791); H. *Conring*, Qu.-Nr. 118 a, §§ XIII f. (fol. M 72 ff.).

[264] S. J. *Brutus*, Qu.-Nr. 54, qu. III (S. 75 ff.): „populus regem instituit tamquam ministrum rei publicae.“ (Das Zitat S. 85; vgl. auch S. 79, 83); J. *Althusius*, Qu.-Nr. 77, cap. XIX nr. 98 (S. 378): „Gerunt vero et repraesentant hi summi Magistratus personam totius regni, omnium subditorum“; cap. IX nr. 4 (S. 168): „Nam est regni proprietas populi et administratio regis“ (m. zahlreichen Belegen).

[265] A. *Contzen*, Qu.-Nr. 97, lib. I cap. 3 (S. 56); G. *Mundius*, Qu.-Nr. 107, cap. V nr. 30 (S. 225); vgl. J. *Althusius*, Qu.-Nr. 77, cap. XIX, nr. 98 (S. 378): „Gerunt quasi typum divinae potentiae ... Ideo in suis titulis utuntur“; J. F. *Pfeffinger*, Qu.-Nr. 155, nr. 62 a (S. 1501); J. J. *Moser*, Qu.-Nr. 169 c, S. 6.

„gemeinsamen Wohl“, seinen notwendigen wie nützlichen Werken „als Amtswalter, Verteidiger, Hüter und Lenker geschaffen“[266]; doch hierbei versteht sich ein Landesfürst weder selbst als Repräsentant der Allgemeinheit, noch unternimmt es die Lehre, ihm diese Stellung zu verordnen[267]. Auch die ständischen Korporationen, die man Landesvertreter nennt, repräsentieren nicht den populus[268], von dem die Quellen sprechen[269]. Repräsentation[270] eines fremden, nämlich des Volkes Willen durch seine Organe steht mit dem Parlamentarismus noch aus[271].

3.5322 Worum es der Lehre hier erst einmal gehen muß, konnte man schon sehen, als das richtige Disponieren der Steuerwirksamkeit aufzudecken war: Mit der recht verstandenen Steuerautorität will man den Gegensatz von Willkür und Sachlichkeit bewältigen und rationales Steuergebaren erringen[272].

Der richtige Finanzdisponent wird mit jenem Sachwalter hervorgehen, der den Vorteil der Steuerbürger „an erster Stelle vor Augen hat[273]“, den Eigennutz aber überwindet. Der eigennützliche und als Steuerautorität gemeinschädliche Herrscher[274] dagegen muß auf der Strecke

[266] L. *Molina*, Qu.-Nr. 66, disp. 667 nr. 1 (Sp. 503) [Auszug oben 3.531, m. Note 258]; J. *Althusius*, Qu.-Nr. 77, cap. VII nr. 30 (S. 113).

[267] F. *Suarez*, Qu.-Nr. 80, lib. V cap. XVII nr. 2 und 6 (S. 310): „... relinquitur ergo concursum regni, seu populi consensum per se vel per procuratores suos, non esse conditionem necessariam ad iustitiam tributi ... ideoque supremum Principem sua potestate posse imponere tributum et consequenter posse obligare populum ad consentiendum tributum.“ — H. *Grotius*, Qu.-Nr. 94, lib. I cap. 3 § 8 (S. 52): „... primum rejicenda est eorum opinio, qui ubique et sine exceptione summam potestam esse volunt populi, ita, ut ei reges quoties imperio suo male utuntur, et coercere et puniere liceat.“ — C. *Klock*, Qu.-Nr. 102 a, cap. I nr. 96 (S. 12): „enim, proprie loquendo, non propter subditos, ut eorum servus, est factus; sed salutis bonique publici causa: ideoque ipsa Res publica supra Principem est, non subditi ipsi eo sunt superiores“; C. G. *Svarez*, Qu.-Nr. 191, S. 117. Ausführlich H. *Rehm*, Geschichte der Staatsrechtswissenschaft a a O S. 231 - 250.

[268] Gerhard *Leibholz*, Das Wesen der Repräsentation und der Gestaltwandel der Demokratie im 20. Jahrhundert, 3. Aufl. Berlin 1966, S. 53 f. und Otto *Hintze*, Typologie der ständischen Verfassung, jetzt in: Staat und Verfassung, gesammelte Abhandlungen zur Allgemeinen Verfassungsgeschichte, 2. Aufl. Göttingen 1962, S. 120 ff. (121). Vgl. unten 3.534.

[269] Siehe aber P. G. *Tholosan*, Qu.-Nr. 64 a, lib. III cap. 3 nr. 1 (S. 66); H. *Conring*, G. *Marquart*, Qu.-Nr. 118 d, § XCI (fol. F 1 v.); *v. Justi*, Qu.-Nr. 175 a, §§ 675 f. (S. 348 f.). Im übrigen etwa: Justus Chr. *Leist*, Lehrbuch des teutschen Staatsrechts, 2. Aufl. Göttingen 1805, S. 166.

[270] J.-J. *Rousseau*, Contrat social, liv. III chap. 15 (a a O S. 301 f.).

[271] Unten 3.5361; 3.5362.

[272] Oben S. 7; 1.211, Note 183; 1.2212, Note 104, Note 114; 2.3146, Note 129; 2.3223, m. Noten 172 f.; 2.3224, m. Note 174; 2.323, m. Noten 179 - 190; 2.3321; 3.361.

[273] C. *Klock* (Fundstelle und Auszug oben 2.323, m. Note 187); J. *de Lugo*, Qu.-Nr. 106, disp. 36 nr. 21 (S. 502).

[274] J. H. G. *v. Justi*, Grundfeste a a O S. 9 (Auszug oben 3.11, Note 13).

bleiben: „Cavendum est, ne princeps ita potestatis suae plenitudine utatur, unde inde existat plenitudo tempestatis[275]."

Nur der Finanzdisponent nämlich, der von den eigenen Begehrlichkeiten zu abstrahieren weiß, der also die Vollkommenheit erringt, die in der ständig neuen Überwindung persönlicher Regungen erreicht wird[276], kann als richtiger Sachwalter gelten. Denn nur er verbürgt jene Entfaltung, die der Steueraktivität ansteht, will sie ihr Mittel Steuer legitimieren: das Veranstalten von Ausgabewerken zum Vorteil aller. Ist aber diesen Werken wesentlich, daß sie von partiellen Zwecken besonderer Subjekte, namentlich vom commodum proprium principis befreit sind, so folgt daraus die Seinsweise, auf die der Disponent verpflichtet werden muß. Da seine zweckgerichteten Motivationen stets gegen die persönlichen Eingebungen abgesichert sein wollen — der Disponent also von seinen besonderen Regungen abstrahieren muß —, so abstrahiert man tunlichst gleich den Disponenten selbst von jenem gefährlichen Teil seiner Person, von dem aus die Angriffe auf seine zweckgestimmten Entscheidungen zu befürchten sind: Mit den besonderen Begehrlichkeiten als der Quelle des Willkürakts soll der princeps nicht nur seine Besonderheiten ablegen; wo er als Finanzdisponent diese Regungen überwindet, agiert nicht die besondere Person, sondern der Sachwalter. Der Sachwalter überwindet seine Person. Damit ist die Funktion als Verkörperung der Aufgabe entdeckt, mit dieser als das zweckgerichtete Streben verstanden[277].

3.533 Objektivierten Sachwaltern der Regierungsaufgabe ordnet man das Besteuerungs- und Vergaberecht zu. Und nur diese Sachwalter sind für die Steuerlehre dramatis personae der Steueraktivität. Ihre jeweiligen Darsteller, die die Rolle verkörpern, Amt und Funktion zur Anschauung bringen, interessieren nicht.

3.5331 Dabei akzeptiert die Steuerlehre nicht gern als notwendig vorgegebene Prämisse, daß die Regierenden eben doch von Menschen dargestellt werden. Es ist menschlicher Wille, der das Richtige auffinden kann[278], wobei der princeps und der altständische Landtag als die berufenen Akteure diese Willensbildung mit sich selber ausmachen[279]:

---

[275] C. *Klock*, Qu.-Nr. 102 a, cap. VII nr. 4 (S. 163) m. w. N. und das Zitat oben 1.2212, Note 114; H. *Conring*, G. *Marquart*, Qu.-Nr. 118 d, § XCII (fol. F 2 r.); D. *Balmaseda*, Qu.-Nr. 144, nr. 6 (S. 6).

[276] Oben 2.323, m. Noten 179 - 189; 2.3321; 3.441 Note 185.

[277] Herbert *Krüger*, Statslehre a a O S. 243 ff.; 308 ff.

[278] A. *Contzen*, Qu.-Nr. 97, § 4 (S. 631): „... causa, quae principem movit ad imponendum tributum." — A. *v. Kremer*, Qu.-Nr. 213, S. 75.

[279] V. L. *v. Seckendorf*, Qu.-Nr. 111, cap. 3.8 § 5 (S. 227): „... und wenn die Landstewren zu absonderlicher alleiniger Disposition und Nutz der Fürstl. Cammer gereicht werden ..."

„... in der That hänget Alles von der willkürlichen Gewalt ... ab, so über Steuern und Schatzungen eingeräumet ist[280]."

Um so dringlicher ist notwendig, daß man diese „willkürliche", nämlich der freien Willensfindung anheimgegebene Entschließungsbefugnis der Funktionsträger in rationale Bahnen lenkt. Die Willensbildung hat sich den formalen Dimensionen ihrer richtigen Entscheidungsebene zu unterwerfen[281], damit sie das material Richtige erreicht.

Den Sektor des Richtigen, aus dem die Motivationen fließen sollen, weist die Steuerreproduktionsidee; aus dem Zusammenspiel ihrer Elemente, die bei jeder Auseinandersetzung mit konkreten Ausgabelagen berücksichtigt sein wollen, kann das Richtige in actu hervorgehen. Mit diesen rationes decernandi ist die Dispositionsbefugnis ausschließlich den Motivationen zu überlassen, die in den Entschließungsprozeß einfließen dürfen[282].

Indes, die falschen Motivationen hemmen, die richtigen Motivationen kennen muß der Disponent selbst[283]. Darum hat auch der sich selbst vor seiner eigenen Willkür in Schutz nehmende Willensbildner so strukturiert zu sein, daß seine Willensbildung das Unrichtige verdrängt, das Richtige aber hervorbringt. Er muß vernünftig beschaffen sein. Das sind zwar alle Menschen, so daß sie sich vernünftig geben können und folglich auch der princeps dem Vernünftigen zu dienen weiß. Doch die entscheidende Einsicht, die dieses Wissen zur Pflicht macht, kommt so noch nicht zum Zuge. „Magnus est Caesar, sed maior est ratio[284]": man muß den Finanzdisponenten so strukturieren, daß ihn die Vernunft ausschließlich leitet; der princeps ist der Vernunft zu verpflichten. Man muß ihn der Sachlichkeit unterwerfen.

---

[280] J. H. G. *v. Justi*, Qu.-Nr. 175 a, § 678 (S. 349) und ebenda § 708 (S. 375); F. *Suarez*, Qu.-Nr. 80, lib. V cap. XVII nr. 2, 6 (S. 310); C. *Ziegler*, Qu.-Nr. 136 a, cap. 4 nr. 6 (S. 968).

[281] C. *Klock*, Qu.-Nr. 102 a, cap. VII nr. 4 (S. 163): „Minime enim concedendum est, Principum Regalia habentium *Voluntati liberae* permissum esse, utrum quomodo et quando collectare Subditos suos velint? Quin omnes Doctores et Interpretes juris quos allegavimus, et quotquot nobis videre hactenus licuit, contrarium docent, ad certas causas potestatem Collectandi Subditos revocant." — J. *Gutierrez*, Qu.-Nr. 81, § 108 (S. 125); J. W. *Neumayr v. Ramßla*, Qu.-Nr. 93 a, cap. V § II (S. 228); R. P. N. *Causinus*, Qu.-Nr. 109, Diss. 36 (S. 147); P. *Knipschild*, Qu.-Nr. 139 a, cap. 19 nr. 38 (S. 468); J. B. *Multz*, Qu.-Nr. 143 b, cap. XVII nr. 197 f. (S. 549); *v. Justi*, C. G. *Svarez* (Fundstellen und Auszug oben 2.3321, m. Noten 201 f.); vgl. oben 3.42.

[282] Oben 3.411; 3.442, m. Noten 191, 194; 3.443; C. G. *Svarez*, Qu.-Nr. 191, S. 118: „Die Philosophie des Staatsrechts begründet das Recht des Regenten, Abgaben zu fordern, und seine Pflicht, die Abgaben nur zu wirklichen Staatsbedürfnissen zu verlangen."

[283] C. G. *Svarez* (Fundstelle und Auszug oben 3.442, m. Note 192).

[284] *Baldus de Ubaldis*, In Digestum vetus, Digestum novum libros Codicis Commentaria, Ed. Venetiis 1586, ad D. 4, 4 39 nr. 45 (fol. 234 v.).

3.5332 Den Vollzug dieser Forderung soll — auf das Erste gesehen — der princeps wiederum selbst, nämlich unter dem Zwang solcher Notwendigkeit bewerkstelligen: „Praeterea princeps debet se subiicere rationi[285].“ Dem richtigen Sachwalter wird nämlich das Unrichtige zuwider, so daß er sich selbst auf das Richtige einstimmt[286]. Dabei erkennt er das Irrationale der Steueraktivität mit jenen unrichtigen Zonen, in denen persönlicher Vorteil, vor allem Sondernutzen des Disponenten selbst, einfließt und die Motivation beherrschen will. Das Richtige dagegen ist in den Zwecken nicht partiellen Nutzens nicht besonderer Objekte aufzusuchen. Nur sie weisen die Ebene rationalen Steuerzweckstrebens[287], das allgemein sein muß.

Diese Polarität von Willkür und Sachlichkeit der Amtsführung erkannt und beherzigt, legt der princeps die Eigenschaft der Person ab, wo er amtlich agiert, um die *Vernunft zu verkörpern*[288]: Seine Abstraktion von den Eigenschaften des Personellen zielt darauf, die mit ihr überwundene Fehlsamkeit des Menschen durch die zweckrational gestimmte Verkörperung der Vernunft zu ersetzen. An die Stelle menschlicher Unzulänglichkeit tritt das auf den Steuerzweck eingeschworene Streben, das der princeps mit der Vernunft repräsentiert: „... nam ipse princeps et ratio *idem* sunt[289].“ Das ist die vorläufige Schlußfolgerung dieser Operation am fürstlichen Selbstverständnis des Finanzdisponenten.

3.5333 Der im Vergütungsprozeß seiner Selbstaufbesserung gewonnene Finanzdisponent soll das vom Gemeinzweck Gebotene veranstalten; diesem richtigen Zweck beugt er sich einsichtig; er will sein essentielles Sein und Handeln ausschließlich vom Zweck, der die Aufgabe reflektiert, bestimmen: „In iusta causa requiritur ad collectarum indictionem, ut ne quidem Principi pro effraenata voluntate et bene placito subditos gravare liceat[290].“ Dieser Sollenssatz weiß die Willkür zu überwinden, um Sachlichkeit zu erringen. Das Schwergewicht des Vernünftigen teilt sie mit[291].

Doch bewehrt ist die fürstliche Pflicht zur Sachlichkeit nur in der selbst empfundenen Abneigung vor dem Unsachlichen, das das Odium des Un-

---

[285] *Baldus de Ubaldis*, Consilia, Ed. Venetiis 1575, cons. I 36 nr. 6 (fol. 100 v.).

[286] Johann Stephan *Pütter*, Beyträge zum Teutschen Staats- und Fürsten-Rechte, I. Theil, Göttingen 1777, S. 336.

[287] Oben 3.2 (Zusammenfassung 3.25); 3.352; 3.36 (Zusammenfassung 3.37); 3.441; 3.442; 3.443 (Zusammenfassung 3.45); S. *v. Pufendorf*, Qu.-Nr. 127 a, lib. 7 cap. 6 § 10 (S. 225) [Auszug unten 3.5351, Note 322].

[288] A. *Contzen*, Qu.-Nr. 97, § 4 (S. 631): „... Princeps, qui habet *prudentiam universalem*, multis iustis rationibus moveri potest.“

[289] *Baldus*, Consilia a a O cons. I 39 nr. 1 (fol. 105 v.); *Rampinis*, Qu.-Nr. 43, S. 735 (nr. 7): „Praesumitur princeps omnia iuste et rite agere.“

[290] F. A. *Maull*, Qu.-Nr. 122, S. 120 (nr. 2).

[291] J. St. *Pütter*, Beyträge a a O S. 336.

rechts auf den Disponenten ziehen würde[292]. Die Dispositionsmacht bleibt strukturell persönliches Regiment: „Imo ipsa principis voluntas dicitur justa causa[293].“

Nicht ausgeräumt ist die Gefahr, daß der Machtgebrauch aus den Dimensionen ausbricht, die ihm der Zwang zur Sachlichkeit verordnet. Hier liegt der Mangel jeder persönlichen Herrschaft, die sich ihrer rationalen Strukturen jederzeit ledig machen könnte, wo sie hinderlich werden. Denn persönliche Herrschaft kennt keine institutionalisierten Schranken. Der princeps soll zwar nicht „volontairement“[294], „fürsetzlich ohne Noth“[295], in „zügelloser Willkür“[296], „hic volo, hic jubeo“ regieren[297]; doch es fehlt die Institution, die zu verhindern wüßte, „ut ex salutaribus institutis omnia mala crescant“[298].

3.534 Als eine solche Einrichtung ruft die Steuerlehre zwar die Landesvertretung herbei, deren ständische Sachwalter[299] gleich dem princeps das Vernunftsprinzip repräsentieren[300]. Mit dieser Blickrichtung redet die Spekulation der ständischen Steuerverwilligung dann auch das Wort[301]. Dies selbst dort, wo die altständische Steuerverfassung von absolutistischer Fürstenmacht längst überspielt[302] und die Mitsprache der Landschaft

---

[292] Oben 2.3146, m. Note 133; 2.323 m. Noten 189 f.; 3.443. Die Sanktionen der Lehre (oben 2.3141 - 2.3146) sind Theorie. Steuerverweigerung und Aufrechnung kennt die Finanzwirklichkeit nur zugunsten der verwilligenden Stände.

[293] L. *Velasquez de Avendano*, Qu.-Nr. 156, nr. 24 (S. 129); vgl. V. L. *v. Seckendorff*, Qu.-Nr. 111, cap. 3.8 § 5 (S. 226).

[294] Louis IX (Auszug oben S. 7).

[295] J. W. *Neumayr v. Ramßla*, Qu.-Nr. 93 a, cap. V § II (S. 228).

[296] Oben das Zitat bei Note 290.

[297] C. *Klock* (Fundstelle und Auszug oben 1.211, Note 83).

[298] C. *Klock*, Qu.-Nr. 102 a, cap. I nr, 97 f. (S. 12); vgl. oben 1.2212, Note 104.

[299] J. J. *Moser*, Von der Teutschen Reichs-Stände Landen a a O S. 322; *ders.*, Qu.-Nr. 169 e, S. 602: „Landstände seynd und heisset das Corpus derjenigen Unterthanen, welche krafft der Landes-Freyheiten und Herkommens von dem Landesherrn in gewissen Landesangelegenheiten, um ihren *Rath* oder auch *Bewilligung* angesprochen werden müssen, auch sonsten mancherley des Landes Wohlfahrt betreffende Sachen zu dirigieren, zu veranstalten oder doch *etwas dabey zu sagen haben.*“ (Hervorhebung hier).

[300] J. F. *Pfeffinger*, Qu.-Nr. 155, nr. 62 a (S. 1502); L. H. *v. Jakob*, Qu.-Nr. 214, § 458 (S. 368).

[301] C. *Klock* (Fundstelle und Auszug oben 2.3133, Note 73 m. w. N.); V. L. *v. Seckendorff*, Qu.-Nr., 111, cap. 3.8 § 2 (S. 223), § 5 (S. 227); J. D. *Eulner*, Qu.-Nr. 159, § II (S. 1); J. J. *Moser*, Qu.-Nr. 169 b, S. 21 - 418.

[302] J. J. *Moser*, Qu.-Nr. 169 b, S. 595, 597 f., 603 f.; *ders.*, Von der Landeshoheit in Cameral-Sachen a a O S. 49; *ders.*, Von der teutschen Reichs-Stände Landen a a O S. 398 f., 1387; *v. Justi*, Qu.-Nr. 175 a, § 674 (S. 347 f.): „Indessen ist diese Mitwirkung der Land-Stände bald mehr, bald weniger wesentlich und erheblich, und zuweilen ein bloßer Nahme, nachdem sich die Stände des Staats bey ihren Freyheiten und Gerechtsamen zu erhalten gewußt haben“; § 675 (S. 348); Carl Joseph *Hartmann*, Über den Ursprung und das rechtliche Verhältniß der Landstände in Deutschland, Nürnberg 1805, S. 9 ff.; J. Chr. *Leist*, Lehrbuch des teutschen Staatsrechts a a O S. 160 ff.; Felix *Rachfahl*, Alte und neue Landesvertretung in Deutschland, in: Schmollers Jb. 33 (1909) S. 89 ff. (127).

zu einem Privilegium denaturiert ist, das der landesherrlichen Disposition anheimsteht[303].

Soweit sich die altständische Steuerverwilligung auch im absoluten Fürstenstaat behauptet[304], wird diese Repräsentation der Vernunft aber nur im Rahmen des Steueranschlags und mit einer pauschalen Würdigung der einzelnen Ausgabekategorien befaßt[305].

Was die Stände bei dieser Gelegenheit als sachlich richtig beurteilen, hat Gewicht. Den Wünschen des populus verschafft man allerdings nur unter Zweckmäßigkeitsgesichtspunkten Geltung[306], wie ein Anliegen des Landes überhaupt nicht als rechtlich relevanter Gesichtspunkt den princeps beschränkt. Immerhin kann der Landtag fürstliche Willkürentschließungen, wenn nicht rechtlich, so tatsächlich aus dem Schwergewicht des Vernünftigen im Zaume halten[307]. Seine Mitwirkung zielt auf die Objektivierung des Regenten.

Die eigene Objektivierung der ständischen Versammlung bleibt dabei ungelöst. Denn auch der Landtag beschließt in freier Willensbildung[308], allein der Vernunft verpflichtet, der er sich selbst unterwirft. Allenfalls ist es die kollegiale Beschlußfassung dieser Korporation, die sie vor dem Verlust ihrer Objektivität bewahrt.

Auch hier fehlt das rationalitätsförderliche Mitbetroffensein von der eigenen Steuerverwilligung, eine Wirkung, die man erst viel später mit dem Parlamentarismus dienstbar macht[309]. Denn noch beschließen die Landstände, die nicht eins mit dem vertretenen Land sind, solange man das Gemeinwesen nicht begreift als die alle Landesbewohner, also auch seine Vertreter, einbeziehende und umgreifende Erscheinung Staat[310]. Die Stände nämlich sind steuerfrei; sie setzen nur die Wirtschaftskraft ihrer Einwohnerschaft aufs Spiel[311], wenn sie sich, gelegentlich für singulärnützliche Zugeständnisse an die Landschaft, eine Steueranlage abringen

---

303 Gerhard *Oestreich*, Ständetum und Staatsbildung in Deutschland, in: Der Staat 6 (1967), S. 61 ff. (69 - 73).

304 K. H. *Friauf*, Staatshaushaltsplan a a O S. 23, 26 f.

305 J. H. G. *v. Justi* (Fundstelle und Auszug oben 1.2211, Note 98).

306 Hans *Spangenberg*, Vom Lehenstaat zum Ständestaat, München - Berlin 1912, S. 191.

307 J. F. *Pfeffinger*, Qu.-Nr. 155, nr. 62 a (S. 1503); J. J. *Moser*, Qu.-Nr. 169 b, S. 586 ff., insbes. 589; vgl. oben 3.5333.

308 David Georg *Struben*, Von Landständen, in: Nebenstunden a a O (oben 1.2212, Note 102) S. 136 ff. (146).

309 Der Effekt wird vorausgesehen von J. H. G. *v. Justi*, Qu.-Nr. 175 b, S. 15 f.; ferner: C. *v. Rotteck*, R. *v. Mohl*, C. *v. Hock* (Fundstellen und Auszug oben 1.14, Note 32).

310 F. *Rachfahl*, Landesvertretung a a O S. 129.

311 D. G. *Struben*, Von Landständen a a O S. 143 ff.

lassen[312]. Im Ständestaat des Kontinents, denn nur England und die Staaten Nordamerikas sind ausgenommen, gibt es zwar das Prinzip der Steuerverwilligung; nicht aber herrscht das Prinzip der Volksvertretung, das jene beschließen läßt, die selbst die verwilligten Lasten aufbringen. Auf diesen Gedanken verfällt die Steuerlehre nicht. Er widerspricht dem politischen Denken, und nur aus seinem Fundus sind die dem Fürstenstaat gemäßen Rationalitätseffekte zu schöpfen.

3.535 Daß schon die Repräsentation der Vernunft eine optimale Gewährleistung des Richtigen erringen läßt, die der summa potestas mäßigend gebührt, glaubt auf die Dauer auch die Steuerlehre nicht. Sie selbst macht immer wieder bewußt, wie dringlich die Amtswalter vor einem Rückfall in ihre natürliche Person abgesichert werden müssen, wie notwendig ihnen überhaupt ist, daß man stets *von außen* an diese Steuerdisponenten die Sollenssätze des nicht willkürlichen Finanzgebarens heranträgt. Die Rechtfertigungsmaximen richten sich fortwährend an die Verantwortungs*bereitschaft* der Disponenten und ihre Geneigtheit, sich selbst vor jedem Abstieg in das Willkürlich-Sachfremde der natürlichen Person zu schützen. Das belegt, wie wenig ein solcher Adressat bereits als ein existentiell dergestalt überhöhter, *seinsmäßig* veränderter Sachwalter gedacht ist, der solcher Erinnerung von außen entsagen könnte, weil er in einen Amtswalter verwandelt ist. Sein verantwortungsgestimmtes Disponieren verharrt vielmehr in der seinsmäßigen Ungeschiedenheit von persönlicher und funktionsmäßiger Eigenschaft des Disponenten. Seine Person, von der man zwar loskommen möchte, ist nicht auch *institutionell abgespalten*, weshalb dem Repräsentanten der Vernunft erschwert ist, daß er sich selbst in der Gewalt behält[313].

Diese Struktur will die Lehre nunmehr verschaffen und mit der „voluntas artificiosa" des Disponenten besorgen. „... die Sünden sind eine Folge des natürlichen Willens, nicht des politischen Willens, der ein *künstlicher* ist[314]." Das ist die neue Devise; sie ist ausgegeben, wenn es heißt: „Respublica supra principem est[315]."

3.5351 Hier wird abermals eine von der antiken Staatstheorie ausgehende These aufbereitet und eingespannt, damit sie dem rationalen Finanzvollzug diene. Sie überkommt mit der mittelalterlichen Idee des corpus mysticum[316]. Sein Gedanke soll hier als ideeller Ausdruck einer

---

[312] J. J. *Moser*, Qu.-Nr. 169 b, S. 596.

[313] Leopold *v. Ranke*, Über die Epochen der neueren Geschichte, Darmstadt 1965 (17. Vortrag), S. 116.

[314] Th. *Hobbes*, Qu.-Nr. 108 a, cap. VII § 14 (S. 155).

[315] C. *Klock*, Qu.-Nr. 102 a, cap. I nr. 96 (S. 12). Vgl. den Zusammenhang im Auszug oben 3.3321, Note 267.

[316] Charles Howard *McIlvain*, The growth of the political thought in the west, London 1932, S. 223.

in der Herrscherfigur vergegenständlichten Staatlichkeit wirken. Er entdeckt den princeps als vergeistigte Staatsperson, um ihn in seinem überpersonellen zweiten Teil seines Wesens sichtbar[317], und solchermaßen herausgestellt, dienstbar zu machen[318]. Man bedient sich der künstlichen Schöpfung Staatsrepräsentanz[319] als der idealen Wesenheit des princeps. Dies, um mit der Staatsperson das gesollte Selbstverständnis ihres Sachwalters als gemußte Seinsweise des Repräsentanten zu erzwingen: Der Herrscher verkörpert das staatszweckgemäße Streben, den Staat überhaupt[320], dessen „anima vivificans et movens"[321] er ist. Damit will man erreichen, daß sich der fürstliche Wille auf den Bahnen des von Staats wegen gebotenen Zweckstrebens bewegen muß, sich allein in diesen Dimensionen bewegen kann[322].

Das bringt die Spekulation auf den Weg, an dessen Ende der Staat, der, vom princeps repräsentiert, über dem princeps stehen soll, als „Verbandspersönlichkeit" hervorkommen wird[323]. Es ist freilich jenes Konzept, das so wenig für die Dimensionierung des Gemeinwohlgedankens, mit diesem für sächliche Sicherung der Steuerreproduktionsidee leistet[324]. Vorerst vertraut die Lehre auf seinen Effekt, denn man setzt einstweilen auf die so abermals verbesserte Seinsweise der Regierenden[325].

---

[317] E. H. *Kantorowicz*, The king's two bodies a a O passim.

[318] Vgl. Otto *v. Gierke*, Johannes Althusius und die Entwicklung der naturrechtlichen Staatstheorien, Breslau 1880 (Neudruck Aalen 1958), S. 189 ff.

[319] Th. *Hobbes* nennt die Staatsperson ein „opificium artis", einen „homo artificialis" oder eine „persona artificialis" (Qu.-Nr. 108 b, Einl. S. 5).

[320] Th. *Hobbes*, Qu.-Nr. 108 a, cap. VI § 13 Anmerkung (S. 138): „Dagegen ist den meisten nicht so klar, daß der Staat in der Person des Königs enthalten ist."

[321] *Ders.*, Qu.-Nr. 108 b, Einl. S. 5, und *ders.*, Qu.-Nr. 108 a, cap. VI § 19 (S. 146).

[322] J. *Althusius*, Qu.-Nr. 77, cap. VII nr. 30 (S. 113); Th. *Hobbes*, Qu.-Nr. 108 a, cap. VI § 3 (S. 132 f.); § 13 Anmerkung (S. 139); S. *v. Pufendorf*, Qu.-Nr. 127 a, lib. 7 cap. 2 § 11 (S. 140); cap. 4 § 3 (S. 168 ff.); vgl. cap. 6 § 10 in Verbindung mit §§ 8 f. (S. 220 - 227) und cap. 2 § 12 (S. 140 ff.); cap. 5 § 8 (S. 109 f.); Leopold *von Ranke*, Weltgeschichte, 2. Aufl., Bd. IV/1 Leipzig 1883, S. 102: „... von einem individuellen Willen, der doch wieder auf einem persönlichen Interesse beruht, kann das Menschengeschlecht nicht geleitet, noch auf die Länge beherrscht werden." Immanuel *Kant*, Über den Gemeinspruch: Das mag in der Theorie richtig sein, taugt aber nicht für die Praxis, in: Berlinische Monatsschrift 1793, S. 201 ff. (253), hier nach: Werke, hrsg. von W. Weischedel, Bd. VI, Wiesbaden 1964, S. 125 ff. (146); K. S. *Zachariä*, Vierzig Bücher vom Staate, Theil I a a O S. 139: „Das Interesse des Herrschenden (kann sich) dem Interesse entfremden, der Fürst kann für seine Person oder als Individuum andere Interessen haben, als das, welches er als Herrscher hat oder haben soll."

[323] O. *v. Gierke*, Johannes Althusius a a O S. 158 f.

[324] Otto *Mayer*, Die juristische Person und ihre Verwertbarkeit im Recht, in: Festgabe für P. Laband, Bd. 1, Tübingen 1908, S. 1 ff. (59 f.); Hans Julius *Wolff*, Organschaft und Juristische Person, Bd. I: Jur. Person und Staatsperson, berichtigter Neudruck der Ausg. Berlin 1933, Aalen 1968, S. 470 Note 2.

[325] Hermann *Rehm*, Allgemeine Staatslehre, Freiburg - Leipzig - Tübingen 1899, S. 266: Diese Vorstellung „bringt die Idee zum treffensten Ausdruck, daß

Diese Hoffnung liegt im Vertragsstaatsverständnis beschlossen, das hier als hervorbringendes Instrument wirksam ist: „Principi sane cum non liceat imperare Civibus prout vult, sed secundum fundamentales Reipublicae leges pactaque contracta, nec integrum Ei est, de facultatibus eorum disponere, prout ipsi placet; consequenter, nec tributa insolita, citra summam necessitatem, eisque reluctantibus, imponere poterit[326]."

Johannes *Althusius* stellt den alten Vertragsstaat-Gedanken als erster für die neue Aufgabe bereit: er verbindet mit dem Gesellschaftsvertrag nicht nur die Staatswerdung, sondern auch die vertragszweckgemäße Existenz des Produkts „consociatio"[327]. Für diesen corpus symbioticum unterscheidet er erstmals in Trägerschaft und Ausübung der potestas[328]: Die Trägerschaft der potestas bleibt bei den sich zusammenschließenden Individuen[329], während die staatlichen Einrichtungen, mit animus, spiritus und cor begabt[330], die potestas zweckbestimmt ausüben: „at vero ratione usus et administrationis, spectant ad summum illius magistratum, cui a corpore reipublicae sunt commendata"[331]. Dem gibt Thomas *Hobbes* zwar die absolutistisch-fürstenstaatliche Wende[332]. Das pactum universale[333] verbindet die Bürger nur zum Zwecke der Verleihung der Herrschaft an den Herrscher, auf die civitas[334]. Ist diese Macht übertragen, wird die

---

die Staatsgewalt nur im Interesse der Gesamtheit, nicht im egoistischen Interesse des Herrschers oder einzelner Unterthanengruppen gehandhabt werden soll".

[326] J. F. *Pfeffinger*, Qu.-Nr. 155, nr. 62 (S. 1500); J. *Althusius*, Qu.-Nr. 77, cap. XIX nr. 7 (S. 329) m. w. N.; S. *v. Pufendorf*, Qu.-Nr. 127 a, lib. 7, cap. 6 § 10 (S. 226): „... constringitur regis imperium, si expresse inter regem et cives sit conventum in delatione imperii, ut ad certas leges fundamentales imperium gerat..."; ebenda S. 225: „... ad certas quasdam leges administratio imperii *est restricta*, et ubi citra necessitatem rex secus fecerit, sine dubio violatio est reus." C. *Peller*, Qu.-Nr. 119, S. 510 (Auszug oben 3.42, Note 163).

[327] Qu.-Nr. 77, cap. IX nr. 1 f. (S. 167); cap. XIX nr. 7 (S. 329); vgl. *ders.*, Dicaeologicae libri tres, Francofurti 1618, lib. I cap. 8 nr. 14 (S. 22); deutlicher S. *v. Pufendorf*, Qu.-Nr. 127 a, lib. 7 cap. 6 § 10 (S. 224 f.); v. *Justi*, Qu.-Nr. 175 a, § 690 (S. 357); J. *v. Sonnenfels*, Grundsätze der Finanz Bd. I a a O S. 24; C. W. *Graffenried*, Qu.-Nr. 232, S. 60.

[328] Qu.-Nr. 77, cap. XIX nr. 98 (S. 378); H. *Rehm*, Geschichte der Staatsrechtswissenschaft a a O S. 236.

[329] Über diese strittige Interpretation Erich *Cassirer*, Natur- und Völkerrecht im Lichte der Geschichte und systematischen Philosophie, Berlin 1919, S. 86 f.; vgl. H. *Grotius*, Qu.-Nr. 94, lib. II cap. IX § 8 (S. 187 f.).

[330] Qu.-Nr. 77, cap. IX nr. 19 (S. 170).

[331] Qu.-Nr. 77, cap. XIX nr. 2 (S. 326); vgl. auch cap. IX nr. 19 (S. 170); cap. XVIII nr. 10 (S. 279), nr. 28 (S. 285).

[332] Ernst *Reibstein*, Die Anfänge des neuen Natur- und Völkerrechts, Bern 1959, S. 80 ff. und Howard *Warrender*, The political philosophy of Hobbes, Oxford 1957, S. 104 ff., 108 f., 125 ff.

[333] Qu.-Nr. 108 a, cap. VII §§ 5 ff. (S. 151 ff.); vgl. H. *Rehm*, Geschichte der Staatsrechtswissenschaft a a O S. 243 ff.

[334] Qu.-Nr. 108 a, cap. VI § 13 (S. 137 f.); Qu.-Nr. 108 b, cap. 18 nr. 1 f. (S. 136 f.).

civitas im Herrscher existent[335], hinter dem die Menge als dissoluta multitudo[336] verschwindet[337]. Das opfert einstweilen den Gesellschaftsvertrag als die typisch individualistisch-naturrechtliche Grundlage, die gerade auf den hervorbringenden Willen der einzelnen zurückweisen soll[338]. Die Macht der Herrscherfigur beruht nicht auf den geeinten Vielen[339], mag auch seit der Lehre Samuel *v. Pufendorfs* der im Unionsvertrag einmal geeinte coetus über den Subjektionsvertrag hinaus existent bleiben[340]. Eine Rückkehr zum individualbetonten Ausgangspunkt vertragsstaatlicher Spekulation propagieren erst die Aufklärer des 18. Jahrhunderts. Mit ihrer Staatsvertragslehre tritt der entschiedene Charakter der vertragsstaatlichen Richtung erneut hervor: Man relativiert das Produkt Staat, und das Dogma der abstrahierenden Wesenheit des Staates fällt[341] im aufklärerisch-individualistischen Denken[342] dahin[343]. Doch der princeps als das leibhaftige Ausdrucksmittel des Staates bleibt. Er ist das bewegende Medium der politischen Gruppe. Dies als öffentliche Person.

3.5352 Auch die Lehre von der Staatsperson kann auf den Regenten nicht verzichten. Er ist die staatliche Personifikation[344]. Er repräsentiert

---

335 Qu.-Nr. 108 b, cap. 18 (S. 143).

336 Qu.-Nr. 108 a, cap. VII § 11 (S. 154).

337 O. *v. Gierke*, Johannes Althusius a a O S. 190; Johann Caspar *Bluntschli*, Geschichte der neueren Staatswissenschaft, 3. Aufl. München - Leipzig 1881, S. 127.

338 Friedrich Julius *Stahl*, Die Philosophie des Rechts. Bd. I, 6. Aufl. Darmstadt 1963, S. 158.

339 Vgl. oben 3.5321 mit Noten 265 - 267 und etwa: S. *v. Pufendorf*, Qu.-Nr. 127 a, lib. 7 cap. 6 § 4 (S. 216); dazu Erik *Wolf*, Große Rechtsdenker der deutschen Geistesgeschichte, 3. Aufl. Tübingen 1951, S. 353.

340 Qu.-Nr. 127 a, lib. 7 cap. 2 § 7 (S. 134); § 12 (S. 141); cap. 5 § 8 (S. 189 f.); Qu.-Nr. 127 b, lib. II cap. 6 § 7 (S. 300).

341 Sein entschiedener Gegner im 17. Jahrhundert ist F. J. *Horn*, Qu.-Nr. 128, lib. I cap. 1 § 1 (S. 55), lib. II cap. 1 § 18 (S. 162 ff.).

342 Christian *Thomasius*, Institutionum iurisprudentiae divinae libri III, Ed. Hallae 1964, lib. III cap. 6 § 28 (S. 559); §§ 63 - 66 (S. 565).

343 Gottfried W. *Leibniz*, Caesarini Furstenerii tractatus de iure suprematus, ac legationum principum Germaniae, in: Opera omnia, Ed. L. Dutens, Genevae 1768, Bd. IV. 3 S. 329 ff. (359 f.); *ders.*, De suo codice iuris gentium diplomatico monitum, in Opera omnia a a O S. 285 ff. (diss. I § 20, S. 306); Chr. *Wolff*, Qu.-Nr. 168 a, § 850 (S. 533); *ders.*, Qu.-Nr. 168 b, cap. I § 4 (S. 5); *ders.*, Qu.-Nr. 168 c, § 6 (S. 4), § 220 (S. 165); *v. Justi*, Qu.-Nr. 175 a, §§ 3 ff. (S. 2 f.); vgl. Otto *Gierke*, Das deutsche Genossenschaftsrecht, Bd. IV, Berlin 1913, S. 425, 483.

344 J. *Althusius*, Qu.-Nr. 77, cap. XIX nr. 6 f. (S. 328 f.); cap. XX nr. 21 (S. 392); Th. *Hobbes*, Qu.-Nr. 108 a, cap. V § 5 (S. 126); §§ 7, 9 (S. 128 f.); *ders.*, Qu.-Nr. 108 b, cap. 18 f. (S. 136 - 154)§ V. L. *v. Seckendorf*, Qu.-Nr. 111, cap. 3.8 § 5 (S. 226); S. *v. Pufendorf*, Qu.-Nr. 127 a, lib. 1 cap. 1 § 13 (S. 14); lib. 7 cap. 2 § 13 (S. 142 f.); *ders.*, Qu.-Nr. 127 b, lib. II cap. 6 § 10 (S. 301 f.); Chr. *Thomasius*, Institutionum jurisprudentia a a O lib. III cap. 6 § 28 (S. 559); § 63 (S. 565); *ders.*, Fundamenta iuris naturae et gentium, 3. Aufl. Halae - Lipsia 1713, lib. I cap. 1 § 37 (S. 23); § 57 (S. 27); Chr. *Wolff*, Qu.-Nr. 168 a, § 1042 (S. 644); A. L. *Schlözer*, Qu.-Nr. 197, S. 100, 103; Johann M. *Seuffert*, Von dem Verhältnisse des Staates und der Diener des Staats gegeneinander im rechtlichen und politischen Ver-

den Staat, indem er den Staat als die abstrakte Idee oder doch als eine aus den geeinten Vielen komponierte Wesenheit verkörpert. Man identifiziert den Landesfürsten mit dem Staat: "Tout l'Etat est en la personne du Prince. En lui est la puissance[345]."

a) Wie immer es mit den Strukturen dieser Größe Staat bestellt sein mag, vom Amt des princeps gehen jedenfalls alle Machtäußerungen aus, wie sein Amt Zurechnungspunkt aller Aktivitäten ist: „Nam utique omnia, quae vult civitas, vult *per voluntatem regem*[346]." „Cum jura majestatica sint, quae ad imperium summum et eius exercitium pertinent... consequenter qui imperium civile exercet, *ei competit jus omnia constituendi, quae ad bonum publicum consequendum ipsi facere videntur*[347]." Damit existiert jener Landesfürst fort, der nur seiner eigenen Einsicht unterworfen, alles bewirken kann, was ihm — und nur ihm — nach freier Überzeugung, jedoch in Verfolgung des gemeinsamen Wohlergehens zu tun für richtig erscheint. Über ihm aber steht der Staat als eine zweckgerichtete Veranstaltung.

aa) Der regierende Wille soll ein künstlicher Wille sein, wobei solche Qualifikation die Richtigkeit des Willens einbegreift. Der richtige Wille

---

stande, Würzburg 1793, S. 44, 140; Adolf F. H. *Posse*, Über das Staatseigenthum in den deutschen Reichslanden und das Repräsentationsrecht der teutschen Landstände, Rostock - Leipzig 1794, S. 163, 167; Immanuel *Kant*, Die Metaphysik der Sitten, Metaphysische Anfangsgründe der Rechtslehre, Königsberg 1797, 2. Teil 1. Abschnitt Allg. Anmerkungen A (S. 173 ff.), in: Werke aaO Bd. IV (1956), S. 437 ff.; Georg W. F. *Hegel*, Grundlinien der Philosophie des Rechts, § 279 (Ed. G. Lasson, Leipzig 1911, S. 229); *ders.*, Encyclopädie der philosophischen Wissenschaften im Grundrisse, §§ 541 f. (Ed. G. Lasson, 3. Aufl. Leipzig 1923, S. 449 f.); H. *Bensen*, Qu.-Nr. 202, S. 153 f.; N. Th. *Gönner*, Qu.-Nr. 203, S. 418 ff., 422; L. H. *v. Jakob*, Qu.-Nr. 214, §§ 456 f. (S. 367 f.), § 1318 (S. 1255); R. *Maurenbrecher*, Grundsätze, § 198 (aaO S. 358); *ders.*, Die deutschen regierenden Fürsten und die Souveränität, Frankfurt 1839, S. 8 f., 167 ff., 215 ff.; F. J. *Stahl*, Qu.-Nr. 233, § 145 (S. 529); H. *Zoepfl*, Grundsätze des Staatsrechts, 4. Aufl. Heidelberg - Leipzig Bd. I 1855, S. 77 (99 ff., 101) [zukünftig zitiert: „Staatsrecht"]; F. *Schmitthenner*, Qu.-Nr. 230, S. 374; Ludwig *v. Rönne*, Das Staats-Recht der Preußischen Monarchie, 1. Aufl. Leipzig 1856, Bd. 1 S. 108; Hermann *Bischof*, Allgemeine Staatslehre, Gießen 1860, S. 91 f.; Joseph *Held*, Der verfassungsmäßige oder constitutionelle Staat, Leipzig 1865, S. 219 f., 226, 530.

345 Jacques-Bénigne *Bossuet*, Politique tirée des propres paroles de l'écriture sainte, in: Oeuvres complètes, Ed. Lyon 1877, Bd. VIII, liv. 6 art. 1 prop. 1 (S. 395); P. G. *Tholosan*, Qu.-Nr. 64 b, lib. III cap. XVI (S. 289 ff.); Christopher *Mingius*, De superioritate territoriali et ejusdem juribus adfinibus, Ottingae o. J., S. 657 f.; Nicolaus Th. *Gönner*, Der Staatsdienst aus dem Gesichtspunkt des Rechts und der Nationalökonomie betrachtet, Landshut 1808, S. 32: „Der Regent ist der Staat selbst, der Mittelpunkt ..."; H. *Rehm*, Geschichte der Staatsrechtswissenschaft aaO S. 231, 233 ff., 255; *ders.*, Staatslehre aaO S. 56, 173, 231.

346 S. *v. Pufendorf*, Qu.-Nr. 127 a, lib. 7 cap. 6 § 10 (S. 226) [Hervorhebung hier]; E. *Wolf*, Große Rechtsdenker aaO S. 400, 406; O. *v. Gierke*, Johannes Althusius aaO S. 189; F. J. *Stahl*, Philosophie des Rechts Bd. I aaO S. 158 ff.

347 Chr. *Wolff*, Qu.-Nr. 168 a, § 1042 (S. 644) [Hervorhebung hier]; C. *Besold*, Qu.-Nr. 82 b, S. 15 (nr. 21).

ist künstlich, weil sein Willensbildner nicht mehr er selbst ist; er steht essentiell für einen substantiell anderen, den er verkörpert. Dieser andere ist das Kunstwerk Staat, der Staat als Idee, den der Landesfürst repräsentiert. Dabei leitet den Landesherrn, wo er den Staat gegenständlich zur Anschauung bringt, nur der Wille des repräsentierten Staates. Der Landesfürst verlautbart Staatswillen, keine persönliche Entschließung.

bb) Wieder ist es der Zweck des Seins, der die Art dieses Seins mitteilt. Und abermals ist dieses Zweckdenken geeignet, die Intentionszweiheit von zweckorientiertem Streben des Amtes und menschlich-persönlicher Seinsweise ihres Trägers greifbar zu scheiden. Damit können gemeinerhebliches und egoistisches Zweckstreben in den jeweils gemäßen Sphären ausschließlich angesiedelt werden. Dann weist der Bereich intimpersönlicher Selbstentfaltung des Regenten mit allen persönlichen Eingebungen dieser Zweckebene jedenfalls nicht mehr in die vom Amt reflektierten Zonen, die den Staatswillen hervorbringen[348]. Ihre Motivationen und Verlautbarungen des Regierens haben sich deshalb von allem Persönlichen freizuhalten[349], womit die Regierungsaktivität alle denkmöglichen Komponenten der Willkür ihres Willensbildners überwältigt.

b) Das sind freilich dieselben, schon aus der Vernunft diktierten und dem Repräsentanten der Vernunft zur Pflicht gemachten Sollenssätze richtigen Zweckstrebens. Der Nutzen des neuen Verfahrens ist nun darin beschlossen, daß es die Sicherungen für das Vernunftsprinzip liefert.

Das heißt unbedingt dies eine: Mit der Darstellung der Staatsidee in ihrem vergegenständlichten Ausdrucksmittel, nämlich im Landesfürsten als leibhaftigem Funktionsträger, muß dieser amtliche Akteur in der von ihm dargestellten Idee Staat selbst aufgehen. Ist das erreicht, bedarf der Repräsentant des richtigen Zweckstrebens endlich keiner auf seine Richtigkeit verweisenden Normen von außen[350]. Sie sind mit seinem Sein und dessen innerer Beschaffenheit selbst gesetzt. Die Funktion signalisiert die Impulse des Richtigen. Anders als bei der Repräsentanz des Vernunftsprinzips richten sich hier die Normen des Sollens fortlaufend aus dem in Obhut genommenen Zweck, ohne jeden Umweg über einen Mittler außerhalb der Amtsrepräsentation an den Repräsentanten. Zwar sprechen auch hier Eingebungen aus dem inneren Gemüt der Repräsentationsfigur. Doch sie sind in das Selbstverständnis des Akteurs so aufgenommen, daß der Funktionsträger den Sollenssätzen seiner Aufgabe nicht entraten

[348] L. A. *Muratori*, Qu.-Nr. 163 b, S. 88; Chr. *Wolff*, Qu.-Nr. 169 b, pars VIII cap. 1 § 23 (S. 16); H. G. *Scheidemantel*, Qu.-Nr. 182, S. 372; G. *v. Struensee*, Qu.-Nr. 201, S. 183; A. *v. Kremer*, Qu.-Nr. 223, S. 75; L. H. *v. Jakob*, Qu.-Nr. 214, S. 713; C. *v. Rotteck*, Qu.-Nr. 225 a, S. 285 (Auszug oben 1.2221, Note 91).

[349] Oben 3.411, Note 149; J. P. *Hahn*, Qu.-Nr. 164, fol. A 4 v.; A. *Destutt de Tracy*, Qu.-Nr. 220, S. 240 - 243.

[350] Oben 3.535.

könnte. Die natürliche Person kann der Amtsperson nicht mehr gefährlich werden, weil die Seinsweise des amtlich gestimmten Depositärs der Richtigkeit, der seine Entschließungsmotive nur aus dem von Staats wegen Gebotenen bezieht, sich selbst vor persönlichen, regelmäßig sachfremden Regungen in Schutz nimmt[351].

3.5353 Freilich geht hier Theorie zu Werke, die mit leidenschaftsfreier Wissenschaftlichkeit operiert. Sie will die Idee der Repräsentation nutzen, damit eine vorgegebene Dimension des Richtigen — gewonnen aus dem Zweck des Mittels für die Richtigkeit des Mittels und seinen Gebrauch — ein für allemal in seinen Einsatz, nämlich in seinen Disponenten eingebracht wird.

Das greift weit über die konventionelle Aufgabe des Repräsentationsgedankens hinaus. Man will nicht nur die Staatlichkeit, mit ihr das politische Selbstverständnis des hier angesprochenen Fürstenstaats sichtbar vergegenständlichen[352]. Die hier wirksame Idee der Repräsentation soll zugleich verstanden sein als die Institutionalisierung des richtigen politischen Selbstverständnisses[353], als die Hervorbringung des richtigen Willensbildners im Träger der voluntas artificiosa. Diese Idee ist Stimulans für die Erfindung des Staatswillens. Sie zeigt im Staatswillen eine Entschließungsebene, die von überhöhter, den Unzulänglichkeiten des realen Seins entrückter Vollkommenheit ist. Sie spricht im princeps den Übermenschen an, der sich in Besserungsabsicht über seine natürliche Natur erhebt, um dieses natürliche Sein alsdann zu berichtigen[354]. Mit dieser Operation sieht der princeps selbst, wie sein gesolltes Selbstverständnis, das Willkür überwindet, sein reales Selbstverständnis konturieren muß. Er wächst über die menschliche Fehlsamkeit hinaus.

In dieser Eigenheit des repräsentierten Amtes ist dann doch eine Komponente mobilisiert, die schon wegen ihres fortlaufenden und nachhaltigen Einwirkens auf das gesollte Selbstverständnis des Repräsentanten zu leisten verspricht, daß sie sein reales Sein dem richtigen Sollen annähert. Auf die Länge gesehen muß die Repräsentationsidee dazu führen, daß der Repräsentant mit seinem realen Sein das ideelle Sein erstrebt und spiegelbildlich abbildet. Mehr kann die mit der Repräsentation des Zweckstrebens angesprochene Einflußnahme auf die Seinsweise des Finanz-

---

[351] A. *v. Kremer*, Qu.-Nr. 213, S. 75: „Das Staatsoberhaupt muß in seiner doppelten Natur betrachtet werden; einerseits ist es der personificierte Staat; in dieser Beziehung kann es keine Individualbedürfnisse haben (wollte es solche haben, so könnten sie nicht geltend gemacht und auch nicht anerkannt werden); anderseits bleibt der Regent Mensch ..."

[352] Über diese Funktion vgl. Manfred *Hättich*, Grundbegriffe der Politikwissenschaft, Darmstadt 1969, S. 82.

[353] Über diese Funktion vgl. Herbert *Krüger*, Staatslehre aaO S. 238 ff., insbes. S. 307, 317 und öfter.

[354] Th. *Hobbes*, Qu.-Nr. 108 b, Einl. S. 5.

disponenten nicht verheißen, um die Auffindung des Richtigen vor der Verfälschung durch das Amtszweckfremde zu bewahren. Darin erweist sich der Repräsentationsgedanke schließlich als eine Art institutioneller Sicherung, mit der man die Willensbildung des Regenten gegen das Irrationale verteidigt.

3.5354 Der entschiedene Mangel der ganzen Überlegung ist nun freilich darin beschlossen, daß sie ein doch persönlich bleibendes Regiment der Territorialfürsten zur Repräsentanz des richtigen Zweckstrebens erklären muß. Läßt man den princeps als Träger der summa potestas jenes richtige, nämlich unbedingt unpersönliche Zweckstreben darstellen, so machen sich die formalen Dimensionen richtigen Steuergebarens noch keineswegs dergestalt geltend, daß sie zwingend auf eine substantielle Verwandlung von Funktion und Wirkweisen des Finanzdisponenten hinauslaufen müssen[355]. Sie verändern zwar die summa potestas als Entschließungsermessen zu einer von der Funktion her bestimmten, vor allem aber begrenzten Gewalt[356]. Doch es ist noch keinerlei Determination des weiteren Ablaufs finanzieller Entfaltung impliziert.

Auch hier geht notwendig der princeps als Depositär aller Eingebungen des Staatswillens mit sich zu Rate[357], weil die finanzielle Wirksamkeit eine Folge von Entscheidungen und Bewerkstelligungsakten ist. Und manche Sachnotwendigkeiten, die aus dem Daseinszweck der Finanzfunktion abfließen, sind rasch erschöpft. Nur ausnahmsweise signalisieren sie, was der entscheidungsfähige Wille in actu notwendig richtig beschließen soll. Regelmäßig muß das die menschliche Vernunft erheben, weshalb man eben immer noch den Landesfürsten braucht, der von menschlicher Vernunft geleitet, den Staatswillen mit sich ausmacht. Und sein Wille wird Staatswille, weil der princeps ihn als Staatswillen verbindlich kundmachen kann.

Dieser Staatswille soll die *objektiv richtige* Entschließung sein. Repräsentation des Staatswillens wird als Repräsentanz des richtigen Willens

---

[355] Der Ausspruch des J. *Althusius* oben 3.5351 mit Note 326, und die „zwingende" Regel, die S. *v. Pufendorf* erkennen will (vgl. ebenda), sind nur die ideelle Unterwerfung unter das Sollen des Rechts; vgl. den Kontext unten Note 357. — Zu allem: oben 2.1123.

[356] G. *Buxtorff*, Qu.-Nr. 75 b, S. 25 (Auszug oben 2.2121, Note 92); A. *Contzen*, Qu.-Nr. 97, § 20 (S. 636); C. *Klock* (Fundstelle und Auszug oben 1.2212, Note 114); *ders.*, Qu.-Nr. 102 b, cap. 80 nr. 28 S. 791; C. *Peller*, Qu.-Nr. 119, S. 510; S. *v. Pufendorf*, Qu.-Nr. 127 a, lib. 7 cap. 6 § 10 (S. 225) [Auszug oben 3.5351, Note 326]; D. *Balmaseda*, Qu.-Nr. 144, nr. 6 (S. 6); J. F. *Pfeffinger*, Qu.-Nr. 155, nr. 62 a (S. 1500); *v. Justi*, Qu.-Nr. 175 a, §§ 687 f. (S. 354/6); C. G. *Svarez*, Qu.-Nr. 191, S. 102 f.

[357] S. *v. Pufendorf*, Qu.-Nr. 127 a, lib. 7 cap. 6 § 10 (S. 226): „Etsi limitatione ista fiat, ut non existente certa conditione rex quaedam non possit velle aut frustra velit."

ausgegeben[358], den ein Regent bildet, der des Unrichtigen nicht fähig ist[359]. Der Monarch gilt als Depositär des Richtigen; deshalb versteht sich „der Wille des Staatsherrschers" als der „Wille aller, und zwar als der richtige Wille eines jeden einzelnen Mitgliedes des Staatsvereins"[360]. Dann ist auf den tatsächlich gehegten Volkswillen nicht weiter abzustellen[361]; sollte er nicht mit dem Willen deckungsgleich sein, den der Regent als Staatswillen bekundet, dann ist jedenfalls nur der von den vielen einzelnen gebildete Wille unrichtig, so daß man ihm nicht folgen darf[362].

Repräsentanz des richtigen Staatswillens durch den Willen des Monarchen ist nicht nur eine bloß gedachte Richtigkeit beim Auffinden des objektiv Richtigen. Diese fiktive Richtigkeit will man zudem hier wieder als einen Vorgang der Selbstsetzung des Richtigen begreifen: mit der Repräsentation des richtigen Zweckstrebens wenden sich abermals Normen des Sollens an das Empfinden des Landesfürsten. Und wiederum zielen sie auf ein existentielles Verständnis des Amtsträgers, das die natürliche Repräsentationsfigur selbst erringen muß. Die Sollenssätze stimmen auf das Richtige ein, wenn sie angenommen werden. Soweit der Regent sein Verantwortungsbewußtsein aktiviert, macht das Regentenamt die substantielle Beschaffenheit seines Willensbildners richtig. Soweit der Mahnruf des Amtes die Einsicht und Bereitschaft des Repräsentanten nicht erschließt, verfehlt auch die Repräsentanz des künstlichen Staatswillens den richtigen Willen.

3.536 Aus allem erhellt, wie unerträglich diese Willensbildung wird[363], wo das Vertrauen in die Repräsentation des richtigen Staatswillens mit dem Unfehlbarkeitsdogma dahinfällt. Dann verlangt man nach einem

---

[358] H. *Zoepfl*, Grundsätze des Staatsrechts a a O S. 42: „Der Souverän ist das Subject, in welchem die Staatsgewalt personifiziert wird — er ist also der Repräsentant des allgemeinen vernünftigen auf die Realisierung des Staatszwecks gerichteten Willens"; A. *Contzen* und *Rampinis* (Fundstellen und Auszüge oben 3.5332, Noten 288 f.).

[359] Carl Theodor *Welcker*, Die letzten Gründe von Recht, Staat und Strafe, philosophisch und ... rechtshistorisch entwickelt, Gießen 1813, S. 261 f.; S. *Jordan*, Versuche über Staatsrecht a a O S. 326; Carl *v. Rotteck*, Lehrbuch des Vernunftsrechts und der Staatswissenschaften Bd. II, 2. Aufl. Stuttgart 1840, S. 107 f., 117 ff.; F. *Schmitthenner*, Qu.-Nr. 230, S. 251; K. S. *Zachariä*, Vierzig Bücher vom Staate a a O S. 88; H. *Zoepfl*, Staatsrecht a a O Bd. I S. 84 f.; Bd. II (1856) S. 186. — Den monachischen Charakter dieser nur dem Richtigen eröffneten Macht vollendet ihre „Heiligkeit"; vgl. Herbert *Krüger*, Staatslehre a a O S. 246.

[360] K. S. *Zachariä*, Vierzig Bücher vom Staate a a O Buch 1 S. 58, 96 f.; Buch 5 S. 1 ff.

[361] I. *Kant*, Rechtslehre a a O S. 174, in: Werke a a O S. 438; L. H. *v. Jakob*, Qu.-Nr. 214, S. 711; 738.

[362] K. S. *Zachariä*, Vierzig Bücher vom Staate a a O Buch 1 S. 82, 89, 105 ff.; F. J. *Stahl*, Qu.-Nr. 233, § 72 (S. 241 f.); Carl F. *v. Gerber*, Grundzüge eines Systems des deutschen Staatsrechts, Leipzig 1865, S. 71 ff.

[363] L. *v. Ranke*, Weltgeschichte a a O S. 102 (Auszug oben 3.5351, Note 322).

Entschließungsverfahren, das den entscheidungsfähigen Willen nicht im Innern *einer* Person, des Monarchen, zustande bringt; der Wille muß *sozial* gebildet werden, um zu verhindern, daß der Regent seine Willenssätze sogleich als Entschließung bekunden kann: man möchte die landesherrliche Vernunft mit einem Willensbildungsprozeß unterstützen, ein Verfahren dienstbar machen, welches versieht, daß die Motive des Regenten als Quelle seines Willens nicht sogleich mit diesem Willen Befehlssätze werden. Bevor sich landesfürstliche Entschließungen als verbindliche Staatsaktivitäten äußern, soll die Willensbildung für eine Ausgabeentscheidung ein differenziertes, zumindest verzögerndes Verfahren durchlaufen. Hier bewährt sich die Diskussion als Aussprache über den Wert oder Unwert einer Steuermittelveranstaltung; sie ist Regulativ des Richtigen. Alles, was nach der Steuerreproduktionsidee zu bedenken ist, damit das Richtige für jedes Ausgabewerk aufgefunden werde, verlangt danach, in einem institutionalisierten Streit und Ausgleich der Motivationen wie der Effekte des Handelns zur Sprache zu kommen; erst aus dem Streit der Meinungen kann das Richtige, aller Erwartung nach, optimal hervorgehen.

3.5361 Diesen Gedanken beleben die Konstitutionalisierungswellen des 19. Jahrhunderts. Die liberale Staatsrechtslehre, am westlichen Parlamentarismus orientiert[364], wartet mit solcher Idee auf[365]. Unter dem Widerstand der konventionellen Auffassung[366] tritt die neue Lehre gegen den Monarchen als den alleinigen Depositär des richtigen Willens an. Sie kämpft gegen das „monarchische Prinzip"[367] seines Willensmonopols[368], von dem sich die konstitutionelle Monarchie des 19. Jahrhunderts auf dem Kontinent nur schwer freimachen kann.

Mag die liberale Staatstheorie als Fernziel das parlamentarische Willensbildungsverfahren im westlichen Verständnis erstreben, bei dem Volksvertreter die politische Entschließungsmacht für sich und zu eigener

---

364 Oben 3.534.

365 Quellenbelege mit Auszug oben 1.141, Note 32.

366 Anonymus (Karl Ernst *Jarke*), Die ständische Verfassung und die deutschen Constitutionen, Leipzig 1834, S. 180 ff.; Anonymus (*v. Goes*), Über den Umfang und die Gränzen des ständischen Steuer-Verwilligungs-Rechts, Stuttgart 1836, S. 36; Karl Eduard *Weiss*, System des öffentlichen Rechts, Bd. I Darmstadt 1837, S. 823 f.; F. J. *Stahl*, Qu.-Nr. 233, §§ 111 ff. (S. 383 ff.).

367 Dietrich *Jesch*, Gesetz und Verwaltung, 2. Aufl. Tübingen 1968, S. 76 - 92; Fritz *Hartung*, Die Entwicklung der konstitutionellen Monarchie in Europa, in: HZ (1939) S. 287 ff.

368 Sein entschiedener Verfechter ist F. J. *Stahl*; vgl. Qu.-Nr. 233, § 133 (S. 389): „Nach monarchischem Princip ... muß auch der Staatshaushalt selbst vom Fürsten und nicht von den Ständen festgesetzt werden"; und a a O S. 711: „Da möchte ich doch fürs Erste fragen, ob in Zukunft unsere Finanzen nicht nach ihren eigenen Erfordernissen und Rücksichten eingerichtet werden sollen, sondern Alles nur nach der Rücksicht auf die Mehrung der Volksgewalt"; vgl. auch C. F. *Gerber*, System des deutschen Staatsrechts a a O S. 71 ff.

Verantwortung erobern; das Finanzwesen des deutschen Frühkonstitutionalismus erlebt die ausgebildete Steuerdisposition durch Parlamente jedenfalls nicht. Wo in jenem unausweichlich gewordenen Streit der Argumente ein institutionalisierter Meinungsausgleich beim Auffinden des Richtigen mitspielen soll, kommt nicht der Volkswille zum Zuge. Repräsentanz des Volkswillens gilt vorläufig als „ein Ungedanke“[369], weil „die Lehre von der Volkssouveränität, ..., wie jede Unwahrheit, nicht einmal nach ihrem eigenen Prinzip durchführbar (ist)“[370].

Statt einer Volksvertretung bietet die deutsche Lehre die altständische Einrichtung der Steuerbewilligungskörperschaft auf, die man als „Nationalrepräsentation“ reaktiviert[371]. Sie soll gelegentlich der Steuerverwilligung jetzt verstärkt mit der Ausgabedisposition befaßt werden[372]. Dies „vermöge eines unabänderlichen Zusammenhangs von Steuerverwilligung und -vergabeentschließung ... Die Steuerverwilligung ist zugleich Ausgabenverwilligung“, und zwar „die spezielle Verabschiedung der auf jede bestimmte Staatsausgabe zu verwendenden Summe“[373]. Freilich nur mit dieser Begründung macht sich die Lehre für eine kollegiale Entschließung stark[374]. Eine so formulierte These greift in der konstitutionellen Monarchie durch, während das bei Carl *v. Rotteck* aus dem Hintergrunde sprechende Element des Parlamentarismus[375] keine Aufnahme findet[376]. Solche Argumentation registriert nicht einmal das nachfolgende Schrifttum[377].

3.5362 Das monarchische Prinzip beläßt keinen Raum für einen sich wesentlich verstehenden Parlamentarismus[378], denn es beansprucht für

---

[369] F. J. *Stahl*, Qu.-Nr. 233, S. 529.

[370] Ebenda, S. 533; vgl. H. *Zoepfl*, Staatsrecht a a O Bd. I, S. 81 ff., 93.

[371] C. *v. Rotteck*, Qu.-Nr. 225 b, Abt. 1 S. 304; vgl. F. *Rachfahl*, Landesvertretung a a O S. 130.

[372] K. H. *Friauf*, Staatshaushaltsplan a a O S. 177 - 229. Zur altständischen Funktion oben 3.534.

[373] Paul *A. Pfizer*, Das Recht der Steuerverwilligung, Stuttgart 1836, S. 157.

[374] Vgl. ferner Karl *Biedermann*, Ein neuer Angriff auf das ständische Bewilligungsrecht, Leipzig 1846, S. 5; J. *Held*, System des Verfassungsrechts a a O S. 533 ff.; C. *v. Fricker*, Natur der Steuerverwilligung a a O S. 638 ff.; M. *Marquardsen*, Art.: „Steuerbewilligungsrecht“, in: Bluntschli, Brater, Deutsches Staatswörterbuch, Bd. X, Stuttgart - Leipzig 1867, S. 223 ff. (225).

[375] Qu.-Nr. 225 a, S. 469 f.; Qu.-Nr. 225 b, S. 310 (Auszug oben 1.141, Note 32); dort weitere Nachweise; C. *v. Hock*, Qu.-Nr. 237, S. 26: „die Steuer wird leichter bewilligt und getragen, wenn des Volkes Vertretung ausgedehnter Einfluß auf die Gesetzgebung eingeräumt wird“. — Vgl. K. S. *Zachariä*, Qu.-Nr. 227, S. 128 f.

[376] K. H. *Friauf*, Staatshaushaltsplan a a O S. 223 ff.; F. *Rachfahl*, Landesvertretung a a O S. 129 f.; F. *Schmitthenner*, Qu.-Nr. 230, S. 356 (hier ist sect. 41 der Verfassung von Pennsylvania sinngemäß nachempfunden — vgl. oben S. 7 —, aber ganz auf Exekutiventschließung gewendet).

[377] F. *Schmitthenner*, Qu.-Nr. 230, S. 179.

[378] Georg *Jellinek*, Regierung und Parlament in Deutschland, Leipzig - Dresden 1909, S. 34.

den Monarchen als Oberhaupt des Staates alle Rechte der Staatsgewalt[379]. Und alles, was diese Staatsgewalt überhaupt vermag, ist dem Willensrecht des Regenten reserviert[380].

Damit ist die Entschließungskompetenz der Landesvertretung zu einer untergeordneten Macht bestimmt[381], die nur durch das Medium des Monarchen wirkt[382], nicht aber befähigt ist, gleichberechtigt mit dem Fürsten oder gar gegen die Krone zu regieren[383]. „... die fürstliche Gewalt (stehe) dem Rechte nach undurchdrungen über der Volksvertretung und der Fürst (bleibe) thatsächlich der Schwerpunkt der Verfassung, die positiv gestaltende Macht im Staate, der Führer der Entwicklung[384]." Eine Volksvertretung darf nicht befähigt sein, „die Krone wider den Willen des Königs zu Handlungen zu nötigen ..., sonst wird sie diese Macht unfehlbar mißbrauchen"[385].

„Nicht die selbständige Besorgung eines Theils der Staatsaufgabe ..., sondern vielmehr die Vertheidigung ihrer Interessen gegen Mißgriffe und Mißwendungen" komme der Landesvertretung zu[386], so daß sie „ihrer Grundidee nach nur auf die Verhinderung eines Mißbrauchs der Regierungsgewalt abzielt"[387].

---

[379] Oben 3.5352, Noten 344 f. — Die positivrechtliche Grundlage bieten die Konstitutionen, die Gewährleistung Art. 57 der Wiener Schlußakte (abgedruckt bei Ernst Rud. *Huber*, Dokumente zur deutschen Verfassungsgeschichte, Bd. I Stuttgart 1961, Nr. 30, S. 81 ff., hier S. 88). — Das Steuerverweigerungsrecht spricht Art. 2 Bundesbeschluß vom 28. 6. 1832 (Protokolle der deutschen Bundesversammlung 1832, 22. Sitzung; hier nach E. R. Huber, Dokumente a a O Bd. I Nr. 42, S. 119) den Landesvertretungen ab: „Da ... nach dem Geiste des ... Art. 57 der Schlußacte ... keinem deutschen Souverän durch die Landstände die zur Führung einer ... Regierung erforderlichen Mittel verweigert werden dürfen, so werden Fälle, in welchen ständische Versammlungen die Bewilligung der ... erforderlichen Steuern ... bedingen wollen, unter diejenigen Fälle zu zählen seyn, auf welche die Art. 25 und 26 der Schlußacte (scil.: „Über die Widersetzlichkeit der Unterthanen") in Anwendung gebracht werden müßten." Vgl. auch Art. 19 Schlußprotokoll der Wiener Ministerkonferenzen vom 12. 6. 1834 (E. R. Huber, Dokumente a a O Bd. I Nr. 45, S. 123 ff., hier S. 126).

[380] Oben 3.5352; C. F. *Gerber*, System des deutschen Staatsrechts a a O S. 71 ff.

[381] Ebenda S. 124.

[382] H. *Zoepfl*, Grundsätze des Staatsrechts a a O S. 139, 174; *ders.*, Constitutionelle Monarchie und Volkssouveränität, Frankfurt 1848, S. 16; F. J. *Stahl*, Die Revolution und die constitutionelle Monarchie, 2. Aufl. Berlin 1849, S. 82 f.

[383] F. *Schmitthenner*, Qu.-Nr. 230, S. 581; R. *v. Mohl*, Staatsrecht a a O Bd. I S. 186.

[384] F. J. *Stahl*, Qu.-Nr. 233, S. 383 f.

[385] Otto *v. Bismarck*, Denkschrift für den Prinzen von Preußen (März 1858), in: Die gesammelten Werke, Ed. Friedrichsruhe, Politische Schriften Bd. I, Berlin 1924, S. 375.

[386] L. *v. Rönne*, Staats-Recht a a O S. 108.

[387] H. *Zoepfl*, Grundsätze des Staatsrechts a a O S. 174; ferner S. 159; H. *Rehm*, Staatslehre a a O S. 204.

Mit dem Vertretungskörper der frühkonstitutionellen Epoche ist abermals eine Einrichtung in Dienst gestellt, die nur auf die Objektivierung fremden, nämlich des Staates Willen ausgeht. Der Staatswille ist das Primat einer Herrscherfigur, die man mit den Eingebungen des objektiv Richtigen ansprechen will. Die Dimensionen des Richtigen in actu, Werturteile aus der konkreten Sachlage, werden von der Nationalrepräsentation, damit wieder von außen an den verantwortlichen Willensbildner herangetragen: Die im Monarchen zur Anschauung gebrachte Repräsentanz des richtigen Staatswillens bleibt nicht mehr folgerichtig; denn der Regent greift hier auf Willensäußerungen außerhalb der von *ihm* repräsentierten Staatsidee zurück.

Auch die Funktion der ständischen Repräsentanten ist inkonsequent verfaßt: Nicht der Verantwortliche sucht das Richtige auf, denn die Landesvertretung regiert nicht. Der Regierende aber wird unter Motivationen gebracht, die nicht aus der Verantwortlichkeit des Staatsführens erwachsen.

So kann die Landesvertretung nicht als der neue Repräsentant des richtigen Willens gelten, der neben oder an die Stelle des Monarchen tritt. Vielmehr spricht man — bis zum Ausgang der konstitutionellen Monarchie in Deutschland — von einer beschränkenden Funktion des Parlaments, das zu der Regierung dergestalt hinzutritt, daß es das Regieren hemmt, aber keine politische Entschließung an ihrer Stelle hervorbringen kann[388]. Es erscheint als Vertretung der zeitgebundenen Interessen des Augenblicks[389], gilt als Sprecher sozialer Anliegen, die das Land gegenüber dem Monarchen als der endlichen Repräsentanz des dauernden Staatswohls zu Gehör bringen will[390]. Den rationalen Zug, der dem Parlamentarismus nicht bestritten wird, sieht man dabei erkauft durch neue Irrationalismen: „Sobald die Kammern stärker sind als die Krone, wird es niemals an Abgeordneten fehlen, welche eine Majorität zu gewinnen suchen, nicht um dem Lande, sondern um sich selbst zu nützen. Und bei dem Kampf um die höchste Gewalt werden die Interessen des Vaterlandes der Regel nach nur Vorwand und Mittel, nicht aber Zweck sein[391]."

---

[388] Georg *Meyer*, Gerhard *Anschütz*, Lehrbuch des Deutschen Staatsrechts, 7. Aufl. München - Leipzig 1919, S. 268; G. *Jellinek*, Regierung und Parlament a a O S. 34.

[389] Dagegen H. *Zoepfl*, Grundsätze des Staatsrechts a a O S. 139.

[390] H. *Rehm*, Staatslehre a a O S. 352, 354 ff. (356); Alfred *v. Offermann*, Parlamentarismus contra Staat in unserer Zeit, Wien - Leipzig 1898, S. 84, 86, 89; Otto *Mejer*, Einleitung in das deutsche Staatsrecht, 2. Aufl. Freiburg - Tübingen 1884, S. 19.

[391] O. *v. Bismarck*, Denkschrift a a O S. 374.

3.54 Staatliche Essentialien der Steuerfunktion

Die Repräsentation des richtigen Steuerzweckstrebens durch diejenigen Akteure, die zugleich die Staatsentfaltung dirigieren, schleust eine Komponente der Staatlichkeit in die Steuerfunktion ein. Repräsentanz des Staates durch den Finanzdisponenten wird als Sicherung des richtigen Zweckstrebens dienstbar. Damit ist mehr Staatlichkeit aktiviert als ursprünglich nur die machtbewehrte Methode bewußt macht, der sich die Mittelbeibringung bedient: Das Staatliche soll der Steuerreproduktionsidee nutzbar werden, wenn man die Idee der Repräsentation staatlichen Handelns aufbietet, um das richtige Steuerzweckstreben mitsamt seinem Dispositionsinstrumentarium auf die Steueridee zu verpflichten.

Darin ist mehr beschlossen: Die Darstellung dieses zweckbestimmten finanziellen Entfaltens für gemeinbedeutsame Steuermittelveranstaltungen, die man Staatsaktivitäten für den Staatszweck nennt, durch den Finanzdisponenten, den man als motorischen Mittelpunkt des Staates nimmt, sein Monopol der Steuerdisposition, das ist Einzigkeit der Steuerbefugnis und Ausschließlichkeit ihres Gebrauchs, kurz: die Eingliederung des Steuerwesens in den Staat, die Verwendung des Steuerertrags für Staatsaufgaben, bringen insgesamt das Wesen und die Idee der Staatssteuer zur allseitigen Anschauung. Das alles bringt, über die ängstliche Besorgnis hinaus, der Staat werde sein dienstbares Mittel Steuer nicht für seine Zwecke nutzen, ebenso eindringlich zum Ausdruck, daß die Staatssteuer, dem Staate gleich, Selbstzweck ist, der seinen Sinn in sich selbst trägt: „... ist der tribut an ihm selbst recht/zu erhaltung des Regiments ein gantz nothwendig werck/sonderlich wann die Schatzung zum gebührenden ende angewendet[392].“

Hier liegt die wesentliche Neuerung gegenüber der mittelalterlichen Finanzrealität. Das ist die Wende zur Staatssteuer, die der entscheidende Ausweis der Moderne wie der neuzeitlichen Steuerrechtfertigungslehren ist[393]. Allein, man darf diese Hinwendung auf die Staatssteuer, vor allem aber die theoretische Einsicht, die mit diesem Vorgang alsbald nachfolgt, nicht überbewerten.

3.541 Steuern als Akzessorium des Staates empfindet schon, wenn auch mit begrenztem Verstand für die Tragweite ihrer Feststellung, die Steuerlehre des Mittelalters[394]. Sie verkündet bereits, daß Steuern als Ausfluß höchster Gewalt im Staate gelten müssen, eines Staates, der alle

---

[392] H. *Doverinus*, Qu.-Nr. 91, S. 109; *Berthold*, Qu.-Nr. 9, fol. T v.

[393] Der „allgemeine Finanzzweck“ — oben 2.231 als *äußeres* Erkennungszeichen der modernen Steuerlehren genommen — ist damit zugleich ihr *inneres*, sachlich konsequent abgeleitetes Merkmal (vgl. jedoch unten 3.5432).

[394] Etwa P. *de Ubaldis* (Fundstelle und Auszug oben 2.3132, Note 69).

ihm machtunterworfenen Kontribuenten herbeizurufen weiß. Und für die neuere Steuerlehre seit der römischrechtlich geschulten Kameraljurisprudenz steht außer Frage, daß die Besteuerung ein Essentiale der Staatlichkeit ausmacht. Solche Feststellung ist nicht mehr spekulativ als Antithese erdacht. Sie wird von den tatsächlichen Fortschritten der Steuerwirklichkeit reflektiert. Der Kampf um den Besitz der Besteuerungsbefugnis, wie er zwischen dem Territorialherrn und seinen Landgenossen ausgetragen wird, bringt den politischen Wesenszug der Steuer auf das nachhaltigste ins Bewußtsein. Der Steuertitel ist ein Essentiale der Herrschaftsbefugnisse, die ein Territorium zu lenken gestatten. Deshalb geht der Kampf des Politischen auch in der Neuzeit weiter, wo der absolute Landesfürst seine ständischen Mitdisponenten machtlos stellen will.

3.542 Bei näherem Zusehen zeigt die Steuerlehre allerdings, daß jedenfalls den älteren Schriftstellern und ihren Aussprüchen über das wesentlich Staatliche der Steuerfunktion nicht mehr als die Registratur dieses Faktums abzugewinnen ist. Der Erkenntnis folgen lange überhaupt keine Schlüsse nach, die den staatbestimmten Charakter des Steuerwesens als Instrumentarium oder doch als Kennzeichnungshilfe *für die Art des Finanzvollzugs* einspannen. In ihren staatlichen Essentialien erfährt die Wirkweise der Steuermitteldisposition im Grunde nur mit der sichernden Repräsentationsidee den ersten und letzten Ausdruck. Das Monopol des Besteuerungsrechts ist nur eine zwangsläufige Folge dieser ersten Einsicht. Damit hat es überhaupt sein Bewenden mit praktisch werdenden Ausflüssen des typisch staatlichen Steuercharakters.

3.543 Nicht Staatlichkeit, sondern Sachlichkeit heißt die Parole, die die Rechtfertigungslehre ausgibt. Der sachlich richtige, von der Steuerreproduktionsidee dimensionierte Vollzug des idealen Steuerwesens steht der Finanzfunktion an; Staatlichkeit ist ihrer legitimierenden Richtigkeit hingegen keine unabweislich notwendige Prämisse. Das Staatliche ist zunächst politischer Annex und nur bewußt in der aggressiven Art der Mittelbeschaffung.

3.5431 Ein Steuerwesen gehört in die Hand derjenigen, die die richtigen Veranstaltungen richtig treffen, also den gemeinsamen Notwendigkeiten abhelfen und die gemeinsamen Nützlichkeiten befördern. Es mutet auf das Erste mehr als ein Werk des Zufalls an, daß diese richtigen Zweckbeförderer eben auch die Sachwalter der staatlichen Apparatur sind. Wo politische Gruppen hervortreten, die bis zur Besteuerung gediehen sind, haben das Recht auf Steuern herkömmlich diejenigen, die politische Macht mit Gehorsamserfolg üben. Und eben darum steht ihnen das politische Machtinstrumentarium zu Diensten, das ihr Verlangen nach adiuvaria, den einstmals nachgesuchten Beden, mit unausweichlichem Zwang bewehrt[395]. Damit bringen die Territorialherren, die Entdecker funktioneller Staatssteuern, zugleich die dem Staat reservierte Methode hervor, die dem Zufluß des Mittels Steuer wesentlich ist. Und diese Staatlichkeit der Methode bleibt keinem als Macht des Politischen verborgen, mag im übrigen der staatliche Charakter der Steuermittelvergabe recht dauerhaft dem befangenen Blick der Zeit entgehen. Das essentiell Staatliche auch der Steuermittelvergabe ist nämlich eine von der Besteuerungsmethode unabhängige, also eine weitgehend neue Frage, wenngleich es die wesentliche Seite der Finanzfunktion erst recht eigentlich berührt.

3.5432 Die Finanzfunktion drängt nicht sogleich mit der Inobhutnahme durch staatliche Autorität darauf, daß man auch der Steuermittelvergabe für gesamterhebliche Zwecke einen spezifisch staatlichen Wesenszug verschafft. Mögen die Steuermittel unter staatlichem Zwang gewonnen sein, allein aus diesem Grunde begreift die Lehre nicht ursprünglich auch die Vergabehandlung als notwendig staatliche Aktion. Sie ist eine gemeinzweckdeterminierte Veranstaltung. Belastet sie die Vielen für ihren gemeinsamen Zweck, so ist ihr um des gemeinerheblichen Erfolges willen Richtigkeit geboten. Nicht aber gebühren ihr aus ihrer staatsgestaltenden Natur heraus besondere Regeln der Sachlichkeit. Soll für die Steuerrechtfertigung anfänglich nicht einmal die gewaltsame Steuererhebung veranlassen, daß eine Vergabe des Steueraufkommens nur unter den Kautelen der Staatlichkeit geschehen könnte, so ist es allein die in Obhut genommene Fürsorge zugunsten des Steuerzahlers, die — ex natura rei — die Maximen der Sachlichkeit erzwingt.

Bewußt gelebte Staatlichkeit der Neuzeit dagegen wird alsbald als eines der Mittel entdeckt, die im Dienst der Sachlichkeit stehen. Die Idee der Repräsentation belegt es. Die Zielrichtung dieses Vorgangs ist aber von Hause aus gerade anders herum gewendet: Nicht Staatlichkeit wird zuerst für den Finanzvollzug mobilisiert, damit er richtig werde; dem staatlicherseits in Obhut genommenen Finanzvollzug verordnet man Sachlichkeit, damit die staatliche Finanzfunktion, wie sie existiert und als politische Erscheinung vor Augen tritt, richtig ist. Zuerst ersinnt man also dem instrumentellen Realisator, wie er ist, jene Regeln der Steuermittelvergabe, die der Steuer als einem gemeinsam aufgebrachten und in Erwartung seines Zwecks geleisteten Mittel adäquat sind. Wo man bemerkt, daß dieser Realisator der Staat ist, richten sich dieselben Maximen an den besteuernden Staat, denn in der Sache ändert sich nichts, wenn nunmehr der Staat richtig gemacht und auf Sachlichkeit eingeschworen werden soll.

---

[395] Daß sie nicht freiwillig, sondern durch Typenfälle der Not erzwungen sind und damit „an sich als ‚öffentlich' erscheinen", weist O. *Brunner*, Land und Herrschaft a a O S. 295 nach.

Ein ganz neuer Aspekt kommt erst hervor, wenn die Staatlichkeit selbst als die maßgebende Komponente der Richtigkeit gesehen und nunmehr das Staatliche dem Sachlichen dienstbar gemacht wird[396]. Eigentlich ist dieser Gesichtspunkt mit der Staatssteuer angesprochen. Denn seit der spätscholastisch-kameraljuristischen Lehre will man gerade dann die Besteuerung eröffnen, wenn ihre staatlichen Ausgabewerke mehr zu leisten versprechen als sich die einzelnen Steuerzahler in eigenem Einsatz zu verschaffen wüßten. Indes, dieser Gedanke gelangt nicht zu voller Entfaltung, weil jene staatliche Aktivität selbst vor den Gefahren ihrer staatlichen Natur geschützt werden muß. Dementsprechend gering ist das Bemühen der Steuerlehre, spezifisch staatliche Wesenszüge für die Ausgabewirksamkeit zu erschließen. Im übrigen mangeln sowohl die staatstheoretische Fertigkeit als auch die Bereitschaft, in der Staatlichkeit mehr als ein Versatzstück der Vernunft zu sehen. Deshalb kann dem staatlichen Finanzvollzug nichts probater sein, als daß er sich eben die Regeln des vernünftigen Gebarens dringlich angelegen sein läßt, welche aus „ächten, aus dem Endzweck der bürgerlichen Gesellschaft abfließenden Grundsätzen"[397] folgen. Die „Maßregeln in der großen Wirthschaft des Staates ..., die mit richtigen, aus dem *Wesen* der Republiken abgeleiteten Grundsätzen erfüllet werden"[398], erweisen sich deshalb, auch über den eigentlichen Wirkzeitraum des Naturalismus hinaus, als die altbekannten steuerlichen Vernunftsmaximen des Zweckrationalismus. Das zeigt einmal mehr, daß die Steuerlehre nichts zu gewinnen glaubt, wenn sie sich um der Gewährleistung der richtigen Steuerfunktion willen auf die Staatlichkeit dieser Erscheinung verlegen würde[399]. Umgekehrt: sie führt die Steuerrechtfertigungsidee ins Treffen, um den Staat zu verbessern. Nicht schon die vom Staat beanspruchte Steuer schlechthin bringt das Steuersystem über die Daseinsform „blos geregelter Beraubung" hinaus, sondern erst eine vernünftige Gebrauchmachung dieser Befugnis, mit der staatliche Finanz dem Prinzip richtiger Steuerwirksamkeit huldigt[400].

---

[396] Oben 2.313, Noten 63 f.

[397] So der Titel bei *v. Justi*, Qu.-Nr. 175 b.

[398] *Ders.*, Staatswirthschaft a a O Vorrede S. XXXVII.

[399] *Ders.*, Staatswirthschaft a a O Vorrede S. XXXVI: „Die große Haushaltung des Staats beruhet im Grunde auf eben den Regeln, worauf eine jede andere Haushaltung ankömmt: In beyderley Haushaltungen hat man zum Endzweck Vermögen zu erwerben, das Erworbene zu erhalten, und seine Güter vernünftig zu gebrauchen. Nur ist die Wirthschaft des Staats von einem unendlich größeren Umfange als eine Privatwirthschaft." — C. *v. Rotteck*, Qu.-Nr. 225 b, S. 307: „Viele haben etwas Scharfsinniges zu sagen vermeint, indem sie die Staatswirthschaft jener der Privaten entgegensetzten... Bei genauerer Betrachtung fällt jedoch aller reelle Unterschied dahin."

[400] C. *v. Rotteck*, Qu.-Nr. 225 b, S. 343.

3.6 Quellenanalyse: Die Elemente des Begriffs Öffentliches Interesse in der Steuerrechtfertigungslehre — Würdigung, Ergebnisse und Zusammenfassung

3.61 Die Steuerrechtfertigungsidee liegt in ihren Bestandteilen vor uns. Mit diesem Material registrierte die Analyse in vier Kapiteln jeweils die Teilstücke des Rechtfertigungsgedankens. Ihre Rolle als einzelner Baustein zu einem Gedankengebäude ließ auch ihre Funktion im ganzen Rechtfertigungssystem erkennen.

Nachdem man jetzt weiß, welche Prämissen richtiger Steuerwirksamkeit die Steuer legitim machen, können wir am Ende alle Elemente der Rechtfertigungsidee um die eine Kernvorstellung „richtige Steuermittelvergabe" herum anordnen: wir setzen die einzelnen Anforderungen an die richtige Steuermittelveranstaltung erneut zusammen zum Mosaikbildwerk des gemeinwirksam gebrauchten Steuermittels. Dann entdeckt man mit dem Steuerzweck die maßgebliche Dimension richtigen steuerlichen Seins als das unbedingte Verlangen nach gemeinerheblichem Gebrauch des Steuerinstrumentariums.

Das schließt den Kreis zu unserem dogmengeschichtlichen Ziel. Ihm geht es um den Beitrag steuerrechtfertigender Lehren für die Idee allgemeininteressanten Staatsvollzugs, eine Vorstellung, welche die Forderung nach richtiger Staatsentfaltung für die staatsbürgerliche Allgemeinheit einbegreift. Der Wohlgebrauch des steuerlichen Instrumentariums in der Hand des Veranstalters Staat ist ein Teilaspekt dieses Bildes, der sich vor dem Hintergrund Öffentliches Interesse abzeichnet und von seiner Idee geprägt ist.

3.62 Rekonstruiert man die steuerrechtfertigende Gedankenkette, so verläuft die Operation in umgekehrter Richtung wie bisher in der Analyse. Wir gehen vom Steuerzweck aus. Dabei ist nicht nur zu unterstellen, daß die Steuer zweckgerichtet ist; wir nehmen auch die Feststellung der Lehre hin, nach der solche Bestimmung der Steuer die gemeinerhebliche Zwecksetzung steuerlichen Wirkens ausmacht. Der Steuerzweck ist Gemeinzweck der besteuerten Gruppe.

3.621 Hat man mit der Rechtfertigungsidee einen Zweck für die Kontribuentengemeinschaft anzunehmen, so ist die erste Einsicht eröffnet: Wenn die Gemeinschaft Träger eines Zwecks ist, dann hat sie auch ein Interesse an der Erfüllung dieses Zwecks, oder, was dasselbe bedeutet, *der Zweck ist* ihr *Interesse*, weil sie den Zweck, den sie hat, erreichen will.

Die Kontribuentengemeinschaft will den Steuerzweck. Sie verlangt Ausgabeveranstaltungen, ohne deren gemeindienliche Werke sie nicht leben oder doch nicht zur bona vita sufficientis finden könnte. Der Zweck ist zunächst unbedingt gewollt, wobei es eine andere Frage ist, ob man auch das Mittel will, ob der Zweck für die Steuer interessiert machen kann.

3.6211 Das Interesse besteht am Zweck; es wirbt für das Bewerkstelligungsmittel, wenn das Interesse so vordringlich erscheint, daß es selbst Steuern hinnehmen und damit im Zweckwollen aufgehen läßt. In diesem Sinne kann man mit der Steuerlehre Steuern auch aus der Sicht jedes einzelnen zu einer nützlichen Einrichtung erklären, wenn man dabei nur bedenkt, daß an der Steuer selbst nie ein ursprüngliches Interesse besteht. Sie ist Mittel des Zweckwollens und ein von Interessen an der Zweckerreichung dirigiertes Instrument.

3.6212 Darüber darf die Steuerreproduktionsidee nicht hinwegtäuschen. Die Finanzierungsmodalität Steuer ist eine Sachnotwendigkeit des Ausgabezwecks. Er ruft notwendig nach der finanziellen Mitwirkung aller, wo die Gruppe dem Zweck und seinem diensamen Mittel Steuer nicht entsagen könnte, selbst wenn sie die Beschwernis ihrer steuerlichen Veranstaltung bedenkt. Dann ist der Steuerbeitrag mehr als ein bloßes Seitenstück des erschlossenen Vorteils, mag man auch mit seinem allgemeinzugänglichen Erfolg für die Kostenträger die Steuerrechtfertigung bei der Hand haben: steuerliches Wirken solcher Effizienz darf die einzelnen legitim beanspruchen, weil seine Beschwer mit Blick auf den Zweck notwendig und mit Rücksicht auf die Wirkung der Steuer im Gebrauch selbst dieses Mittels vorteilhaft ist. Dann will das Gemeininteresse mit dem Zweck zugleich das Verwirklichungsmittel Steuer trotz seiner Lästigkeit.

3.6213 Natürlich grenzt die Kompensationsaussicht das konkrete Gemeininteresse an steuerlichen Aktionen ein. Der gemeinsame Zweck, den man zunächst will, angesichts seines Bewerkstelligungsmittels aber nicht mehr möchte, interessiert als Steuerzweck nicht. Jeder steuerlichen Aktivität ist also der unbedingt erhebliche Zweck wesentlich, der dem lästigen Mittel adäquat ist. Der Zweckreduktion auf das Erhebliche entspricht eine Interessenverdichtung gegenüber steuerlichem Wirken.

In diesem Zusammenhang sehen die Scholastiker das Steuerübel, wie es jedem begegnet, mit Bezug auf die Nachteile, die denselben Vielen — jedem als quivis ex populo, allen als populus — widerfahren würden, si populus ad eam necessitatem ita non contribueret. Wenn die aufklärerische Richtung diesen Vergleich ins Positive wendet, nämlich die finanzielle Selbstentfaltungsmöglichkeit jedes abwägt gegenüber der kollektiven Aktion und ihren besseren Gestaltungsfertigkeiten, so tritt die Idee des Gemeininteresses noch deutlicher hervor. Immer geht es der wohlverstandenen Steuerwirksamkeit um Veranstaltungen, die Zwecke der Gemeinschaft als Zwecksetzungen ihrer Glieder wirksamer erfüllen, als es die ungeordnete Selbstanstrengung der Vielen vermöchte. Zugleich müssen die Zwecke bedeutsam sein für die Vielen und die einzelnen, deren Interessen das gemeinsame Zweckwollen auch angesichts der Steuer hervorbringen. Erst wenn der Steuerzweck vor dieser Prüfung besteht und darin beweist, daß er kein vorgeschütztes Staatsinteresse im Stile „schlechter" Staatsräson ist, darf sich die Besteuerung über das Sonderinteresse der einzelnen an ihrer finanziellen Eigenentfaltung hinwegsetzen und finanzielles Mitwirken zu gemeininteressanter Aktion beanspruchen. Dies, um dem gemeinsamen Zweck nachzuleben, der die zurückgestellten Sonderinteressen als dem Gemeininteresse integrierte Einzelinteressen in gemeininteressanter Weise befriedigt und damit eben das Zweckwollen trifft, das die Gemeinschaft als Ganzes und ihre integralen Glieder leitet.

3.622 Von welcher Beschaffenheit das Interesse als das Zweck*wollen* ist, beantwortet sich mit der Beschaffenheit dieses gewollten Zwecks. Der Zweck ist Gemeinzweck, necessitas vel utilitas communis sive publica und als solcher ein Zweck der Gemeinschaft.

3.6221 Daß sich die Gemeinschaft eine Zwecksetzung zueigen macht, steht mit der Steuerlehre fest. Die Reproduktionsidee spricht als Zweckträger den populus an, eine Gruppe, die über den Zustand der lose zusammengehaltenen Menge hinausgekommen ist. Die Vielen überwinden ihren Status der nur gesammelten landsässigen Einwohnerschaft, sobald sie — secundam naturam — sowohl an den Lasten gemeinsamen Zweckstrebens mittragen müssen als auch an den Erfolgen dieses Strebens beteiligt sein wollen. Pflichtigkeit für den Zweck und Teilhabe an der Zweckerreichung machen den Zweckträger in der Kontribuentengemeinschaft bewußt. Sie wird mit der Steuerrechtfertigungsidee als Gemeinschaft und in allen Akzessorien dieser Rolle zur Geltung gebracht, damit sie ihren Zweck haben und ihm nachstreben kann.

3.6222 Umgekehrt prägt der Zweckträger auch die Seinsweise des Zwecks. Der Gemeinzweck ist eine Zwecksetzung vieler, und die Vielen sind zur Gemeinschaft verbunden. Genauso wie diese Gemeinschaft ein Kompositum aus den vielen Individuen ist, das die Summe der Einzelmenschen in sich aufnimmt und zu einem Ganzen vereint, ist der Gemeinzweck aus Individualzwecksetzungen komponiert. Denn nur der Zweck von Menschen, die Individuen sind und deshalb Zwecke des Individuums kennen, setzt den Gemeinzweck. Der Gemeinzweck ist dabei freilich keine bloße Addition aller Individualzwecke von ganz konträren Richtungen; er wird gegenwärtig in der Summe aller auf dasselbe Ziel zulaufenden und im selben Endpunkte zusammentreffenden Zwecke der einzelnen Gemeinschafter. Also ist der Gemeinzweck zwar aus Individualzwecken geschöpft; doch in diese Summierung gehen nur konvergierende Einzelzwecke ein, so daß der Gemeinzweck bloßer Querschnitt durch die Vielzahl möglicherweise noch bestehender weiterer Zwecke der einzelnen ist. Die persönlichen Zwecksetzungen, die dieser oder jener bestimmte Gemeinschafter als besonderer einzelner mit Bezug auf partielle Güter hegt, bleiben seinem sondernützlichen Streben in der Selbstentfaltung anheimgestellt; individuelle Besonderheiten finden im Gemeinzweck keinen Niederschlag: Der Gemeinzweck nimmt nur die Zwecke in sich auf, die jeder anonyme einzelne mit Bezug auf die nicht partiellen Güter hat oder doch haben kann. Das sind die unpersönlichen Zwecksetzungen der Vielen.

Interessen der Vielen komponieren den Gemeinzweck, der wie seine Komponenten aus Zwecken der Menschen besteht. Man mag ihn um seines unbedingt unpersönlichen Zuges willen auch als Staatszweck apostrophieren. Diese Diktion soll in diesem Zusammenhang aber nur erinnern, daß der Gemeinzweck mit der Summierung gerade der konvergierenden Individualzwecke Ausschnitt aus der Gesamtheit von Individualzwecken ist, wie eine solche Bezeichnung auch betont, daß der Gemeinzweck seinen Träger im Subjekt dieses ausgemittelten Zwecks findet. Die Querschnittbildung hebt dann den Gemeinzweck als Ganzes zwar ab von der ungeordneten Vielschichtigkeit aller Einzelzwecke und unterscheidet ihn von ihrem nicht selektiven Gemisch. Der Gemeinzweck ist dennoch kein wesentlich anderer Zweck, nur weil seine Trägerschaft — von den allgemeingestimmten einzelnen als Generalität wahrgenommen — auf das unpersönliche Kompositum der summierten Mitgliederindividuen übergeht.

3.6223 Mit dem allgemeinen Zweck ist gleichermaßen allgemein das Zweckwollen der Gemeinschaft als Ganzes und das gemeingestimmte Zweckwollen der Individuen: sie haben ein allgemeines Interesse. Es ist das Gemeininteresse der Gruppe und ihrer Glieder.

Ein solches Interesse ist entweder schon mit dem Hervortreten des Gemeinschaftsphänomens als allgemeines vorhanden und in seiner Gemeinbezogenheit dauerhaft existent, oder es wird erst mit dem Gruppenleben als allgemeines ausgebildet, wo sich ein Zweck unter dem Namen der allgemeinen Notwendigkeit oder Nützlichkeit einstellt, um das gemeinsame Interesse zu beanspruchen. Vorgegeben sind als wesentlich gemeinsame Bestrebung jeder politischen Gruppe ihre existentialen Zwecke der Friedens- und Ordnungsfunktion. Sicherheit ist der wichtigste Gruppenzweck und Gegenstand des allgemeinen, nämlich nicht partiellen Interesses aller allgemeinen, nämlich nicht besonderen

Interessenten. Wo ein solches Interesse an bestimmten Entfaltungsrichtungen der Gruppe nicht von vornherein als gemeinsames vorhanden ist und auch nicht irgendwann aus eigener Kraft als gemeinsames Zweckwollen hervortritt, kommt es darauf an, hier das allgemeine Interesse in künstlicher Weise zu schaffen für weitere existentiale oder doch wichtige und nützliche Vorkehrungen des Gruppenlebens. Dies für Zwecke, die zwar auch allen oder den meisten der Vielen eigen sind, es aber nicht unterstützungslos zu bewerkstelligen wissen, daß sie schon kraft ihrer überragenden und einen jeden angehenden Bedeutung, also von sich aus das Zweckwollen auf einen gemeinsamen Nenner bringen. Dieses latent vorhandene Gemeininteresse aber läßt sich wachrufen, und wer es zu einem aktuellen Gemeininteresse erweckt, setzt keine neuen, von Hause noch nicht interessierenden Zwecke. Sie sind bereits Gegenstand des Interesses der Vielen und verlangen nur, als Interesse des einen und anderen Individuums um ihrer Durchsetzung willen mit Zwekken des anderen einzelnen künstlich verknüpft, das heißt gemeinsam gemacht zu werden, damit sie sich auf der einen Ebene gemeinsamer Verwirklichung treffen.

Man sieht, daß Kollektivzwecke weitgehend geordnete Zwecke sind. Sie erstrecken sich auf Zwecke, die man als allgemeine Interessen erst organisieren muß. Das ist in der Gemeinschaft mit anspruchsvoller Zwecksetzung das Hauptkontingent gemeinsamer Interessiertheit. Nur ihr Mindestverlangen nach Daseinsbehauptung kennt in seiner Dringlichkeit Zwecke, die sich selbst als gemeinsame Interessen behaupten. Doch ganz unabhängig vom Interessenstimulans, der künstlichen Anregung oder dem machtvollen Reiz existentieller Notwendigkeiten, immer ist es gerade eine gemeinschaftliche Bedeutung des Zwecks, die seine Erreichung der Aufmerksamkeit gemeinsamen Strebens aufdrängt. Das begründet Gruppenkompetenz für die Konkretisierung des Zweckwollens im gemeinsamen Zweck, damit man ihn gemeinsam anzustreben vermag.

Eben dieser Konkretisierungsakt ruft für jedes gemeinsame Zweckwollen nach einer mehr oder weniger eingreifenden Organisation des Zwecks. Interessen, die sich bereits als gemeinsames Zweckwollen abzeichnen, bedürfen der Interessendiagnose. Sie ist organisierte Konkretisierung des Inhalts gemeinschaftlichen Wollens, damit man dem gemeinsamen Verlangen abhilft. Interessendiagnose legt verbindlich fest, in welchem gemeinverträglich ausgemittelten Ziel sich das Interesse trifft und Erfüllung begehrt. Das schlichtet den Widerstreit der Einzelinteressen, die man vereint, um sie als Gemeininteresse zu erheben. Gleichermaßen geht die Kreation eines Gemeininteresses vor, wenn aus an sich typischen Individualzwecksetzungen doch ein Zweck hervorkommt, der gerade mit den Kräften der Gemeinschaft erfüllt sein will. Hier fällt der Interessendiagnose gleichzeitig zu, daß ihre Interessenkonkretisierung Zweckkoinzidenz bewirkt. Auch darin geht es um eine — zuweilen künstliche — Interessenharmonie im gemeinsamen Zweckwollen. Die Interessenharmonie zwischen den vielen Einzelinteressen aller und dem einen Gemeininteresse derselben Vielheit ist künstlich, weil vielleicht keines der differenzierten Individuen den Zweck ursprünglich in der Weise will, wie ihn die Zweckbestimmung erhebt als konvergierendes Interesse der einzelnen indifferenzierten, nämlich anonymen Gemeinschafter. Tatsächlich ist das Individuum in der Hauptsache besonders, und es leiten vor allem seine partiellen Begehrungen. Sie bestimmen sein Individualinteresse, so daß es regelmäßig singuläres Interesse, ein Sonderinteresse hat. Eben darum muß eine künstliche Interessenharmonie jenes an sich egoistische Einzelinteresse mit den Sonderinteressen der anderen Individuen dergestalt verknüpfen, daß sie sich im Berührungspunkt der gemeinsam gewollten Eigenzwecke zu einem gemeinsam gewollten Gemeinzweck als einem allgemeinen Zweck vereinen. Geht jedes Einzelinteresse hierin mit seinen aus dem Sonderinteresse hervorgekommenen allgemeingestimmten Erwartungen auf, so findet es auch seine Erfüllung in jenem allgemeininteressanten Erfolg, der sich mit Zugang für alle indifferenzierten Ansprüche der allgemein verstandenen Interessenten einstellt, wo gemeinsame Interessen befriedigt werden.

3.6224 Von dieser Beschaffenheit ist der Steuerzweck, weil Steuern gerade nicht dem einen oder anderen singulär- oder partikulärinteressanten Zweck gelten sollen. Der Steuerzweck ist über das partielle Gut dieses oder jenes besonderen Interessenten erhaben: er ist den gesamterheblichen Belangen verpflichtet. Das ist das Gemeininteresse, das im Ausgabewerk vergegenständlicht und erfüllt wird.

3.623 Das Zweckwollen mit Blick auf steuerliches Wirken begreift sein Realisierungsmittel Steuer ein. Freilich wird eine Steuerrechtfertigungsthese nicht notwendig bemüht sein müssen, mit dem Wollen des Zwecks auch Interesse am Besteuertwerden zu aktivieren. Sie setzt vielmehr darauf, daß jeder, der den Zweck will, auch das Bewerkstelligungsmittel hinnimmt. Dabei kann zwar das Wollen des Zwecks angesichts des Mittels entfallen. Im übrigen aber zwingt das Interesse am Zweck das Billigen des Mittels unter das Zweckwollen, wo die Verhältnismäßigkeit von Zweck und Mittel dies erlaubt.

Wie auf der Ebene des Zwecks die Zweckerwartungen im Widerstreit liegen können, so ist auch das Verhältnis von Zweck- und Mittelebene ein Spannungsfeld der Wünsche. Hier ist der Interessenkonflikt gar die Regel. Denn immer verdrängt die Besteuerung ein partielles Individualinteresse des besonderen Interessenten an seinem Steuerbetrag, das Sonderinteresse am Mittel zur persönlichen Selbstentfaltung. Es weicht dem Gemeininteresse, weil die autoritär zu Werke gehende Mittelbeibringung es zurückstellt. Darin wendet jede Besteuerung das Spannungsverhältnis im Zweck-Mittelwiderstreit zu ihren Gunsten. Besteuerung entscheidet für den Gemeinzweck, denn zur steuerlichen Mitträgerschaft der einzelnen Zweckträger schreitet man nur, wenn und soweit das Gemeininteresse den Vorrang vor dem geopferten Sonderinteresse an eines jeden Selbstentfaltung beansprucht; im übrigen muß steuerliches Wirken ausfallen, weil die Interessen besser in jedermanns selbständiger Anstrengung erfüllt werden.

3.624 Ist mit jeder Besteuerung verbindlich beschlossen, daß ein Ausgabewerk um des vorrangigen Gemeininteresses willen Sonderzwecksetzungen hintanstellt, so muß für den Steuergebrauch allein dieses Gemeininteresse voranstehen. Wollen steuerliche Wirkweisen nicht aus ihrem steuerrechtfertigenden Konzept ausbrechen, so haben sie sich mit ihren steuerreproduzierenden Ausgabewerken vor jedem Abstieg in die Sphären irgendeines singulären Zwecks zu hüten: man kann nicht auf der beschwerenden Seite den Interessenkonflikt dahin entscheiden, daß die einen Sonderinteressen dem Gemeininteresse weichen sollen, wenn auf der begünstigenden Seite der vorgeschützte Gemeinzweck doch in anderen Sonderinteressen, vielleicht gar zum Vorteil bestimmter besonderer Interessenten ausläuft. Was an das gemeinsame Interesse gewendet wird, muß ausschließlich dem Gemeininteresse zugutekommen. Mit dem beschwerenden Steuerzugriff versteht sich deshalb unverzichtbar, daß jede Besteuerung im Gemeininteresse stattfindet und der Steuerertrag dem gemeinsamen Interesse dienstbar gemacht wird. Nur dann fügt sich das Sonderinteresse jedes Zensiten unter sein und seiner Mitpflichtigen allgemeines Interesse, und nur dann ist die Entscheidung des Interessenkonflikts Schlichtung, ein richtiger Interessenausgleich. Andererseits wäre es unweigerlich um jede Steuerrechtfertigungsidee geschehen, sobald die Besteuerung das Sonderinteresse aller Steuerzahler an finanzieller Selbstentfaltung beschneidet, um ein Sonderinteresse dieses oder jenes bestimmten anderen einzelnen zu erfüllen, mag sein Interesse auch unter dem Deckmantel des Staatsinteresses verborgen sein.

Die Steuerrechtfertigungsidee steht und fällt mit dem Verlangen nach unbedingt allgemeininteressanter Steuerwirksamkeit. Der Steuerzweck muß Gemeinzweck sein. Ob dies freilich immer der Fall ist, scheint von Hause aus höchst fraglich. Denn das richtige Allgemeininteresse ist so wenig vorgegeben wie es als greifbares Phänomen zu bloßer Konkretisierung gewiesen ist; seine Richtigkeit muß stets aufs Neue errungen werden. Dabei ist das Richtige nicht leicht zu treffen. Die Aufgabe fällt Menschen zu, die darüber entscheiden, was anderen Menschen frommt und was jeder vernünftige einzelne mit allen anderen will oder wollen soll. Also steht menschliche Anschauung der Regierenden gegen menschliche Meinung der Regierten.

Der Ausgleich dieses Spannungsfeldes verlangt vor allem die Bereitschaft, das Gemeininteresse als Selbstzweck der Vielen zu betrachten, das mit altruistischem, nicht egoistischem Maß gemessen sein will: gefordert ist die Kunst des Sachwalters, daß er fremde und eigene Interessen zu scheiden weiß; vorausgesetzt ist Altruismus, der das fremde Interesse auch dann verfolgt, wenn seine Beförderung den Sonderinteressen des Disponenten zuwiderläuft. Und eben diese Selbstüberwindung des egoistischen Interessiertseins haben auch die Gemeinzweckpartizipanten zu bewerkstelligen, wollen sie begreifen, wie ihre Sache richtig geführt wird.

3.625 Steuermittel für einen richtigen Gemeinzweck richtig verwenden, heißt vor allem zwei schwierigen Anforderungen zu genügen. Das angestrebte Ausgabewerk muß dem wahren Allgemeininteresse gemäß sein. Hier verlangt man die richtige Interessendiagnose, weil jeder sein Sonderinteresse gegen das Mittel Steuer nur für das richtige Gemeininteresse preisgeben will. Die Steuermittelveranstaltung muß im weiteren das richtige Interesse auch richtig erfüllen. Hier erwartet man, daß steuerliche Aktion der gemeinsamen Zwecksetzung auch wirklich genügt. Das Ausgabewerk muß dem gemeinsamen Bedürfnis optimal abhelfen. Dabei sind vor allem irgendwelche Sonderinteressen außer acht zu lassen. Ihre vorzugsweise Befriedigung beeinträchtigt oder vereitelt den Erfolg gemeininteressanter Werke für die Generalität der Interessenten, wie die an Sonderinteressen gewendeten Steuermittel überhaupt fehlgehen, weil sie dem Gemeininteresse verloren sind.

3.63 Der Gemeinzweck ist organisierter Zweck. Das gemeinsame Interesse, welches ihm zugrunde liegt, ist organisiertes Interesse; Interessenkoinzidenz als Interessenharmonie und Interessendiagnose als Interessenkonkretisierung werden organisiert, weil ihre Ordnung nötig ist.

Die Bezeichnung des Gemeinzwecks als Staatszweck, des Gemeininteresses als Staatsinteresse bringt es zum Ausdruck: die gemeinsame Bestrebung ist organisiert, sobald sie sich jenes auf geregelter Vereinigung aller Zwecksubjekte beruhenden Apparats Staat bedient. Die staatliche Organisation des Gemeinzweckstrebens wird gegenwärtig in der Verwendung des Rechts für die Zweckerreichung, das heißt für die Interessenkonkretisierung und -befriedigung. Man legt die Zwecksetzung in die Obhut des Staats, des Verwalters des Rechts, weil die Interessenwahrnehmung unmöglich auf eine allzeit freie Entschließung des einzelnen Mitzweckträgers angewiesen sein könnte. Natürlich appelliert auch der Gemeinzweck nicht zuletzt an das zweckgemäße Mitstreben aller nach ihrem freien Entschluß. Und gelegentlich weiß der Gemeinzweck auch tatsächlich mit dem Gemeininteresse alle einzelnen Sonderinteressen zwanglos auf seine, das heißt die allgemeininteressierte Seite zu bringen. Im übrigen aber herrscht die mit dem Recht beschlossene Unterwerfung des Sonderinteresses als seine Ausrichtung auf das Gemeininteresse, wo der Gemeinzweck verlangt, daß sich ihm ein Sonderinteresse beugt. Dies fordert der Gemeinzweck freilich nur innerhalb der Grenzen, die ihm als einer Zwecksetzung neben persönlicher und darin auch sonderinteressierter Selbstentfaltung seiner Träger gesetzt sind. Der gemeininteressante Aktionsradius folgt aus dem Gemeinzweck selbst, weil er sich versteht als die in gemeinsamem Bemühen veranstaltete Wirksamkeit mit dem gemeininteressanten Ziel, die persönliche Selbstentfaltung zu sichern und zu unterstützen.

3.631 Die Gemeinschaft als unorganisiertes Gebilde erringt weder ihr gemeinsames Zweckwollen aus eigener Kraft, noch erreicht sie ihre Zweckverwirklichung bar jeder Ordnung. Der Gemeinzweck steuerlichen Wirkens müßte also die Erscheinung Staat entstehen lassen, wenn nicht jede Gemeinschaft, die es bis zur Besteuerung ihrer Glieder zu bringen versteht, schon als politische Gruppe in staatlicher Ordnung lebt. Das Phänomen Steuer setzt nicht nur für seine machtbewehrte Durchsetzung jene Organisation einer Menge von Individuen voraus, die als staatliche Ordnung hervorkommt; auch der Daseinszweck als Existenzberechtigung der Steuer verlangt die organisierte Gemeinschaft, der alle in geordnetem Zweckwollen angehören. Diese Organisation ist als staatliche Autorität wirksam. Sie macht die Gemeinschaft zur politischen Gruppe, die sich und ihr gemeinsames Zweckwollen unter regierender Autorität zur Geltung bringt, das Gemeininteresse verwirklicht.

3.632 Die Disponenten ordnender Autorität sind Sachwalter des Gemeinzwecks. Sie sollen das gemeinsame Interesse der politischen Gruppe verwalten. Dabei dürfen sie als Repräsentanten des Gemeinzwecks die zur Zweckerreichung notwendige, ihr als diensames Instrument untergeordnete Autorität üben. Dies auf dem Boden des Gemeinzwecks mit dem Ziel, das richtige Gemeininteresse zu erheben, und richtig erkannt, zu befriedigen. Wie der Gemeinzweckrepräsentant vorzugehen und was er zu bedenken hat, sagt ihm die Steuerrechtfertigung als eine Lehre vom richtigen Steuerzweck und seiner Erfüllungsinstrumentarien. Die Aufgabe heißt Dienst am Gemeininteresse.

3.6321 Im Dienst am Gemeininteresse soll die Regierung als Gemeinzweckrepräsentant das leisten, was die Gruppe selbst nicht zu bewerkstelligen vermöchte: Die gemeinsamen Interessen erkennen und verbindlich konkretisieren, den Gegensatz und Streit zwischen Gesamtzweckwollen und entgegenstehendem Sonderinteresse ausgleichen, das Gemeininteresse erfüllen und dabei besorgen, daß die Befriedigungsaktion wirklich allen im Gemeininteresse vertretenen allgemeingestimmten Einzelinteressen Erfüllung verschafft.

3.6322 Den Gemeinzweck wird mit Aussicht auf Richtigkeit nur repräsentieren können, wer besser ist als der in seiner eigenen Unzulänglichkeit disparater Einzelinteressen verharrende, zu selbständigem Gemeinzweckstreben nicht qualifizierte Zweckträger Gemeinschaft: Der Repräsentant des Gemeinzwecks muß zu scheiden wissen in Sonderinteressen, das ist die partielle Begehrlichkeit besonderer Interessenten, und in Gemeininteressen, das ist das allgemeingestimmte Zweckwollen der sich allgemein verstehenden Interessenten. Dieser Unterscheidung hat die ordnende Kraft der politischen Gruppe so lange für die regierten Vielen autoritäre Geltung zu verschaffen, sie zu vollziehen, als nicht die Gruppe selbst mit jedem ihrer Mitglieder-Assoziierten das eigene Verständnis des allgemeininteressierten Interessensubjekts erringt. Also kommt für das Erste alles darauf an, mit den Gemeinzweckrepräsentanten eine Einrichtung in Dienst zu stellen, die für jeden die wesentliche Auffassung von gemeinsamen Interessen gewinnt und durchsetzt. Darum ist zunächst am richtigen Verständnis des Repräsentanten zu arbeiten, damit seine richtige Interessenverwaltung schließlich auch die interessierten Gemeinschafter auf ihr richtiges Selbstverständnis einstimmt.

3.633 Ist für das repräsentierte Gemeininteresse eine Generalität des gewollten Zwecks wesentlich, so muß der Gemeinzweckrepräsentant seine vernunftsgeleitete Fertigkeit zu normativ-allgemeingewendeter Sachwaltung verbürgen. Mit diesem Vorzeichen läßt die Steuerlehre den Vernunftsrepräsentanten am Ende als Öffentliche Person auftreten. Gemeininteressenrepräsentanz in vernünftiger Sachwaltung versieht ein Amt. Sie wird Amtswaltung.

Das Amt verwandelt seinen Träger in eine Amtsperson. Dies, um mit seinen Sonderinteressen sein persönliches und darin egoistisches Meinen und Motivieren gänzlich zu überwinden. Der ausgeschaltete Egoismus wird durch Altruismus im Dienst eines übergeordneten, nämlich des Gemeininteresses ersetzt. Das Amt besorgt, daß die Entschließung über den Gemeinzweck als Verwendung des Staates nicht im selbstsüchtigen Interesse der Regierenden gehandhabt wird. Der altruistische Amtsträger, der hier die Selbstlosigkeit im Interesse des Gemeinzwecks einsetzt, wächst in die Eigenschaft der recht verstandenen persona publica hinein, um sich von der Generalität seiner wahrgenommenen Funktion bestimmen zu lassen.

3.634 Nur als eine weitere Versicherung dieser Generalität im Sinne unbedingter Unpersönlichkeit des Amtes begegnet die Forderung, jedem Rückfall in das selbstsüchtige Handeln des Amtsträgers dadurch zu wehren, daß die eine Funktion zugleich mehreren zukommt. Sollte sich doch einmal die natürliche Person mit ihren Sonderinteressen hervorkehren, so treffen mehrere, in ihrem Egoismus von unterschiedlichen Interessen beherrschte Individuen aufeinander. Ihre verschiedenen Sonderinteressen hemmen die Selbstsucht des anderen. Gemeint ist die soziale Entschließung, die in der parlamentarischen Willensbildung eine vollendete Versicherung findet. Auch hier soll sich jeder Gemeinzweckrepräsentant gleichermaßen nur vom allgemeinen Interesse leiten lassen, während jeder Abstieg in persönliche Interessensphären seine Beschränkung zumindest an anderen Sonderinteressen erfährt.

3.64 Wie immer man es einrichtet, dem Gemeininteresse als dem Zweck des Staates Geltung zu verschaffen, stets haben seine zur Verwirklichung berufenen Akteure zu bedenken, daß gemeinsames Interesse unpersönliches Interessiertsein ist. Dasselbe gilt von den mitinteressierten einzelnen, deren Interesse als Erwartung an staatliches Entfalten unpersönlich, nämlich generell zu sein hat.

Das Konzept gemeinsamer Interessen läßt sich nur durchhalten, wenn Gemeininteresse ein Durchschnitt ausgemittelter und darin vereinter Interessen ist. Weil die Individualzwecksetzungen einander gruppenweise widersprechen, bevor sie auf ein Mittelmaß verkürzt und in Harmonie gebracht werden, kann nicht die Summe der Sonderinteressen, sondern nur ihr Mittel — der Durchschnitt eines gemeingestimmten Interesses — eine gemeinsame Angelegenheit und demgemäß auch nur dies Gemein- oder Staatsinteresse sein.

Der Terminus Öffentliches Interesse bringt es zum treffenden Ausdruck. Die Öffentlichkeit des Interessiertseins bezeichnet die normative Allgemeinheit des Interesses. Das gibt dem Interesse schon von seiner Diktion her die gemeingewendete, die allem Singulärnützlichen abgeneigte Richtung und weist den Interessenantrieben ihren Einzugsbereich mit jenen allgemeinerheblichen Veranlassungen, deren Schutz und Beförderung dem Staat zufällt.

3.65 Mit der Steuerrechtfertigungslehre kommt die richtige Einsicht hervor, daß Steuern weder dem persönlichen Vorteil der Regierenden ersonnen, noch den besonderen Begehrlichkeiten der Regierten erdacht sind. Ausgaben dürfen also niemandes besondere Angelegenheit befördern, weil Gemeininteresse unpersönlich ist. Dies gleichermaßen für den Staat und seine Disponenten wie für jedes Individuum.

3.651 Angriffe auf die Generalität des Gemeininteresses befürchtet die Steuerlehre freilich vor allem vom Staat. Die einzelnen Steuerzahler wüßten gar nicht ihre Sonderinteressen in die steuerlichen Wirkweisen einzubringen, so daß man steuerliche Aktion hauptsächlich vor ihrer Verfälschung durch den Staat schützen muß. Die Scheidung in gemeingestimmtes Interessiertsein und sondernützliche Regungen entfaltet die Stoßkraft ihres Anliegens für den richtigen Staatsvollzug gegen den Staat und seine Verwalter, die die Verwendung des Staates disponieren.

Damit steht die Steuerlegitimation in der traditionellen Kampflinie allen Bemühens um den richtigen Staat und begeht nur zu sehr jenen

Weg, den die Tyrannenlehre weist. Sondernützliches Streben der Regierenden als eines Mißbrauchs in der Staatsbedienung erörtert und verwirft man seit je, weil es tyrannische Denaturierung des Staates bedeutet. Die Erziehung der Gruppe zu ihrem gleichermaßen allgemeingestimmten Selbstverständnis, das ist die Hervorbringung der staatsbürgerlichen Allgemeinheit als Repräsentation ihres indifferenzierten Zweckwollens, kennt keine der Tyrannenlehre vergleichbare Geschichte ihrer Idee, wiewohl die Notwendigkeit nicht zu leugnen ist, daß man die Menge der Vielen vor ihrer eigenen Tyrannei bewahre.

3.652 Die Spekulation, welche dieselbe allgemeingewendete Gestimmtheit, wie man sie den Regierenden als Gemeinzweckrepräsentanten stellvertretend für alle abverlangt, ebenso eindringlich auch von den einzelnen Regierten fordert, ist überhaupt zu vermissen. Die Streitbarkeit der Theorie, von der sich gerade die Steuerrechtfertigung beherrschen läßt, wo regierende Kräfte als Repräsentanten des Gemeininteresses verpflichtet werden sollen, will man nicht versammeln um das kaum minder bedeutsame Anliegen, das mit demselben Ziel auch die Regierten in Repräsentanten des gemeinerheblichen Gruppenstrebens verwandeln muß. Die Steuerlehre verhilft der einen Person Staatswalter für alle zum Selbstverständnis des nicht besonderen Subjekts.

Wie wenig aber damit schon das letzte Wort gesprochen sein kann, das der vollen Richtigkeit des Steuerwesens Geltung verschafft, liegt auf der Hand: Die Steuerrechtfertigung versäumt, daß ihre Thesen auch den Ansprüchen und Erwartungen der übrigen Interessenten ein korrespondierendes Selbstverständnis des nicht Besonderen eingeben. Die Scheidung in allgemeines und besonderes Streben bleibt ungenutzt, um auch die einzelnen der Vielen, den Regierenden gleich, nämlich unmittelbar und nicht allein kraft ordnender Autorität, auf die gemeingestimmte Seinsweise auszurichten. Nirgends wird man entdecken, daß die Steuerrechtfertigung sich für den Entstehungsprozeß staatsbürgerlicher Allgemeinheit einsetzen will.

Hier begrenzt, wie moderne Sicht auf die historischen Steuerlehren einwenden kann, die herkömmliche Steuerrechtfertigungsidee ihren Aktionsradius zu einer fehlsamen Enge. Doch auch die moderne Steuerbegründungslehre läßt solche Gelegenheit verstreichen. Sie registriert zwar das spezifisch auf eine Allgemeinheit drängende Wesen der Steuer, gebraucht die Steueridee aber am wenigsten, um der Allgemeinheit selbst zu ihrem besseren Verständnis zu verhelfen.

Die Steuerrechtfertigung könnte es leisten: Das Wesen der Steuer erfassen heißt nämlich zugleich das Phänomen Allgemeinheit besser erkennen und damit jedem einzelnen in der Vielheit das Erlebnis dieser Allgemeinheit vermitteln. Steuern wecken die Gestimmtheit des allgemeinen Bürgers, weil ihre Ausgabewerke diese Seinsweise in jedem ihrer Steuerreproduktionssubjekte wachrufen: Die Besteuerung aktiviert eines jeden Empfinden, daß er die Gruppenwirksamkeit mitgestalte, sei es auch nur durch seinen unpersönlichen, rein finanziellen Einsatz. Diesem Wissen aber folgt die Erwartung an die Gruppenwirksamkeit auf dem Fuße; sie bestimmt jedermann, daß er sich auf die Allgemeinheit und ihre allgemeinen Werke einstelle.

3.653 Wenn die herkömmliche Steuerrechtfertigungslehre ihre Steuerreproduktionsidee noch nicht mit solchen Gedanken belebt, so ist ihre Enthaltsamkeit jedenfalls erklärlich. Hier kann man die Mängel verantwortlich machen, die sowohl der Idee wie dem Ausbildungsgrad staatsbürgerlicher Allgemeinheit noch auf weiten Strecken anhaften. Diese Steuerlehre mag deshalb ursprünglich nicht so falsch beraten gewesen sein, wenn ihre Steuerreproduktion mehr auf die ordnende Autorität als auf das Selbstverständnis der Gruppe baute. Im Einzugsgebiet unserer Quellen könnte sich die Steueridee gar nicht darauf verlassen, daß die Mitglieder-Assoziierten des Steuerverbands schon jene intellektuelle Operation zu bewerkstelligen wüßten, wie sie mit der frühzeitig entdeckten Steuerreproduktionsthese zugunsten der Vielen nicht besonderen einzelnen verlangt ist. Denn eine Allgemeinheit, von allen Kontribuenten dargestellt, ist einstweilen so wenig tatsächlich existent wie theoretisch durchdrungen antizipiert. Die hier noch im Verborgenen liegende staatsbürgerliche Allgemeinheit aber muß der wahre Lebensraum einer Steuerreproduktionsidee sein, verfaßt man ihren Gedanken so, wie ihn die Steuerrechtfertigung vorausahnend entwirft.

3.654 Die Steuerrechtfertigung wendet sich an den Staat, um ihm zu seinem Selbstverständnis der gemeinerheblich wirksamen Einrichtung zu verhelfen. Die Steuerlehre ist traditionsgemäß politische Topik, die den Staat richtig machen, ihn zur Auffindung des Richtigen anhalten soll. Sie ist nicht Soziologie, die dem gemeinschaftsgewendeten Aspekt kollektiven Zweckwollens als einem gemeinschaftswesentlichen Phänomen ihre Aufmerksamkeit leihen müßte.

3.66 In der finanziellen Mitträgerschaft des Staates durch seine Steuerpflichtigen ist erstmals ein durchgreifender Grund gelegt, der staatliche Aktion zu allgemeinerheblichem Entfalten zwingt. Was für den übrigen Staatsvollzug nicht gleichermaßen handgreiflich vor Augen tritt und auch nicht mit derselben Leidenschaft zu verfechten war, bringt überhaupt erst der besteuernde Zugriff auf die Regierten ins Bewußtsein: Wollen steuerstaatliche Wirkweisen ihr steuerrechtfertigendes Konzept durchhalten, müssen sie die legitime Steuerbeschwer vor illegitimem Ausgabegebaren schützen. Das kann nur die Selbstbeschränkung des Steuerstaats auf die Dimensionen des richtigen Ausgabewerks leisten. Diese

Überlegung bringt die Lehre vom richtigen Steuerstaat eben an jenen Ausgangspunkt, bei dem eine moderne Lehre vom Öffentlichen Interesse einsetzt und von dem aus sie ihre Regeln für die gemeinerhebliche Staatswirksamkeit entfaltet.

Das Postulat richtigen staatlichen Seins begründet die Notwendigkeit allgemeinerheblichen Staatsvollzugs als ein Normmaß, das den Bewegungsraum öffentlicher Interessensachwaltung ausmacht. Welche Normen diese Forderung nach Richtigkeit setzt, wie ihr Geltungsanspruch beachtet und mit jeder Staatsaktivität erfüllt werden muß, erklärt die steuerliche Lehre vom Gemeinzweck, gleich Öffentliches Interesse: sie konzipiert den Staat als Sachwalter des repräsentierten Gemeinzweckwollens und verortet seine Wirksamkeit im Bereich der Zwecke seiner Gemeinschaft. Von dieser Prämisse geht der Ruf aus, der den Staat zum Wohlgebrauch seiner selbst verpflichtet als der rechten Gebrauchmachung seiner Einrichtungen im Interesse der Sozietät. Dabei muß der Gemeinzwecksachwalter Staat zwischen bloß singulärinteressanten Zwecken — dem Sonderinteresse seiner selbst sowie dieses oder jenes einzelnen — und dem wahrhaft allgemeinen Interesse zu scheiden wissen, damit er das Richtige in den Dimensionen der gesamtbedeutsamen Zwecke ausmachen und anstreben kann. Nur wenn der Staat als Repräsentant gemeinerheblichen Strebens mit seiner Verwirklichung des Gemeinzwecks Besseres leistet als die Träger des Gemeinzwecks, deren Willen er bildet und vollzieht, werden sich auch die einzelnen als allgemeine einzelne und im Gemeinzweckstreben Repräsentierte begreifen wollen. Und nur dann darf man erwarten, daß sie sich ihrerseits zu eigenem Wohlverhalten gegenüber dem Staat verpflichten und an seinem Vollzug mitinteressiert erweisen werden. Erst diese Wechselbeziehung, die das Verhältnis Staat/Individuum rational macht und zur allseitigen Richtigkeit bringt, kann Staat und Steuer als Selbstzwecke der politischen Gruppe einsichtig ergründen: Steuerlegitimation steht und fällt mit der richtigen Steuerwirksamkeit, weshalb steuerliche Wirkweisen als richtig bewiesen werden müssen. Beweismittel ist das Öffentliche Interesse.

Anhang

Bibliographie

Zu 2.2 Die Quellen

(1) *Albertus Magnus:* „An militia, negotatio publica, vectigalia et pedagia sint licita vel illicita?", in: Commentarius in IV sententiis, lib. IV Art. XLVI dist. 16, qu. 2, Ed. St. C. A. Borguet, Opera omnia, Parisiis 1890/99, Bd. 29, S. 637 f.

(2 a) *Thomas v. Aquin:* Summa theologiae, Secunda Secundae 62, 7 (DThA Bd. 18 S. 131) ebd. 66, 8 (a a O S. 216).

(b) *Ders.:* De Regimine Judaeorum ad ducissam Brabantiae, qu. VI. Ed. J. Mathis, Taurini - Romae 1948, S. 99 ff. (101).

(c) *Ders.:* Opusculum de Regimine principum and Regem Cypri 53, lib. III cap. 11, Ed. J. Mathis, a a O S. 52.

(d) *Ders.:* In S. Pauli Apostoli epistulam ad Romanos expositio, XXX Lectio I, 7, Ed. H. Fahsel, Des hl. Th. v. A. Kommentar zum Römerbrief, Freiburg 1927, S. 418 ff., hier S. 428.

(3) *Raimundus de Peñaforte:* Sancti R. d. Penna Summa de casibus conscientiae (um 1250), lib. 2 tit. 5 qu. 3 f., Ed. Verona 1744, S. 168 ff.

(4) *Heinrich v. Segusio* (genannt *Hostiensis*): Summa (super titulis decretalium), lib. III, de censibus et exactionibus nr. 6 f., Ed. Lyon 1537 = Neudruck Aalen 1962, fol. 182 v.

(5) *Arnoldus Geilhoven:* Gnotosolitos sive speculum conscientiae, lib. 2 cap. 13 qu. 8, Ed. o. O. [Bruxellis] 1476 [Incunabel] fol. 102 r.

(6) *Ricardus de Media Villa* (Richard de Midletown): Authorati Theologi R. d. M. tria recognita reconcinataque quodlibeta nunc primo in lucem prodeunt, quodlibeta 3, qu. 27, Ed. Paris 1509, fol. 115 r.

(7) *Guido de Baysio:* Rosarium, causa 24, qu. 3, cap. 23, Ed. Straßburg o. J. [1473] Incunabel, fol. G 8 r.

(8) *Johannes Friburgensis:* Summa confessorum, lib. 2 tit. 5 cap.: „de pedagiis et theloniis", qu. 29 f., Ed. Lugduni 1518, fol. 60 r. - 61 r.

(9) *Berthold:* Summa Joannis, gezogen auss den Evangelien und Geystlichen und Weltlichen Rechten ... Artikel: „Zoll", Ed. Basel 1518, fol. T v.

(10) *Oldradus da Ponte:* Consilia, Ed. Venetiis 1621, cons. 98 nr. 2 ff., fol. 39.

(11) *Antonius de Butrio:* Speculum de confessione, cap. 20: de passagiis, Ed. Coloniensem 1476 [Incunabel], fol. 23 r.

(12) *Marsilius v. Padua:* Defensor Pacis, Ed. Hannover 1932, Dictio I cap. 15 § 6 (S. 88 f.); II. 4 §§ 9 - 11 (S. 167 ff.); II. 5 § 5 (S. 188); II. 17 § 18 (S. 373 f.); II. 28 § 18 (S. 551 f.).

(13) *Baptista de Salis Tromvamala:* Summa Rosella, Art. „Pedagium" Nr. 4 - 6 (Ed. Argentinae 1516, fol. 186 v); gleichlautend: Summa Baptistiana, Art. „pedagia" (Ed. Spirae 1488 [Incunabel], fol. G 8 v).

(14) *Nicolaus von Lyra (= Heinrich de Vrimaria):* Praeceptorium sive de decem praeceptis, Ed. Colonia 1497 (Incunabel), praec. VII, expositio I qu. 6, fol. 79 v.; II 3, fol. 81 r.

(15 a) *Bartolus de Saxoferrato:* Tractatus de regimine civitatis, in: Consilia, Ed. Lugduni 1535, fol. 127 v. ff., (fol. 128 v. - 129 r.).

(b) *Ders.:* Commentaria in Corpus Juris Civilis, § de expensis publicis, Ed. Lugduni 1535, fol. 33 r.; § de publicanis et vectigalibus (aaO fol. 49 v. - 58 r.).

(16) *Baldus de Ubaldis (Perusinus):* In usus feudorum commentaria doctissima, Ed. Lugduni 1552, cap. „quae sint regalia" nr. 1, fol. 115 v.

(17) *Petrus de Ubaldus:* De collectis, in: Tractatus et variis iuris interpretibus collectorum, Lugduni 1549, Bd. XI, fol. 41 r. f. nr. 1 - 6.

(18) *Johannes de Burgo:* Pupilla oculi de septem sacramentorum administratione, lib. „De potentia" cap. „de forma restitutionis", Ed. London 1510, fol. 44 r.

(19) *Angelus de Clavasio (Carletus):* Summa Angelica de casibus conscientiae, Art.: „Pedagium", Ed. Argentorati 1512, fol. 230 r. - 230 v.

(20) *Ludovicus Carbon a Costacciaro:* Tractatus de legibus amplissimus ... Estque quaestionum D. Thomae de legibus et multorum titulorum ... Commentarius, Ed. Venetiis 1600, S. 326.

(21 a) *Bartolomaeus de Chassaneus:* Repertorium consilionem Bartholomaei de Chassaneuz, Lyon 1531, cons. 64 nr. 2 fol. 127 r.

(b) *Ders.:(B. de Las Casas):* Utrum Reges vel Principes iure aliquo vel titulo et salua conscientiae Cives ac subditos ... subjicere possint? § 18 nr. 1, Ed. Francof. ad M. 1571, fol. 92 v.

(22) *Petrus Antibolus Allobrogis:* Tractatus munerum, Div. 1 § 2 nr. 59 (in: Tractatus ex variis juris interpretibus collectorum, Lugduni 1549, Band 11, fol. 47 r. - 77 v., hier fol. 62 r.).

(23) *Aegidius Thomatus Cuniensis:* Tractatus de collectis, seu muneribus patrimonalibus, cap. „legitima causa ratione publicae utilitatis" nr. 1 - 10 (in: Tractatus illustrium in utraque tum pontificii, tum caesarei iuris facultate iuris consultorum, Lugduni 1584, Bd. 12, fol. 100 r. - 169 v., hier fol. 139 v. - 141 r.).

(24) *Diomedes Carafa:* De regis et boni principis officio opusculum, Ed. Napoli 1668, cap. VII §§ 1 ff. (S. 18 f.).

(25 a) *Johannes Bertachinus* (de Firmo): Repertorium iuris utriusque, Ed. Lyon 1499 (Incunabel), Bd. I Art. „collecta", fol. 162 r. f.; Bd. II Art. „gabella", fol. 54 v. ff., insbes. fol. 68 v.

(b) *Ders.:* Tractatus de gabellis, tributis et vectigalibus (in: Tractatus de variis iuris interpretibus collectorum, Lugduni 1549, Bd. 11 fol. 18 r. ff.).

(c) *Ders.:* Tractatus de episcopo, Ed. Medidani 1511, fol. 22 r. ff.

(26) *Nicolaus Festasius:* Tractatus de aestimo et collectis, nr. 37 ff., 46 ff., 51 ff. (in: Tractatus illustrium in utraque tum pontificii, tum caesarei iuris facultate iurisconsultorum, Lugduni 1584, Bd. XII, fol. 173 v. - 195 r., (hier fol. 180 r.).

(27) *Gabriel Biel:* Collectorium in 4 libros sententiarum, lib. IV, dist. 15, Ed. Basileae 1508, fol. O II v. - O IV v.

(28) *Thomas de Vio Cajetan(us):* Summula Caietana reverendissimi domini cardinalis sancti sixti, Art.: „Vectigalia“, Ed. Lugduni 1581, S. 640 ff., hier insbes. S. 645.

(29) *Silvester de Priero:* Summa Sylvestrina, quae inscribitur summa summarum de casibus conscientiae, Art.: „gabella“ III qu. 1 ff., (Ed. Bononiae 1515, fol. 284) Argentorati 1518, fol. 210 r. ff.

(30) *Benedictus Bonius:* De censibus, nr. 67 (in: Tractatus illustrium in utraque tum Pontificii, tum Caesarei juris facultate jurisconsultorum, Venetiis 1584, Bd. VI, 2, fol. 170 v.).

(31) *Petrus de Aragon:* In secundam secundae divi Thomae commentaria de justitia et jure, Ed. Lugduni 1596, qu. 62 art. 3 (S. 167 ff.).

(32) *Joannis Driedo à Tournhout:* De libertate christiana libri tres, lib. I. cap. V: De mandatis principum imponentium vectigali vel tributa, Ed. Zovarii 1548, fol. 61 r. - 62 r.

(33) *Renatus Choppinus:* De domanio Franciae libri tres, lib. I, tit. X nr. 2, Ed. Parisiis 1574, S. 79.

(34) *Petrus Rebuffus:* Tractatus de Decimis, in: Tractatus varii P. Rebuffi, Lugduni 1600, S. 1 - 59; hier qu. II nr. 1 (S. 5), qu. IX nr. 12 - 15 (S. 34 f.).

(35) *Jacob Concenatius:* Quaestiones juris singulares libri quatuor, lib. IV, qu. XXI, nr. 10 (in: Selectae Quaestiones juris variae, vere aureae ..., Coloniae 1570, S. 475 - 571; hier S. 566).

(36) *Mattheus de Afflictis:* Tres libri feudorum, Ed. Lugduni 1548, lib. III „Quae sint regalia“, fol. 161 r. (nr. 93); fol. 167 r. - v. (nr. 4); fol. 167 v. (nr. 8 f., 11).

(37) *Roland a Valle:* Consilia sive responsa, cons. I nr. 68 - 70 (Ed. Francof. 1584, Bd. I S. 1); cons. 91 nr. 22 ff., 30, 32 f., 34, 43 ff., 48, 50 f., 52 (a a O Bd. II S. 326 f.).

(38) *Franciscus Personalis:* Tractatus de gabellis, §§ 103 ff. (in: Quaestiones non minus utiles, quam universis forum practicantibus necessariae, Venetiis 1585, S. 225 ff., hier S. 255 f.).

(39) *Marcus Antonius Natta (Astensis):* Consilia sive Responsa, Bd. I, Lugduni 1558, cons. LXIII nr. 8 - 10; CLVII nr. 5; CLVIII nr. 9 f.; CCXV nr. 5 f. (S. 159 f., 408, 411, 578).

(40) *Jean Bodin:* Les six livres de la Republique, Paris 1583 (Neudruck Aalen 1961), liv. VI, ch. 2, S. 855 ff., hier S. 879.

(41) *Petrus Foller(us):* Praxis censualis super pragma. de censibus, Venetiis 1559, S. 166 (nr. 39 f.).

(42) *Augustinus Beroius:* Consilia sive responsa, Bd. III Venetiis 1577, cons. 137 nr. 29 (S. 386).

(43) *Rampinis (Andreas de Isernia):* In usus feudorum commentaria, Ed. Francof. 1598, S. 730 (nr. 5), 735 (nr. 7), 740 (nr. 14).

(44) *Dominicus Sotus:* Libri X de justitia et jure, Ed. Venetiis 1608, lib. III, qu. VI (S. 98).

(45) *Julius Ferretus:* De gabellis publicanis seu vectigalibus, muneribus et oneribus, in: Tractatus illustrium in utraque tum pontifici, tum caesarei

iurisfacultate iurisconsultorum, Bd. 12, Lugduni 1584, fol. 76 r. - 95 v., hier: fol. 76 v., 80 v., 92 v. - 93 r.

(46) *Guielliemus Luneus:* Tractatus de muneribus, in: Tractatus ex variis iuris interpretibus collectorum, Lugduni 1549, fol. 45 v. - 46 v., nr. 16, 18, 20, 34 (fol. 46 r. - v.).

(47) *Joannis Antonius de St. Georgio:* In usus feudorum commentaria, Ed. Francofurti 1598, S. 591 (nr. 4).

(48) *Gregor de Valenzia:* Commentariorum theologicorum tomi 4 in quibus omnes materiae quae continentur in summa theologica D. Thomae Aquinatis ... fidei explicantur, Ed. Ingoldstadt 1603, Bd. III disp. V qu. 6 De restitutione (Sp. 1195 D - 1197 D).

(49) *Franciscus Claperis:* Decisiones ... per eundem ex senatusconsultis supremae rationum, vectigalium subsidiorumque Provinciae curiae ... collectae ..., Ed. Lugduni 1602, caussa 37 nr. 4 f., 15 f. (S. 147 f.).

(50 a) *Andreas Gaill:* Practicarum observationum libri II, Colonia Agrippinae 1580, lib. II, obs. 52 nr. 1 ff., 14 f.; obs. 53 nr. 1 ff. (S. 323 ff.).

(b) *Ders.:* Tractatus de manuum iniectionibus, impedimentis, sive arrestis imperii, Colonia Agrippinae 1586, cap. IX nr. 19 (S. 79).

(c) *Ders.:* De pace publica et eius violatoribus, Colonia Agrippinae 1586, lib. II, cap. 9 nr. 36 (S. 263).

(d) *ders./Daniel Meisner:* Decisionum sive rerum in camera imperali iudicatum libri 2, Ed. Francofurti 1602, lib. II decisio 51 nr. 35, 51 (S. 602 ff., hier S. 609, 613).

(51) *Joachim Mynsinger:* Singularium observationum Juridici Imperialis camerae centuriae quatuor, Basileae 1570, cent. IV obs. 70 (S. 430 f.).

(52) *Hartmann Hartmannus:* Gründtliche, wahrhaffte, kurtze Beschreibung ..., wie und welcher Gestalt ein Churfürst, Fürst oder Herr sein Regiment ... anrichten unnd bestellen soll, Heidelberg 1573, fol. E 7 r.

(53) *Matthäus Wesenbeck:* Commentarius Juris, oeconomia iam olim dictus, Basileae 1579, S. 156 (nr. 62).

(54) *Stephanus Junius Brutus:* Vindicae contra tyrannos sive de principis in populum, Populique in Principem legitima potestate, Edinburgi 1579, qu. III (S. 99).

(55 a) *Jacob Mennoch:* Consilia sive responsa, Bd. I, Francof. 1594, cons. II nr. 141 ff. (fol. 26 r.); cons. IX nr. 13 (fol. 48 r.); cons. XXXII nr. 36 (fol. 81 v.).

(b) *Ders.:* De arbitrariis judicum quaestionibus et causis libri duo, Colonia Agrippinae 1607, lib. II cons. CLXXXI nr. 3 f. (S. 277).

(56) *Henricus a Rosenthal:* Tractatus et synopsis totius juris feudalis (Spirae 1597), Bd. I cap. V concl. 74, nr. 5 f.; 76 nr. 1 - 9 (Ed. Francof. 1662, S. 210 - 212).

(57) *Joannis Parladorius y Annez:* Rerum quotidiarum libri duo, Marpurgi 1604, lib. I cap. 3 nr. 5 - 7, II, 33 (S. 55 f., 60).

(58) *Giovanni Botero:* Della Raggione di Stato, in deutscher Übersetzung als *[Joannis Boterus]* Gründlicher Bericht von Anordnung guter Policeyen und Regiments samt Gründlicher Erklärung der Ursachen, wodurch Stätt zu Auffnemmen und Hochheiten kommen mögen, Straßpurg 1596, fol. 217 v.

(59) *Jocobus Lainius:* Disputationes Tridentinae, Ed. H. Grisar, Oeniponte 1886, qu. „De vectigalibus“, cap. I - IV (Bd. II S. 383 - 400).

(60) *Ludolph Schrader:* Tractatus feudalis, Francofurti 1594, pars II sect. V nr. 119 f. (S. 172).

(61) *Celsus Mancini* Ravennatis: De iuribus principatuum libri novem, Romae 1596, lib. V cap. 2 - 6 (S. 159 - 179), insbes. cap. 3 (S. 166 f.); cap. 6 (S. 176 f.).

(62) *Thomas Merkelbach:* Consila de contributionibus imperii in quo elegans tractatur quaestio an contra Reichs- und Türcken-Steuer ... in: Fasciculus sive decas consultationum insignorum ad maleriam contributionum, hrsg. v. Th. Merkelbach, Gerh. Buxtorf und Caspar Klock, Francof. ad M. 1634, S. 4 ff.

(63) *Octavianus Cacheranus:* Consilia sive responsa, Ed. Francof. 1599, cons. 31 nr. 20 - 24 (S. 145) nr. 29 - 41 (S. 145 f.).

(64 a) *Peter Gregor Tholosan:* Syntagma iuris universi atque legum pene omnium gentium et rerum politicarum praecipvarum, Francofurti ad Moenum 1591, lib. III cap. 2 „de pecuniis publicis sive de rebus fisci et de aerario“ nr. 2 ff. (S. 63 f.); nr. 5 (S. 64); cap. 3 „Causae, quae iustam impositionem et exactionem vectigalium, tributorum et pensationum publicarum faciunt“ nr. 1 - 10 (S. 66 f.).

(b) *Ders.:* De Republica libri 24, Francofurti 1609, lib. III cap. II nr. 9 (S. 42 f.); cap. VI nr. 32 (S. 58); cap. VII nr. 1 (S. 62); nr. 24 (S. 67); cap. IX nr. 11 (S. 80).

(65) *Ludovicus Zechhi:* Politicorum libri sexaginta, Bologna 1600, lib. XXII „De aerario Reipubl. Christianae“ §§ 7 - 11, 15 f., 17 - 22 (fol. 125 v. - 131 v.).

(66) *Ludwig Molina:* De majoratibus et tributis, Bd. III 1 von De justitia et jure, Ed. Moguntiae 1659, Disp. 666, 667 nr. 1 - 4, 6 f., Disp. 668 nr. 1 (Sp. 500 - 508).

(67) *Petrus Heige (Heigius):* Quaestiones juris tam civilis quam saxonici, Ed. Wittebergae 1606, Part I, qu. 17 nr. 5 ff.; qu. 18 nr. 1, 6 f., 10 f. (S. 239, 249 ff.).

(68) *Hermann Vulteis:* Consilium, in: Consiliorum sive responsorum Doctorum et Professorum facultatis juridicae in Academi Marpurgensi, Congestum studio atque opera H. Vulteji Bd. 2 Marpurgi 1606, cons. IX nr. 2 ff. (Sp. 108).

(69) *Matthias Giese:* De collectis, Basileae 1607, § XI (fol. 3 r.).

(70) *Christoph Wintzler:* Observationes de collectis, seu contributione Imperii et Provinciarum, vulgo Reichs- und Landessteueren, Coloniae 1608, obs. VII § 7 (S. 62).

(71) *Arnold Clapmarius de Arcanis:* Rerumpublicarum libri sex, Bremae 1605, cap. XII (S. 223).

(72) *Johannis Azorius:* Institutiones morales, Coloniae Agrippinae 1612, Pars 3, lib. 5 cap. 18, 22 f. (Sp. 411 ff., insbes. 413; 428 ff., insbes. 430; 433 ff.).

(73) *Jacob Bornitz:* Aerarium sive tractatus politicus de aerario ... Francofurti 1612, S. 38 ff., 46, 60, 62.

(74) *Christian Henel(ius):* Tractatus politicus de aerario sive de rationibus

adquirendi principi pecuniam (1612), Ed. Berlin 1670, Part. I, cap. 4 § 1 (S. 111).

(75 a) *Gerlacus Buxtorf:* Dissertatio historico-juridica in XVII priora aureae Caroli IV bullae capita, Basileae 1613, Conclusio XCI (fol. M 2 v.).

(b) *Ders.:* (Gerhard B.), Consilium de jure collectandi, in: Fasciculus sive decas consultationum insignorum ad materiam contributionum, hrsg. v. Th. Merckelbach, Gerh. Buxtorf u. Caspar Klock, Francof. 1634, S. 24 ff., 28, 34.

(76) *Thomas Maull:* De homagio reverentia — De juribus inter dominos et subditos, Gissae Hessorum 1614, §§ 18, 20 ff., 29 - 37 (S. 88 ff.).

(77) *Johannes Althusius:* Politica methodice digesta, cap. XIII: „De collatione extraordinaria", nr. 2, 3. Aufl. Herbonae Nass. 1614 (Neudruck Aalen 1961), S. 220 f.

(78) *Thomas Michaelis:* Synopticae observationes de collectis seu contributione imperii et provinciarum, vulgo Reichs- und Landstewern/hoc saeculo non parum utiles et necessariae, Spirae Nementum 1610, § VII „Ex quibus causis" (fol. A 4 v.).

(79) *Matthias Coler(us):* Decisiones Germaniae, 3. Aufl. Lipsiae 1615, Decisio 189 nr. 6 - 9 (S. 521 f.).

(80) *Franciscus Suarez:* Tractatus de legibus, ac deo legislatore in decem libros distributos, Ed. Moguntiae 1619 (vgl. zunächst lib. I cap. III nr. 3, 6, 10 ff., S. 9 ff.; cap. IV nr. 9 ff., S. 29; cap. XX nr. 11 ff. S. 161); lib. V cap. XIV nr. 1, 4 (S. 302); cap. XV „De ratione, et causa finali ad iustitiam tributi necessaria" nr. 1 - 4, 6 - 11 (S. 305 ff.), cap. XVI (S. 307).

(81) *Johannis de Gutierrez:* Tractatus de gabellis, in: Practicarum quaestionum circa leges Regias Hispaniae, Pars II, Francofurti 1615, § 25 (S. 7 f.).

(82 a) *Christoph Besold:* De aerario publico discursus politicus (1615), 3. Aufl. Argentorati 1639, cap. III (S. 39); cap. IV § I nr. 1 f. (S. 51 f.); § II nr. 2 (S. 54 ff.); § III (S. 63); § VII (S. 68 f.).

(b) *Ders.:* Synopsis doctrinae politicae, Argentorati 1623, S. 15.

(c) *Ders.:* Thesaurus Practicus, Ed. Norimbergae 1666, Art.: „Tribut", S. 939.

(83) *Fredericus Martinus (praesid.)/Pettenbeckh (resp.):* Disputatio politico-juridica de regalibus, Friburgi (Brisgoiae) 1616, Th. X (fol. B 1 r.); Th. XXI (fol. B 3 r.).

(84) *Henricus Klock:* Disceptatio politico-juridica de vectigalium jure, Basileae 1617, Concl. I § IV (fol. A 4 r.).

(85) *Matthaeus Tympius:* Aureum speculum principum, consiliarium iudicium ... Colonia Agrippina 1617, Signum 91 (S. 984 - 991), insbes. nr. 26 (S. 990).

(86) *Heinrich Bocer:* Tractatus de iure collectarum, Tubingae 1617, S. 5 - 7, 9, 72 f., 77, 90, 92, 225.

(87) *Georg Obrecht:* Fünf unterschiedliche Secreta Politica von Anstellung, Erhaltung und Vermehrung guter Policey und von billicher, rechtmäßiger und notwendiger Erhöhung eines jeden Regenten jährlichen Gefällen und Einkommen, Tit. III „Von der Schatzung", Ed. Straßburg 1644, S. 24 - 31.

(88) *Joannes Grivel(lus):* Decisiones celeberrimi sequanorum Senatus dolani,

Antverpiae 1618, Decisio 11 nr. 1, 20 - 26 (S. 22 ff.); Decisio 69 nr. 1 f. (S. 209 f.).

(89) *Hermann Lather:* Tractatus nomico-politicus de censu, Francofurti 1618, lib. I cap. 5 nr. 24 f. (S. 47); cap. 6 nr. 21 (S. 57).

(90) *Leonard Lessius:* De justitia et jure libri quatuor, Ed. Antverpiae 1621, lib. 2 cap. 33 „De tributis et vectigaliis" dub. I nr. 5 (S. 408); dub. VI „quae sit legitima causa imponendi" nr. 41 - 44, 49 (S. 413 f.); dub. VIII nr. 57, 64 f. (S. 416 f.).

(91) *Hermann Doverinus:* Trinum secretorum politicorum — politische Geheimnussen, Straßburg 1622, Additio pars III, secret. V (S. 109).

(92) *Christoph Forstner(us):* Ad libros sex priores Annalim C Cornelii Taciti notae politicae, Ed. Argentorati 1650, S. 403.

(93 a) *Johann Wilh. Neumayr v. Ramßla:* Von Schatzungen und Steuren sonderbahrer Tractat, Schleusingen 1632, Cap. I „Aus was für Ursachen ein Fürst bewogen werden kann, seine Unterthanen mit Schatzung und Steuer zu belegen" (S. 4 - 9); cap. V § II (S. 228 f.); § III (S. 236 f.); § IV (S. 240 f.); § V (S. 245).

(b) *Ders.:* Tractat von Friedenshandlungen und Verträgen in Kriegszeiten, Leipzig 1624, S. 196 - 198.

(94) *Hugo Grotius:* De iure belli ac pacis libri tres (1625), Ed. Amsterdami 1642, lib. I cap. II § 7 (S. 25); lib. II cap. II § 14 (S. 118); lib. III cap. XX § 7 (S. 560).

(95 a) *Ludovicus Cencius:* Tractatus de censibus, Ed. Lugduni 1730, qu. XXVII nr. 6, 10 (S. 51); qu. XXXIV nr. 46 (S. 69); qu. XLVII nr. 78 (S. 107); qu. LXV nr. 18 (S. 159).

(b) *Ders.:* Decisiones Rotae Romanae a L. Cencius collectae (zuerst Augustae Taurinorum 1638), Ed. Lugduni 1738, decis. XXIV nr. 7 f. (S. 22); decis. XXVII nr. 5 (S. 24); decis. CDXLVII nr. 4 f. (S. 326).

(96) *Joannes Ernestus Leyttersperger:* Decas quaestionum ex fertilissima gabellarum sive accisiarum materia, Ed. Argentorati 1625, qu. (fol. B 2 r.).

(97) *Adam Contzen:* Politicorum libri decem in quibus de perfecta Reipubl. forma, virtutibus et vertiis, o. O. (Köln) 1629, lib. VIII, cap. VII „Tributa legitime pendi usw." § 4 (S. 631 f.); § 7 (S. 632); § 11 (S. 633); § 18 ff. (S. 635 f.).

(98 a) *Benedictus Carpzovius:* Commentarius in legem regiam germanorum, Ed. Hanoviae 1669, cap. VIII vor sect. I nr. 2 f., 5 (S. 192); nr. 18 (S. 193); nr. 24 f. (S. 194); sect. V nr. 6 (S. 203); nr. 9 (S. 204).

(b) *Ders.:* Jurisprudentia ecclesiastica seu consistorialis rerum et quaestinum ... in principis electoris saxon. libri III, Ed. Hannoviae 1652, lib. I, tit. 9, def. CIXL nr. 7 (S. 182); lib. II tit. 12 def. CCCXL nr. 2 - 4 (S. 951).

(99) *Joannis Matthiae:* Tractatio methodica politico-juridica et theoretico-practica de contributionibus, Lipsiae 1630, cap. II „De illis quibus ius collectandi competat" nr. 64 (S. 38); cap. III „De modo distributionis collectarum" nr. 184 - 186 (S. 116 f.); nr. 198 (S. 123); nr. 279 - 285 (S. 244 ff.); nr. 345 (S. 267); cap. IV „De legitima collectarum causa" (S. 274 - 308); insbes. nr. 3 ff. (S. 274); nr. 15 (S. 282 f.), nr. 18 (S. 283; nr. 21 (S. 285); nr. 44 (S. 300 f.); nr. 50 (S. 303); nr. 55 (S. 304); cap. VII „De exactione" nr. 32 (S. 445); nr. 245 (S. 499); nr. 247 ff. (S. 499 f.).

(100) *Johannes Limnaeus:* Jus publicum imperii Romano — germanice, Argentorati 1631, lib. IV cap. 7 „De oneribus Statuum imperii" nr. 58 (S. 84 f.); nr. 60 (S. 85); nr. 63 (S. 86).

(101) *Augustinus Barbosa* (Hispaniensis): Praxis exigendi pensiones, adversus calumniantes et differentes illas solvere, Ed. Lugduni 1653, lib. I prooemium nr. 4 f., 7 f. (S. 2).

(102 a) *Caspar Klock:* Tractatus nomico-politicus de contributionibus in romano — germanico imperio et aliis regnis ut plurimum usitatis, Bremae 1634, cap. I nr. 62, 64 - 67 (S. 10); nr. 156 f. (S. 18); cap. II nr. 92 (S. 51); cap. VII „De legitima collectarum causa" nr. 3, nr. 5 - 9 (S. 163); nr. 15 f., 19 f. (S. 164); nr. 27 (S. 165); nr. 36 f., 43 - 50 (S. 166 f.); cap. VIII „In quo rescensentur et elucidantur aliquot casus Necessitatis et Utilitatis publicae, quae Collectae legitimae indicantur?" nr. 1 (S. 183); nr. 22 f. (S. 185); nr. 94 - 97 (S. 192); nr. 99 Ziffer I - XXV (S. 192 f.), cap. IX nr. 33 (S. 198); cap. XI nr. 33 (S. 229).

(b) *Ders.:* Tractatus juridico politico-polemico historicus de aerario, censu ... libri II (1655), 2. Aufl. hrsg. v. Chr. Peller, Norimbergae 1671, cap. 53 nr. 7 (S. 712); cap. 80 „De tributo" nr. 28 (S. 791 f.); cap. 147 nr. 5 (S. 1080).

(c) *Ders.:* Consilia, 2. Aufl. Norimbergae 1673, Bd. I cons. XX art. 2 „De justa causa collectandi" nr. 165 f., 168 - 172 (S. 362); nr. 244 - 248 (S. 370); nr. 260 ff. (S. 371 ff.); cons. XXVIII nr. 16 (S. 434); nr. 94 - 104, 108 (S. 441 f.); nr. 166 f. (S. 446); Bd. II cons. LXXII nr. 57 (S. 616); Bd. 3 Einl. S. III v.; cons. CXXV nr. 159 (S. 288) u. öfter[1].

(103) *Maximilian Faust v. Aschaffenburg:* Consilia pro aerario civili, eclesiastico et militari, publico atque privato sive jurium, artium ac remediorum omnium universi orbis terrarum, Francofurti 1641, class. XVII cons. 63 (S. 787); cons. 74 (S. 831); cons. 76 ff. „De iusta causa tributorum" (S. 831 f.); cons. 79 „De vectigalia iustitia" (S. 833).

(104) *Baptista Fragosus:* Regimen Reipublicae Christianae, ex sacra theologica et ex utroque jure ad utrumque forum tam internum quam externum coalescens, Bd. I Lugduni 1641, lib. 3, disp. 8 „De gabellis" § 1 nr. 1, 3, 7 ff., 11 - 17 (S. 385 ff.); Bd. II 1648, lib. 1 disp. 3 „de censuris" § 5 nr. 109 - 113 (S. 148 ff.).

(105) *Consilia Argentoratensia:* Argentorati 1642, S. 220 ff.: Cons. XII „Über die Frag, ob die Fürstl. Durchlaucht N. N. befugt seyen, zu rettung dero Land und Leut mit etwas Collection und Schatzung zu belegen"; nr. 19 - 21 (S. 225); nr. 38 (S. 228).

(106) *Johannis de Lugo Hispaniensis:* Disputationum de justitia et jure, Lugduni 1642, pars II sect. II „quae aliae conditiones requirantur ad iustitiam tributi impositionem" nr. 18, 20 - 23 (S. 502 f.); nr. 28 (S. 504); sect. III „De obligatione Regni ad non acceptandum tributum iniustum", nr. 29, 32 f. (S. 504 f.); nr. 51 (S. 509); nr. 57 ff., 63 (S. 510 f.).

(107) *Georg Mundis a Rodach:* De muneribus et honoribus ... sive de exubiis agendis, hospitibus recipiandis et contributionibus aliisque oneribus subeundis Tractatus theoreticus-practicus, Norimbergae 1645, cap. I nr. 44 (S. 7); cap. II nr. 389 (S. 145); cap. III nr. 23 (S. 167); nr. 46 (S. 169);

---

[1] Weitere Consilia *Klocks* in den zusammen mit Th. Merckelbach und G. Buxtorf hrsg. Fasciculus sive decas consultationum insignorum ad materiam contributionum, Francof. 1634.

nr. 55 (S. 170); cap. V nr. 4 f. (S. 220 f.); nr. 12 (S. 222); nr. 16 f. (S. 223); nr. 29 f. (S. 225); nr. 89 (S. 264); cap. VII nr. 6 - 10 (S. 400).

(108 a) *Thomas Hobbes:* De cive (Parisiis 1642), cap. X § 6; XIII 11 (Ed. G. Gawlick, 2. Aufl. Hamburg 1966, S. 178; 210).

(b) *Ders.:* Leviathan (London 1651), cap. 18, 20, 30 (Ed. I. Fetscher, Neuwied - Berlin 1966, S. 142, 144, 161, 263).

(109) *R. P. Nicolai Causinus:* De regno Dei dissertatio, Colonia Agrippinae 1652, Diss. 36 (S. 143 ff.).

(110) *Georg Christoph v. Gölnitz:* Gymnasma de regali vectigalium jure in quo ex jure divino, canonico, civili, feudali, aurea bulla, Recessibus Imperii... evoliuntur, Tubingae 1652, S. 185, 200, 207 - 9 (Einzelfälle).

(111) *Veit Ludw. v. Seckendorff:* Teutscher Fürsten-Stat, Franckfurt 1656, Theil III cap. 3.8 „Von der Lands-Steurbarkeit" (S. 222 - 229): § 2 (S. 223), § 6 (S. 228 f.); vgl. a. cap. 10.11 (S. 289 f.).

(112) *Nicolai Mylerus (ab Ehrenbach):* De princibus et statibus Imperii Rom. Germ., 2. Aufl. Stuttgardiae 1658, Cap. 62 - 65 (S. 473 - 500).

(113 a) *Marcus Zuerius Boxhorn:* Institutionum politicarum libri II, Lipsiae 1659, lib. I cap. 10 § 18 nr. 16 (S. 209).

(b) *Ders.:* Disquisitiones politicae, id est sexaginta casus politica ex omni historia selecti, in: Varii tractatus politici, Ed. Amstelodami 1663, casus 42 (S. 308 ff.); 59 (S. 389/391); 60 (S. 394).

(114) *Ernestus Cothman:* Responsa juris seu consilia, Francof. 1662, Bd. I Resp. XI (S. 106).

(115 a) *Johann Jacob Speidel:* Speculum juridico-politico-philologico-historicarum Observationum, Norimbergae 1657, Art.: „Landsteuer" (S. 771 ff.); Art.: „Reichssteuer" (S. 1055 ff.); Art.: „Steuer/Schatzung usw." (S. 1187 ff.).

(b) *Ders.:* Bibliotheca juridica universalis sive quaestionum juridicarum omnis generis, 2. Aufl. hrsg. v. Joh. Curtius, Norimbergae 1728, Art.: „Collectae usw." Ziffer 5: ob quas causas coll. possint imperari? (S. 654 ff., hier S. 664, Einzelfälle S. 665 f.).

(116) *Georg Schonborn:* Politicorum libri septem, Amstelodami 1660, lib. IV cap. 19 - 21 (S. 320 ff., insbes. 322 f.).

(117) *Aristides:* Peraequator sive de tributis, Francofurti 1663, fol. 7 r.

(118 a) *Hermann Conring:* De aerario boni principis recte constituendo, augendo et servando, in: Dissertationes academicae selectores Herm. Conringii, Lugduni 1686, fol. L 7 v. - X 2 v.; § 36 (fol P 2 r. ff.); § 52 (fol. O 7 v.); § 70 (fol. S 6 r.); § 90 (fol. X 1 v. f.).

(b) *Ders., Laurent Zimmermann:* Disputatio politica de vectigalibus, Helmstadii 1663, fol. B 2 v., D 2 v.

(c) *Ders., Joh. Adam v. Hammerstein:* Dissertatio politica de nomothethica seu recta legum ferendarum ratione, Helmstadii 1668, fol. A 4 v., C 3 r.

(d) *Ders., Gotthart Marquart:* De contributionibus, Helmstadii 1675, fol. A 3 v., C 3 v., E 4 v., F 1 r. - v., F 2 r.

(119) *Christoph(orus) Peller:* Politicus Sceleratus impugnatus: id est compendium politices novam, Norimbergae 1665, S. 510 f.

(120) *Giesbert Voet:* Politicae ecclesiasticae tomi tres, Bd. I 1 lib. III tract. 3 cap. V (Amsterdam 1663, S. 935); Bd. I 2, lib. III, tract. 3 cap. I § 2 (ebenda 1666, S. 303 f.).

(121) *Johann Wilhelm Rövenstrunck:* Rechtliches Bedencken von Anlage/ Contributionen/Kriegs-Steuern und Schatzungen ... Francofurti 1664, § 55 (S. 19); § 94 (S. 32); § 105 (S. 35); § 193 (S. 60).

(122) *Fredericus Albertus Maull:* Tractatus de collectis, in: Thesaurus theoretico-practicus, Moguntiae 1666, S. 82 ff.; Tit. VI: „De legitima collectarum causa" (S. 120 ff.). Tit. IX: „de modo distribuenda collectas" nr. 26 (S. 139).

(123) *Joh. Theodor Sprengler(us):* Institutiones juris publici, Jurisprudentia publica, Francof. 1667, cap. XX § De vectigalibus nr. 2 f. (S. 88 f.); § De collectis (S. 91).

(124) *Ernst Friedr. Schroeter, Heinricus Henniges:* De tributis et censibus, Jenae 1668, § XXII (fol. B 2 r.).

(125) *Joh. Christoph Falckner, Dieter Wilh. Matthiae:* Disputatio juridica de jure collectandi, Jenae 1670, S. 7.

(126 a) *Johann Heinrich Boecler:* Institutiones politicae, Ed. Argentorati 1674, lib. II cap. 10 „De tributis et vectigalibus" (S. 169 ff.).

(b) *Ders.:* Dissertationes academicae, Septima Dissertatio politica (Annex zu: Institutiones politicae aaO S. 358 f.).

(127 a) *Samuel v. Pufendorf:* De Jure Naturae et Gentium libri octo (1672), lib. 8 cap. 5 §§ 4 - 6, Ed. Francofurti - Lipsiae 1744, S. 419 ff.

(b) *Ders.:* De officio hominis et civis juxta legem naturalem libri II, Ed. Francof. 1719, lib. II cap. 11 § 10 (S. 342 f.); cap. 15 § 3 (S. 374).

(c) *Ders.:* Elementorum jurisprudentiae universalis libri II (1660), Ed. Cantabrigiae 1672, lib. I, Definitio IV § 5 (S. 26 f.).

(d) *Ders.:* (unter Pseud. Severinus de Monzambano Veronensis), De statu imperii Germanici, Genevae 1667, cap. V § 7 (S. 100 f.).

(128) *Johann Friedrich Horn:* Politicorum pars architectonica de civitate, Francof. 1672, lib. II cap. IV § 17 nr. 3, 10 ff., 18 ff. (S. 368 ff.).

(129) *Heinrich Linck, Ernst Abraham v. Osterhausen:* Jura vectigalium ex variis autoribus collecta, Altdorf 1677, S. 19 - 29.

(130) *Barth. Leonhard Svendendoerfer, Joh. Friedr. Grabo:* Disputatio juridica de collectis, Lipsiae 1677, Thesis 15 - 18 (fol. B 2 v.).

(131) *Marcus Busius:* De natura ac jure bonorum ecclesiasticorum, Lugduni Batavorum et Amstelodami 1677, S. 351.

(132) *Georg Engelbrecht, Joh. Caspar Hühnerbein:* Disputatio juridica de contributionibus, Helmstadii 1677, fol. A 3 v.; D 4 r.

(133) *Christian Teutophilus:* Entdeckte Goldgrube der Akzise, Zerbst 1685, S. 4 f.

(134) *Johann Caspar Heuckenrod:* Dissertatio juridica de Jure vectigalium, Marpurgi Cattorum 1689, XXVI (S. 15).

(135) *John Locke:* The second treatise of government (London 1690), Kap. XI § 140 (Ed. P. C. Mayer-Tasch, o. O. [Reinbek] 1966, S. 114).

(136 a) *Caspar Ziegler:* Tractatus academicus de juribus majestatis, Wittenbergae 1698, lib. II cap. 3 De ratione et modo collectandi nr. 9 (S. 924),

nr. 52 (S. 953 f.); cap. 4 De fine propter quem collectae faciendae sint" nr. 2 f. (S. 965 f.), nr. 5 - 9 (S. 967 - 970).

(b) *Ders.:* Tractatus juridica de jure exigendi collectas ad elocationem filiarum illustrium von Fräulein-Steuer, Hallae Magd. 1686, fol. A 3 r. - 4 r.

(137) *Robert Ochs:* De jure vectigalium, Basileae 1687, § 37 (fol. F 4 r.).

(138) *Ulrik Huber:* De jure civitatis libri tres, 4. Aufl. Francof. - Lipsiae 1708, lib. I sect. III cap. 6 nr. 30 (S. 93); lib. III sect. III cap. 1 „De aerario et vectigalibus" (S. 666 - 678).

(139 a) *Philip Knipschild:* Tractatus politico-historico-juridicus de juribus et privilegiis Civitatum imperialium in sex libros divisus, Ed. Argentorati 1740, lib. II cap. 17 „De jure collectandi" nr. 64 f., 68 - 73 (S. 447 f.); cap. 19 nr. 38 (S. 468); ausführlicher:

(b) *Ders.:* Tractatus politico-historico-juridicus de juribus et privilegiis nobilitatis et ordinis equestris, Ed. Campodini 1693, lib. III cap. 7 „De Contributionibus sive jure collectandi" nr. 379 (S. 86); nr. 384 ff. (S. 87 f.).

(140) *Christoph Heinsius, Johannes Böhm:* De aerario publico, Wittenbergae 1694, § XV f. (fol. B 4 r.).

(141) *Christian Wildvogel, Joh. Christian Schild:* Tractatus juridica de jure collectarum, Von Schoß- und Steuer-Recht, o. O. (Jena) 1694, Thes. X (S. 14 f.); XVI (S. 19); XXIII (S. 25 f.); XXXI (S. 33 f.).

(142) *Charles Davenant:* Discourses on the public revenues and of the trade of England Part I, London 1698, disc. I S. 20.

(143 a) *Jacob Bernhard Multz:* Corpus juris publici germanici, Oetingae 1700, Pars II cap. 17 § 1 „Generalia quaedam de Tributis et collectas de eorum causa impulsiva", nr. 1 ff., 7 f., 13 (S. 530), nr. 85 (S. 537); nr. 89 ff. „De causis ob quas Tributa et Collectae haud injuste imponi possunt (S. 537 f.); nr. 96 f., 99, 105 (S. 538).

(b) *Ders.:* Repraesentatio Majestatis imperatoriae per singula ejus jura ex actis publicis, constitutionibus et novissima praxis ..., Oetingae 1690, cap. VII „De vectigalibus et quae his affina sunt" nr. 7 (S. 512); nr. 52 (S. 515); cap. XVII „De tributis et collectis" nr. 1, 3 ff. (S. 530); nr. 8 - 10 (S. 530); nr. 13 f. (S. 530); nr. 61, 67 (S. 535).

(144) *Didacus Balmaseda:* Tractatus de collectis et tributis, praesertim iis in Hispania indictis et usitatis, Lugduni 1692, qu. II nr. 6 - 8, 10 (S. 6).

(145) *Paul Matthias Wehner:* Observationes Practicae selectae, Argentorati 1700, Art.: „Schatzung" (S. 427 f.).

(146) *Gottfried Aug. Carocius:* Kurze Vorstellung eines sonderbaren üblichen Rechts und Gebrauchs bei Repartierung der Anlagen, Greifswald 1709, S. 2 f., 6.

(147 a) *Justus Henning Böhmer:* Introductio in ius publicum universale, Hallae 1710, lib. II cap. 9 §§ 3 f. (S. 545); § 8 (S. 548).

(b) *Justus Henning Böhmer, Carolus Fridericus Tumpelt:* Dissertatio juridica de vario censuum significatu et jure, Halae Magd. 1722, S. 8.

(148) *Cosmo Fernando Muti:* Ricordi politica ai principi cristiani, Bergamo 1716, lib. IV, cap. 7 „Quae requirantur ad collectam indicendam" nr. 1,

4 - 7, 10 f. (Fälle: Collecta sine justa causa indicta), 15 - 18 (S. 256 ff., 261).

(149) *Franciscus Bernhard Pantzer:* De collectis, Altdorff 1719, S. 2 ff.

(150) *Henricus de Cocceji:* Juris publici prudentia, Frankfurt 1695, cap. XXIII nr. 44 (S. 375 f.).

(151) *Heinrich Boden* (Hrsg.): Fürstliche Macht-Kunst oder unerschöpfliche Gold-Grube wodurch ein Fürst sich kann mächtig und seine Unterthanen reich machen, Halle 1702, cap. III § 6 (S. 47 f.).

(152) *Johann Georg Leib:* Vierte Probe/wie ein Regent Land und Leute verbessern/des Landes Gewerbe und Nahrung erheben/seine Gefälle und Einkommen sonder Ruin derer Unterthanen billigmäßiger Weise vermehren/und sich dadurch in Macht und Ansehen setzen könne, Leipzig - Franckfurth 1708, cap. I „Von Anlagen und Gefällen" § II (S. 8 f.); § III (S. 18 f.).

(153) *Theodor Ludwig Lau:* Vorschlag von Einrichtung der Einkünfte der Souveränen und Unterthanen, in welchem von Policey- Cammer- Negocien- und Steuersachen gehandelt wird, Frankfurt a. M. 1719, S. 117 ff.

(154) *Friedrich Ludwig Berger:* Animadversiones ad Henrici de Cocceji juris publici prudentiam, Lipsiae 1724, S. 387 f.

(155) *Johann Friedr. Pfeffinger:* Institutiones juris publici, 2. Aufl. Gothae, Bd. 3 (o. J.), lib. III tit. 18, „De dominio" nr. 62 u. Note a (S. 1500 ff.), nr. 65 (S. 1505).

(156) *Lud. Velasquez de Avendano:* Legum taurinum utilissima glossa, Coloniae Allobrogum 1734, glossa ad legem XL nr. 22 - 24 (S. 129).

(157) *Georg Melchior Ludolff:* Varium observationum forensium continuatio, 2. Aufl. Wetzlar 1735, S. 296.

(158) *Nicolaus Hyronymus Gundling:* Jurisprudentia naturalis sive jus naturae et gentium, 3. Aufl. Hallae Magd. 1736, § 223 (S. 500 f.); § 226 (S. 502).

(159) *Johann Daniel Eulner:* Praktische Vorschläge, welcher gestalt Steuern und Contributionen zum Nutzen eines Landesherrn und ohn Nachtheil der Unterthanen ... einzurichten sein, 2. Aufl. Marburg 1741, § II (S. 1 f.).

(160 a) *Carlo Antonio Broggia:* Trattato de tributi, in Scrittori classici italiani di economia politica, Parte antica, Bd. IV, Milano 1804, S. 35 ff., 44.

(b) *Ders.:* Memoria ad ogetto di varie politiche ed economiche ragioni, o. O. 1754, S. 122 ff.

(161) *Burcard Gotthelf Struve:* Jurisprudentia Heroica, Bd. II Jenae 1744, S. 539.

(162) *(Charles de Sécondat) Montesquieu:* De l'ésprit des lois, liv. XIII „Des rapports que la levée des tributs et la grandeur des publics ont avec la liberté", ch. I, Ed. G. Truc, Paris 1961, Bd. 1, S. 222 f.

(163 a) *Lodovico Antonio Muratori:* Della pubblica felicità, Lucca 1749, S. 330 ff. (insbes. S. 333 f.).

(b) *Ders.:* Rudimenti di filosofia morale per il principe, cap. Del governo politico, in: Scritti politici posthumi, Ed. Bologna 1950, S. 51 ff. (86 - 89).

(164) *Johann Philip Hahn:* Dissertatio de eo, quod iustum est circa ius collectandi, Moguntiae 1751, fol. A 1 r., A 4 r. ff.; B 3 v. - D 1 r.

(165) *Georg Heinrich Zincke:* Anfangsgründe der Cameralwissenschaft, Bd. II 1, Leipzig 1755, S. 786, 794.

(166) *François Véron de Forbonnais:* Principes économiques, hier nach: Die ersten Grund-Sätze der Handelschaft, 2. Theil, Triest 1763, S. 106.

(167) *Achat. Ludwig Carl Schmidt:* Commentatio de jure collectandi juris detractus seu de jure collectandi cum territoriali Superioritate nexu necessario, Jenae 1765, Praem. III f., S. 7 ff., 14 - 21 u. öfter.

(168 a) *Christian Wolff:* Institutiones juris naturae et gentium, Halae Magd. 1754, §§ 1057 f. (S. 654 f.).

(b) *Ders.:* Jus naturae methodo scientifica pertractatum, Pars VIII: De imperio publico seu jure civitatis, Halle 1748, § 926 (S. 704).

(c) *Ders.:* Vernünftige Gedancken vom gesellschaftlichen Leben der Menschen und in sonderheit vom gemeinen Wesen, 4. Aufl. Frankfurt, Leipzig 1736, § 496 (S. 601 ff., insbes. S. 603 f.).

(d) *Ders.:* Jus gentium methodo scientifica pertractatum, in quo jus gentium naturale, Francofurti et Lipsiae 1764, § 479 f. (S. 174).

(169 a) *Johann Jacob Moser:* Abhandlung von Receßwidrigen oder doch unbewilligten Land-Steuern, derselben gewaltsamen Beytreibung und schuldigen Wieder-Ersetzung nebst denen in dergleichen Fällen ergangenen Reichs-Hofräthlichen Erkenntnissen, o. O. (Stuttgart) 1765, S. 3, 7, 10 ff., 15.

(b) *Ders.:* Von der Landeshoheit in Steuersachen wie auch anderen Geld- und Naturalabgaben, nach denen Reichs-Gesetzen und dem Reichsherkommen, wie auch aus den teutschen Staats-Rechts-Lehrern und eigener Erfahrung, Frankfurt und Leipzig 1773 (Neudruck Osnabrück 1967), S. 5, 419, 433; cap. 3 „Von dem Besteuerungsrecht", § 6 „Ob es unumschränkt seye"? (S. 434).

(c) *Ders.:* Grund-Säze des Besteuerungsrechts der Teutschen Reichsstände, o. O. (Stuttgart) 1765, S. 6.

(d) *Ders.:* Abhandlungen verschiedener Rechtsmaterien, 9. Stück, Ulm, Frankfurt, Leipzig 1775, S. 185 ff., insbes. S. 214 f.

(e) *Ders.:* Compendium Juris Publici Regni moderni Germanici oder Grund-Riß der heutigen Staats-Verfassung des Teutschen Reichs, Tübingen 1731, lib. IV cap. 21 § 63 (S. 529).

(170 a) *Johann Wilhelm v. d. Lith:* Politische Betrachtungen über verschiedene Arten von Steuern, Breslau 1751, Vorrede S. a 2 und S. 59.

(b) *Ders.:* Neue Abhandlungen von den Steuern und deren vortheilhafter Einrichtung in einem Lande, Ulm 1766, S. 12 f.

(171) *Victor Marquis de Mirabeau:* Theorie de l'impôt, Avignon 1761, S. 5, 10.

(172) *Friedrich Carl v. Moser:* Beherzigungen als der zweyte Theil des Herrn und Dieners, Frankfurt - Leipzig 1761, S. 373 ff., insbes. S. 381.

(173) *Badau:* Idées d'un citoyen sur l'administration des finances du roi, Amsterdam - Paris 1763, Bd. 2 S. 1 - 3, 6.

(174) *Joannis Stephan Pütter:* Elementa juris publici germanici, 4. Aufl. Goettingae 1766, lib. V sect. II §§ 379 ff. (S. 506 ff.).

(175 a) *Johann Heinrich Gottlob v. Justi:* System des Finanzwesens nach vernüftigen, aus dem Endzweck der bürgerlichen Gesellschaften und aus der Natur aller Quellen der Einkünfte des Staats hergeleiteten Grundsätzen und Regeln abgehandelt, Halle 1766 (Neudruck Aalen 1969), § 689 (S. 356); § 696 (S. 361 f.); § 702 (S. 366 f.); § 704 (S. 368); § 708 (370); § 723 f. (S. 386 f.).

(b) *Ders.:* (gleichlautend) Ausführliche Abhandlung von den Steuern und Abgaben nach ächten, aus dem Endzweck der bürgerlichen Gesellschaft abfließenden Grundsätzen und zur Wohlfahrt der Völker dienlichen Maßregeln, Königsberg - Leipzig 1762, S. 24, 37 ff., 78.

(c) *Ders.:* Der Grundriß einer guten Regierung, Frankfurt - Leipzig 1759, S. 27, 248 f.

(d) *Ders.:* Die Natur und das Wesen der Staaten, Berlin - Stettin - Leipzig 1760, S. 452 f.

(e) *Ders.:* Von der Einrichtung der Steuren und Abgaben in einem Staat, in: Gesammelte politische und Finanzschriften über wichtige Gegenstände der Staatskunst, Kopenhagen - Leipzig 1761, S. 365 - 379, hier S. 367.

(f) *Ders.:* Betrachtungen über die vermeyntliche Glückseligkeit der Unterthanen, wenn sie sehr wenig Steuern zu entrichten haben, in: Neue Wahrheiten, Bd. II Kopenhagen - Leipzig 1755, S. 43 ff.

(g) *Ders.:* Die Wirkungen und Folgen sowohl der wahren, als der falschen Staatskunst, Theil II Frankfurt - Leipzig 1760, S. 84.

(176) *Giannantonio Torriani:* Il pricipe, Roma 1761, cap. 62 „Della ricchezza dello stato“, S. 243 ff. (245); cap. 63 „Delle cagioni della ricchezza“, S. 245 ff. (248).

(177) *James Steuart:* An Inquiry into the principles of political economy (1767), Bd. V Basil 1796, b. V ch. 7, S. 225 f.; ch. 9, S. 251.

(178) *Johann Heinrich Ludwig Bergius:* Policey- und Cameral-Magazin, Frankfurt Bd. I (1767) Art.: „Abgaben“ S. 1 f., Bd. VIII (1774) Art.: „Steuerwesen“ S. 206 ff. (207 f.).

(179) *Friedrich v. Wissel:* Versuch einer Abhandlung de iure vectigali oder von Zöllen, insonderheit auf den schiffbaren Strömen Deutschlands, Zelle 1771, S. 2 f., 4 f., 12 u. öfter.

(180) *D. L. Eckardt:* Abfertigung der Bedenklichkeiten wider die Untersuchung der Recht- und Unrechtmäßigkeit des Absatzes, Koburg 1772, S. 56 ff.

(181) *Pietro Verri:* Meditazioni sulla economica politica, in: Scrittori classici italiani di economia politica, parte moderna Bd. 15, Milano 1804 (§ 30 „Principi per regolare il tributo“), S. 243 ff. (259 f.).

(182) *Heinrich Godfried Scheidemantel:* Das Staatsrecht nach der Vernunft und den Sitten der vornehmsten Völker betrachtet, Theil 2, Jena 1771 (§§ 265 f.; 267 ff.), S. 371 f.; 374 ff.

(183) *Jerôme Tifaut de la Noue:* Reflexions philosophiques sur l'impot, Londres 1775, S. 166 f.

(184) *Adam Smith:* An inquiry into the nature and causes of the wealth of nations, London 1776, V 2 Part 2 „Of Taxes“ (Ed. London - New York 1966, Bd. II S. 306 f.) i. Verb. m. V 1 Conclusion (a a O S. 297).

(185 a) *Giuseppe Palmieri:* Riflessioni sulla pubblica felicità, in: Scrittori classici italiani di economia politica, parte moderna, Bd. 37, Milano 1805, S. 208 ff. (Art. 12: Del tributo).

(b) *Ders.:* Della Ricchezza nazionale, ebenda Bd. 38, S. 91 ff. hier cap. II „Del tributo" S. 135 ff. (143 f.).

(186) *Claudio Todeschi:* Discorso sulle finanze, in: Opere, Bd. II nr. VI, Roma 1779, S. 133 ff. (135 ff.).

(187) *Thomas Mortimer:* The elements of commerce, politics and Finances, London 1780, S. 442 (deutsch: Grundsätze der Handlungs-, Staats- und Finanzwissenschaften, Leipzig 1781, S. 618 f.).

(188) *Carl Friedrich Wilisch:* Dissertatio de jure collectandi in territoriis Germaniis, Viteborg 1785, S. 4 ff., 9 f.

(189) *M. Démeunier* (Hrsg.): Encyclopédie méthodique, économie politique et diplomatique, ed. par une societé de gens de lettres, de savants et d'artistes, Paris - Liège 1784/88 Bd. 1, Art.: „contributions de peuples", S. 651.

(190) *Andreas Joseph Schnaubert:* Anfangsgründe des Staatsrecht der gesamten Reichslande, Jena 1787, S. 189 ff., insbes. S. 194 f.

(191) *Carl Gottlieb Svarez:* Skizzierter Leitfaden zu den mündlichen Vorträgen (Kronprinzenvorträge 1791/92); Über das Recht der Finanzen, in: Vorträge über Recht und Staat, hrsg. v. H. Conrad und G. Kleinheyer, Köln und Opladen 1960, S. 102 - 127.

(192) *Bened. Guillermus Zahn:* Specimen de jure collectandi in genere, speciatim vero de jure collectandi Reipubliae Norimbergensis, Altdorf o. J. (1790), S. 2.

(193) *Johann Heinrich Jung:* Die Grundlehre der Staatswirtschaft, Marburg 1792, S. 831.

(194) *Wilhelm von Humboldt:* Ideen zu einem Versuch, die Grenzen der Wirksamkeit des Staats zu bestimmen (1792), cap. XV (Ed. Stuttgart 1962, S. 155 f.).

(195) *Joan. Christoph Mehlburg:* De principio onerum publicorum, Gottingae 1793, § 2 (S. 1 f.); § 3 (S. 3 f.); § 8 (S. 6 f.); § 10 (S. 8 ff.); § 23 f. (S. 25 ff.); § 27 Thesis 3 (S. 32).

(196) *Maurus Marchesini:* Saggi di economia politica, Firenze 1793, S. 18 f., 427 ff.

(197) *August Ludwig Schlözer:* Allgemeines Stats-Recht und Stats-Verfassungs-Lere, Göttingen 1793, S. 94 i. Verb. m. S. 64.

(198) *Johann Christoph Hofbauer:* Naturrecht, aus dem Begriffe des Rechts entwickelt, Halle 1793, S. 222 f.

(199) *Friedrich W. v. Ulmenstein:* Versuch einer... Einleitung in die Lehre des teutschen Staatsrechts von Steuern und Abgaben reichsständischer Unterthanen und dem Steuer-Rechte der Reichsstände, Erlangen 1794, S. 21 ff., 33 f., 38, 57 f., 84, insbes. 85 f.

(200) *Jeremias Bentham:* Of Finance, in: The works of J. B., publ. of his excecutor J. Browring, Edinburgh 1843, Bd. III S. 75; Bd. IX S. 34.

(201) *Georg v. Struensee:* Abhandlungen über wichtige Gegenstände der Staatswirthschaft, Bd. I, Berlin 1800, S. 181 f.

(202) *Heinrich Bensen:* System der reinen und angewandten Staatslehre für Juristen und Kameralisten, Erster Theil, Erlangen 1804, S. 227 f.

(203) *Nicolaus Gönner:* Deutsches Staatsrecht, Augsburg 1805, S. 194.

(204) *A. F. Stokar v. Neuforn:* Vollständiges Handbuch der Finanz-Wissenschaft, Bd. II 1. Abt., Rothenburg o. T. 1808, S. 12.

(205) *Leopold Krug:* Abriß der Staatsökonomie oder Staatswirthschaftslehre, Berlin 1808, S. 127, 219 ff.

(206) *Heinrich Eschenmayer:* Vorschlag zu einem einfachen Steuersystem, Heidelberg 1808, S. 7.

(207) *Adam H. Müller:* Elemente der Staatskunst, Berlin 1809 (Neudruck Wien - Leipzig 1922), Theil 3, 27. Vorlesung „Daß die Abgaben des Bürgers Zinsen des geistigen National-Capitals sind", S. 42 ff. (55 f.).

(208) *John Craig:* Elements of political science Bd. III, Edinburgh 1814, S. 1 ff., 13.

(209 a) *D. Krehl:* Das Steuersystem nach den Grundsätzen des Staatsrechts und der Staatswirthschaft, Erlangen 1816, S. 138 f. (§ 57).

(b) *Ders.:* Beiträge zur Bildung der Steuerwissenschaft, Stuttgart 1819, S. 21 ff., insbes. S. 27 f.

(210) *Antoine Destutt de Tracy:* Commentaire sur l'esprit des lois de Montesquieu (zuerst Philadelphia 1811; hier nach:) Ed. Paris 1819, S. 237 ff., insbes. 240 ff.

(211) *Claus Kröncke:* Über die Grundsätze einer gerechten Besteuerung, Heidelberg 1819, Vorrede S. IX - XII[2].

(212 a) *Theodor Schmalz:* Encyclopädie der Cameralwissenschaften, 2. Aufl. Königsberg 1819, S. 334 ff. (§§ 712 - 717, 719).

(b) *Ders.:* Das teutsche Staats-Recht, Berlin 1825, S. 293 (§ 465).

(213) *Alois v. Kremer:* Darstellung des Steuerwesens, Theil I, Wien 1821, S. 69 ff. (§ 76).

(214) *Ludwig Heinrich v. Jakob:* Die Staatsfinanzwissenschaft, Halle 1821, § 461 Ziffer 2 (S. 369); vgl. a. § 75 (S. 37); anders: 2. Aufl. ebd. 1837 (bearbeitet v. J. F. H. *Eiselen*), § 198 (S. 212 f.).

(215) *Georg Gottfried Strelin:* Revision der Lehre von den Auflagen ..., Erlangen 1821, S. 29 f., 83 f.

(216) *Wilhelm Josef Behr:* Die Lehre von der Wirthschaft des Staates oder pragmatische Theorie der Finanzgesetzgebung und Finanzverwaltung, Leipzig 1822, S. 87 f.

(217) *Francesco Fuoco:* Saggi economici, Saggio VII cap. V, Bd. 2 Pisa 1827, S. 432 ff. (433 - 36).

(218) *Jean Charles L. Simonde de Sismondi:* Nouveaux principes d'économie politique, Bd. II 2. Aufl. Paris 1827, S. 153 ff. (155).

(219) *Jean-Baptiste Say:* Cours complet d'économie politique pratique, Paris 1829, Bd. VI ch. IV: „De l'impôt en general, de sa légitimité et de ses limites", S. 42 ff. i. Verb. m. Bd. V S. 136 - 139.

---

[2] Die Schrift selbst behandelt die Lastenverteilungslehre (ebenso *ders.:* Ausführliche Anleitungen zur Regulierung der Steuern, Giessen 1810, insbes. S. 20 und *ders.:* Das Steuerwesen, Darmstadt - Gießen 1804).

(220) *C. A. v. Malchus:* Handbuch der Finanzwissenschaft und Finanzverwaltung, 1. Theil Stuttgart - Tübingen 1830, S. 148 ff. mit Note.

(221 a) *Friedrich Carl Fulda:* Über die Wirkung der verschiedenen Arten der Steuern auf die Moralität, den Fleiß und die Industrie des Volkes, Stuttgart 1837, S. 11 f.

(b) *Ders.:* Grundsätze der Kameralwissenschaften, Tübingen 1816, S. 267 ff.

(222) *Karl Hagen:* Staatslehre für angehende Kameralisten, Königsberg 1839, S. 295.

(223) *E. Ph. v. Sensburg:* Ideen über einige Probleme im Steuerwesen, Heidelberg 1831, S. 19.

(224) *Giuseppe Cridis:* Dei tributi libri due, Torino 1832, S. 82 ff.

(225 a) *Carl v. Rotteck:* Lehrbuch der ökonomischen Politik (Lehrbuch des Vernunftsrechts und der Staatswissenschaften) Bd. IV, Stuttgart 1835 (Neudruck Aalen 1964), S. 285 ff.

(b) *Ders.:* in: Joh. Chr. *v. Aretin,* Staatsrecht der constitutionellen Monarchie, Bd. 2 Abt. 2, 2. Aufl. Altenburg 1839, S .306 ff., 342.

(226) *J. G. Hoffmann:* Die Lehre von den Steuern — Als Anleitung zu gründlichen Urtheilen über das Steuerwesen, Berlin 1840, S. 2 ff., 29 ff., 33 ff.

(227) *Karl Salomo Zachariä* (v. Lingenthal): Vierzig Bücher vom Staate, 7. Theil, 2. Aufl. Heidelberg 1842, S. 126 ff., insbes. 128 - 130, 133.

(228 a) *Johann Schön:* Staatswissenschaft geschichts-philosophisch begründet, 2. Aufl. Breslau 1840, S. 254.

(b) *Ders.:* Grundsätze der Finanz — Eine kritische Entwicklung, Breslau 1832, S. 20, 35, 54 ff., insbes. 61.

(229) *J. R. MacCulloch:* A treatise on the principles and practical influence of taxation and the funding system, London 1845, S. 2, 19.

(230) *Friedrich Schmitthenner:* Grundlinien des allgemeinen oder idealen Staatsrechts, Giessen 1845, S. 356 (Neudruck Berlin 1966).

(231) *P. Senior:* Political Economy, 4. Aufl. London, Glasgow 1858, S. 87, 183.

(232) *Carl Wilhelm v. Graffenried:* Über die Einkommensteuer, Zürich 1855, S. 60 f., 65, 68, 71.

(233) *Friedrich Julius Stahl:* Die Staatslehre und die Prinzipien des Staatsrechts, Bd. II 2 der Philosophie des Rechts, 6. Aufl. Darmstadt 1963, S. 577 (§ 161).

(234) *M. H. Baudrillart:* Manuel d'économie politique, Paris 1857, S. 457 ff. (Legitimité et nécessité de l'impôt).

(235) *Robert v. Mohl:* Encyclopädie der Staatswissenschaften, Tübingen 1859, S. 288, 290.

(236) *Joseph Garnier:* Traité de Finances, 2. Aufl. Paris 1862, S. 21 ff., 263 ff.

(237) *Carl v. Hock:* Öffentliche Abgaben und Schulden, Stuttgart 1863, S. 1 f., 3 (lit. a), 4 - 10, 16, 21, 25 f.

(238) *Eduard Pfeiffer:* Die Staatseinnahmen, Bd. 2, Stuttgart - Leipzig 1866, S. 9 f.

(239) *Max Wirth:* Grundzüge der National-Oekonomie, Bd. II, Köln 1859, S. 333 ff.

(240) *Karl Umpfenbach:* Lehrbuch der Finanzwissenschaft, Theil 1, Erlangen 1859, S. 102 ff. (104).

(241) *Léon Walras:* Theorie critique de l'impôt, Paris 1861, S. 94.

(242) *Johann Caspar Bluntschli:* Allgemeines Staatsrecht, Bd. II, 3. Aufl. Stuttgart 1863, S. 405; 5. Aufl. 1876, S. 518 ff. (520, 523 f.).

(243) *Carl Julius Bergius:* Grundsätze der Finanzwissenschaft mit besonderer Beziehung auf den preußischen Staat, Berlin 1865, S. 250 f.

(244) *H. Eisenhart:* Die Kunst der Besteuerung, Berlin 1868, S. 4.

(245) *Adolf Trendelenburg:* Naturrecht, 2. Aufl. Leipzig 1868, S. 359 f.

(246) *Heinrich Ludwig Biersack:* Über Besteuerung, ihre Grundsätze und ihre Ausführung, Frankfurt a. M. 1850, S. 80, 84 f., 90.

(247) *Heinrich Ahrens:* Naturrecht oder Philosophie des Rechts und des Staates, Bd. II 6. Aufl. Wien 1871, S. 467.

(248) *Emil Sax:* Grundlegung der theoretischen Staatswirthschaft, Wien 1887, S. 305.

Personenverzeichnis

zugleich als Schrifttumsverzeichnis

I. Registeranlage und Hinweise zum Gebrauch

Ein alphabetisch geordnetes Schrifttumsverzeichnis wird mit diesem Personenverzeichnis ersetzt. Das Personenregister macht sowohl das *Sekundärschrifttum* als auch die in einer zeitlich geordneten Bibliographie vereinten *Quellenwerke* (Anhang, S. 191 - 208) in ABC-Ordnung der Verfassernamen zugänglich. — Das Sekundärschrifttum aus dem Belegapparat brauchte unter diesen Umständen nicht nochmals in einem weiteren Verzeichnis zusammengestellt zu werden.

Das Personenregister bringt die im Text und im Notenapparat genannten Autoren mit allen Fundstellen in dieser Schrift. Bei seinen Hinweisen auf *Sekundärschrifttum* betrifft die erste Fundstellenangabe des Registers das Erstzitat in dieser Abhandlung, bei dem man volle bibliographische Angaben findet. Auf dieses Zitat nehmen alle Folgezitate — mit abgekürztem Titel — durch a a O Bezug. Hauptsächlich dem Wiederauffinden der Erstzitate mit ihren bibliographischen Angaben dient das Autorenregister. Bei *Quellenwerken* indes stehen die bibliographischen Angaben immer in der Quellenliste (Anhang, S. 191 - 208). Schriften macht als Quellenwerk kenntlich ihr Zusatz „Qu.-Nr. . .“ mit bis zu drei Ziffern. Diese Quellen-Nummer ist der Hinweis auf ihren Platz in der Quellenliste. Die Nummer folgt an Stelle eines Titels im Anschluß an den Verfassernamen. Die Zitierweise nach Nummern war mit Rücksicht auf die oft umfänglichen lateinischen Titel geboten.

Autoren, die mit mehreren Werken zitiert sind, nennt das Personenregister jeweils mit den gekürzten Titeln; bei Quellenwerken besteht in solchem Fall die Quellen-Nummer auch aus kleinen Buchstaben, die mehrere Schriften desselben Verfassers unterscheiden.

II. Das Register

A

J

K

N

O

P

T

Kolibri 360 GmbH
Ferdinand-Jühlke-Straße 7
99095 Erfurt, Deutschland
produktsicherheit@kolibri360.de

Druck:
CPI Druckdienstleistungen GmbH
im Auftrag der
Kolibri 360 GmbH
Ferdinand-Jühlke-Str. 7
99095 Erfurt